ふくしま式で
最難関突破!

男女御三家・難関校

中学入試国語を読み解く

ふくしま国語塾 主宰
福嶋隆史

日本能率協会マネジメントセンター

はじめに

これなら解ける。これなら教えられる。

そう思っていただけるだろう。

難関中学入試における国語読解は、大学入試に匹敵するような難易度の問いも多い。とりわけ記述式設問については、いったいどう教えればよいのか、途方に暮れてしまう。いわゆる過去問集の解説を見ながら教えようとするが、まず自分自身がよく理解できていないから、当然子どもに教えることもできない。模範解答を写させて終える罪悪感。そもそも、大人の自分でもこんな解答のようには書けない。内心はあきらめの境地。だが、それでも何とかしたい。しなければならない――。

それが本音であろう。わが子に国語を教えようと奮闘するお母さんお父さんはもちろん、プロとして日々子どもの前に立っている塾の先生方であっても。

この本は、そんな方々のためにある。

この本は、あなたを、子どもを、絶望の淵から救い出す。

これまであなたが目にしてきたどんな解説書よりも、圧倒的に詳しく、圧倒的に役立つ。

この本で学んだ子は、「合格」の二文字に確実に近づく。

「ふくしま式」問題集シリーズ（大和出版）を使っている子はもちろん、そうでない子も、この本によって大きく飛躍することができる。

さあ、今すぐ始めよう！

ふくしま国語塾 主宰　福嶋隆史

目次

この本の読み方・使い方

この本は、入試過去問の解説書である。

しかし、単に一つひとつの問題を個別的に解説して終わり、という本ではない。

あくまで、普遍的な思考技術を伝授することを目的とした本である。

これまで私が刊行してきた「ふくしま式」問題集の類はいずれも、思考技術を体系的に整理し、その上で、それぞれの技術を習得するための個々の問題を列挙する形で作ってきた。いわば、まず根幹を示し、その上で枝葉を示してきたわけだ。一方、この本は逆である。まず個々の入試過去問（個々の設問）があり、それぞれを解くプロセスにおいて、普遍的な思考技術を習得できるようになっている。**いわば、枝葉から根幹へ降りていくというのが、この本の構造なのである。**

もちろん、第一章において、根幹となる技術を体系的に紹介してはいるのだが、本文中で登場する頻度には差がある。それは枝葉のほうに偏りがあるからである。ある中学の問題では中心的に使う必

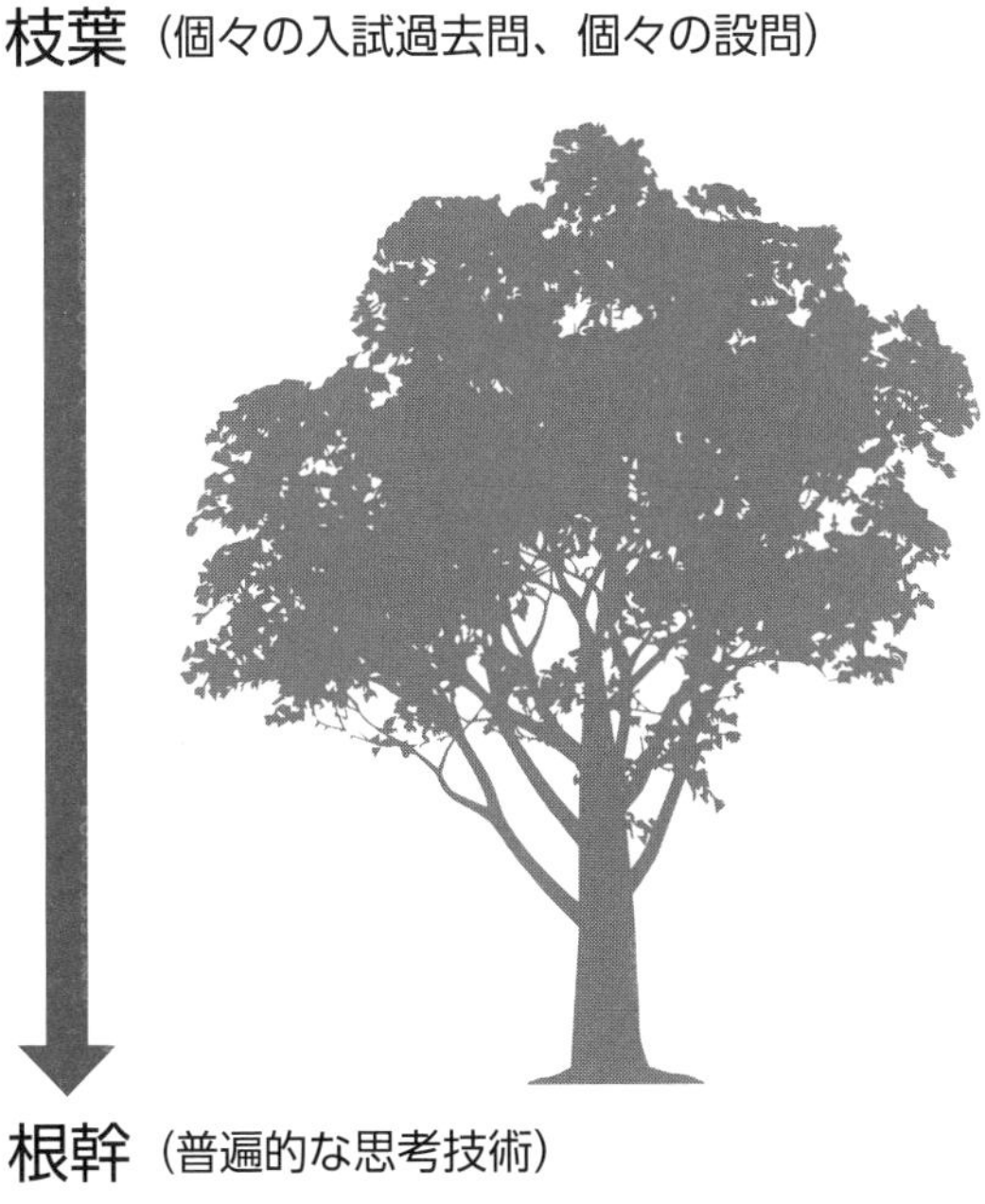

要のあった「鉄則」が、ある中学の問題ではあまり使われないということもある。

そういう意味で、**「受験する学校の問題だけを解く」というのは、間違った使い方である。**そういう使い方だと、せっかくの有益な普遍的技術に出あうことなく終わってしまうかもしれない。

受験しない学校の問題もぜひ解いてほしい。そして、**あらゆる入試問題に共通して役立つ武器となる一冊の問題集を解くつもりで全ての学校の問題に挑戦してみる**というのが、最も理想的な使い方だ。**普遍的技術の存在を、実感していただきたい。**

なお、「普遍的」と言うからには、中学生・高校生にとっても当然同じように有益であり、**高校入試・大学入試の対策にも大いに役立つ一冊となっている**ことを、つけ加えておきたい。

以下、この本を利用するに当たっての注意点を列挙しておく。

① 「男女御三家・難関校」とは、正確には「男女御三家及びそれ以外の難関校」という意味である。

② 入試過去問は、出題された形のままで掲載している。そのため、次のようなケースがある。

・問題間で、ある同じ言葉が漢字表記になっていたり、ひらがな表記になっていたりという違いが出ている（解説文中であっても、それを引用するケースでは同様のことがある）。

・「問一〇」「問十」（10）といった異なる表記が混在している。

ただし、次の点は必ずしも原典どおりではない※。

・原典で大問番号がある場合はカットしている。

・全ての本文に行数を付している（原典での有無にかかわらず）。また、行数そのものが原典とは異なる。そのため、問いの文の中に行数・ページ数が書かれている場合は修正してある。

※傍線部や注釈部に関する表記（文字の大きさ、強調有無、位置等）が、デザイン上、実際の入試問題と異なっている場合がある。

・学校から訂正が発表されている場合は、それを反映して記載している。

③　各校タイトルの下に、解くための時間を記している。「25分／50」とあれば、国語科の試験時間全50分のうち25分ほどで解くとよい、という意味である（あくまで目安）。

④　字数指定のない問いについては、解答欄のスペースから推測される上限字数を計算し、それを各問題の脚注部分に記載している。罫線一行、五センチ分で最大一〇字と概算している（45ページ参照）が、罫線がないこともあるため、あくまで目安である。なお、字数指定のない問いにおける解答例は、こうして概算した字数を考慮して作成している。

⑤　解説文中、参照すべきページ数・行数を示す場合、多くは該当範囲の冒頭のページ数・行数のみを示している（該当範囲が幅広い場合は、２～９行目などとしている）。

⑥　鉄則番号とともに参照すべきページを示している場合とそうでない場合とがある（文脈次第）。

⑦　解説文中で登場する参考文献は次のとおりである（○に入る学校名や数字はそのつど記載）。

・通称「銀本」『○○年度受験用（男子・共学校）中学入学試験問題集 国語編』みくに出版
・通称「銀本」『○○年度受験用（女子・共学校）中学入学試験問題集 国語編』みくに出版
・通称「オレンジ本」『２０２１年度中学受験用　○○中学校 10年間スーパー過去問』声の教育社
・通称「四谷大塚データベース」中学入試過去問データベース - 四谷大塚 yotsuyaotsuka.com
・通称「インターエデュ」受験情報サイト - インターエデュ・ドットコム inter-edu.com

⑧　「長文読解に向き合わなくても今すぐできる基礎練習」は、下記※のページに掲載されている。

※①　50ページ　②　68ページ　③　96ページ
④　112ページ　⑤　154ページ　⑥　188ページ
⑦　212ページ　（いずれも第二章内）

第一章

「ふくしま式」徹底解説

「国語力」とは？「合格力」とは？

国語力とは何か。その問いについて、私はこれまで、二四冊の本の中で明確な答えを出してきた。

国語力。それは、「論理的思考力」である。

論理的思考力。それは、シンプルに言えば「関係整理力」である。

関係整理とは、一見つながりがないように思える言葉と言葉の間に、つながりを見出すことだ。

つながり（関係）は、大きく三つに分けることができる。

第一に、「同等関係」（抽象・具体の関係）。

第二に、「対比関係」。

第三に、「因果関係」。

これらの内実については後述する。ここではあえて、別の話をしたい。

何しろこの本は、単に「国語力を高めたい」人のための本ではない。「御三家」と呼ばれる私立中学校、あるいはその他の難関中学校に合格したい（させたい）人のための本である。

そこで必要になるのは、いわば「合格力」である。

難関中学校の先生方は、ひとことで言えば「大人な子ども」を求めている。

だから、合格力とは「大人力」のことである。

そして、大人力を測るのに最適な教科。それが国語である。

中学入試国語では、**「常識」**が問われる。

常識とは、第一に、よく知られた対象を区別できることを意味する。「これは赤色、これはピンク色、これは紫色」というように、多くの「名前」を知っていることである。狭い意味での「知識」と考えてもらってもよい。

第二に、真偽ないしは価値を区別できることである。「富士山は日本で一番高い山だ」「日本人は以心伝心を美徳としており何でもかんでも言葉で表現しようとは思っていない」「困っている人には手を差し伸べるべきだ」などということを「知っている」かどうかだ。これには、体験的知識も含まれる。「優勝は準優勝とは全然違うね」「彼女のような人を、親友と呼ぶんだと思う」などというように。

そういった常識を持っているのが、「大人」である。

さらに中学入試国語では、そういった常識をふまえた上で、**「逆説」**も問われる。

「これは本当にピンクと呼べるか？」「富士山は高さでは日本一だが美しさではどうか？」「日本人は本当に言葉で表現するのが苦手なのか？」「困っている人には、無条件で手を差し伸べるべきなのか？」「準優勝は劣るのか？」「それが本当に親友か？」などというように常識に疑問を呈する文章が、子どもたちに提示される。あるいは、自ら逆説化して考え、文章化するように求められることもある。

常識を持たないと、逆説にはたどり着けない。

常識をいかに持っているか。と同時に、どれだけ常識を疑い、逆説を受発信できるか。

それが、「大人力」である。

本書は、単に論理的思考の技術を身につけるにとどまらず、そういった面でも成長することができるよう配慮して書かれているということを、まず述べておきたい。

これが国語力の本体――ふくしま式「三つの力」だ

言語学習においては、「聞く・話す・読む・書く」という四分類が一般的である。これは四技能と呼ばれるものだ。しかし、技能とは名ばかりで、その実体はつかみづらい。たとえるなら、スポーツにおいて「球技力」「陸上力」「格闘力」などと言っているようなものだ。球技力を高めよ、と言われても、何をすればよいのか迷ってしまう。大切なのは、「走る力」「跳ぶ力」「投げる力」というような、原初的技能である。国語で言えば、次の三つである。

言いかえる力……同等関係整理力
くらべる力………対比関係整理力
たどる力…………因果関係整理力

これら三つの「関係整理力※」こそが、国語力の実体である。これでこそ、「力」と名づける資格がある。

世の中には、「人間力」などというように形のない「力」があふれているが、「力」とは本来、真似できる形を備えたものでなければならない。「ふくしま式」は、とことんそこにこだわる。

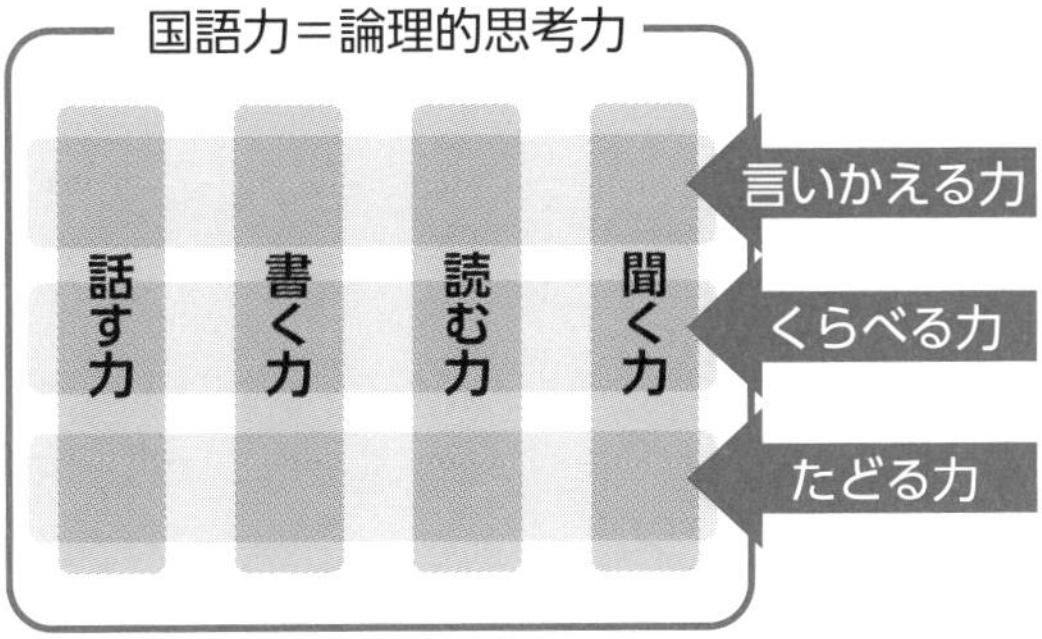

※「関係」は、厳密には「並列関係」「補足関係」も含む。接続語で言えば、前者は「また・または・しかも・あるいは・そして」などであり、後者は「ただ・ただし・実は・なお」などであるが、いずれも論理の骨組みを支える関係性としては弱いため、主たる技能（３つの力）からは外している。

技術とは、真似できるものだ。真似できないものは、芸術と呼ばれる。国語ほど、「芸術」を押しつけられる教科もないだろう。教科書を開けば、そこは名作オンパレード。名作をどんなに味わったところで、言語技術は身につかない。よく言われるように、**学ぶとは、真似ぶことである。真似できるからこそ、学ぶことができる。**それが、「ふくしま式」の不動の柱なのである。

言いかえる力（同等関係整理力）

〈具体〉※	バナナ	樹木の実（果物） 甘い 黄色い 長細い ……
		特徴を引き出す←（抽象化） 特徴を与える→（具体化）
〈抽象〉	果物	樹木の実（果物）

抽象化とは、絵に描きづらいような表現に言いかえること。固有の特徴を引き出し、同時に他の特徴を捨てる（捨象する）ことである。具体化とは、絵に描きやすいような表現に言いかえること。固有の特徴を付与することである。

「言いかえる力」とは、単語レベル、文レベル、文章レベルで抽象化・具体化することにより、発信者の抱いているイメージを受信者に対しありのままに届ける（あるいは受信者がありのままに受け取る）ための力である。

なお、抽象・具体の関係のことを、ふくしま式では「同等関係」と呼んでいる。

※この本では、「具体的なもの」という意味で〈具体〉と表記している。〈抽象〉は、「抽象的なもの」という意味である。

くらべる力（対比関係整理力）

①「東京都は狭いが、北海道は涼しい」
②「東京都は狭いが、北海道は広くて涼しい」
③「東京都の面積は約二二〇〇平方キロメートルだが、北海道は広い」
④「東京都は狭いが、北海道は広い」

①は、**対比の観点が統一**されていない（面積と気温）。だから、分かりにくい。②は、対比の観点のバランス（**パーツの数のバランス**）が悪い。後半だけ観点が二つある。だから、分かりにくい。③は、対比の観点が面積に統一されてはいるが、前半は具体的、後半は抽象的であり、**抽象度のバランス**が悪い。だから、分かりにくい。④は、**観点が統一**され、パーツの数も抽象度も、バランスがよい。

④のように整理する力を、「くらべる力」と呼ぶ。なお、たとえば②において「東京都は蒸し暑い」というメッセージが隠されているのではないかと推定するのも、「くらべる力」のうちである。

たどる力（因果関係整理力）

「因果関係が成立する」とは、「なるほどと思える」ということである。一〇人中八人が「なるほど」と思えるかどうか（すなわち、客観性が高いかどうか）。これが、正しい因果関係のひとつの基準になる※。たどる力については、詳述した**鉄則19・20**をごらんいただきたい（27ページ）。

※この本で多用している因果関係整理の方法（三段論法）は本来、前提が正しければ結論が100％正しくなる推論の方法である（演繹的推論）。しかし、国語においてはそもそも前提の「正しさ」を明確に（数学的に）証明しにくいところもあるから、100％とは考えず「８割」と考えておくほうが無難である。

国語における最強の武器――ふくしま式「二二の鉄則」

ここでは、『高校受験［必携］ハンドブック 国語読解［完全攻略］22の鉄則』（福嶋隆史著・大和出版）をもとに、「二二の鉄則」をコンパクトに解説する。読解はもちろん、国語学習全般における最強の武器であり、ふくしま国語塾で最も頻繁に使用している「トップ教材」である。そして本書もまたこの鉄則に基づいて書かれているため、鉄則の理解なしに本書を理解することはできない。本書を読みながら何度もこのページに立ち返り、鉄則の意味について確認するようにしていただきたい。もちろん、前掲書『22の鉄則』を購入していただくのがベストではある（活用問題や、その詳しい解説が載っている）。しかし、ここからの解説でもひととおりの意味はつかめるはずだ。

鉄則1 （心構え）「型」を武器にせよ。そして、その武器を自ら取り出して使え。

どう読むか、どう書くか。その決まったパターンが、「型」である（形式・方法・技術などと表現することもできる）。「ふくしま式」における「三つの力」「七つの観点」「二二の鉄則」「二〇〇字メソッド※」は、その全てが型である。「何を読むか、何を書くか」、すなわち「内容」も大切だが、優先順位は、まず型である。どの型も、価値ある武器になる。ただし、その武器を「持っている」だけではダメだ。読解や作文などの場で、自ら取り出して自覚的に使うことが欠かせない。

鉄則2 （心構え）読解とは、他者の言葉を再構成することである。

「自分」の言葉を発信するのが〈構成〉である。

※「ふくしま式200字メソッド」は、紙面の都合上、開成の解説（79ページ）の中で紹介するにとどめている。より詳しくは、『ふくしま式200字メソッド「書く力」が身につく問題集［小学生版］』『“ふくしま式200字メソッド”で「書く力」は驚くほど伸びる！』（ともに福嶋隆史著・大和出版）を参照のこと。

「他者」の言葉を受信し、整理しなおして発信するのが〈再構成〉である。

読解とは、書き手という「他者」の言葉を受け止め、それをまとめたり、例を挙げたり、くらべられているものを抽出したり、根拠と結論を区別したりしながら整理しなおす、〈再構成〉の作業である。

最も分かりやすい再構成の問いは、記述式設問である。記述式では、書き手の表現を自分なりに言いかえながら再構成するけれども、書き手のメッセージ（意味内容）は自分勝手に変えてはいけない。

鉄則3　**〈心構え〉読むときも書くときも、まず「全体」を意識せよ。**

「全体」とは、文章の〈骨組み〉である。骨組みは、抽象的である。

「細部」とは、文章の〈肉づけ〉である。肉づけは、具体的である。

まず「全体」、次に「細部（部分）」。この意識で読み書きすることが重要。

その意味で、読解問題を解く際には本文全体をまず通読することをおすすめする。設問を解きながら少しずつ読み進めることは、おすすめできない。設問のタイプによってはすぐ解けることもありケースバイケースではあるが、基本的には、まず全体を一読すること。これが王道である。

鉄則4　**〈心構え〉「分かる」とは、「分ける」ことである。**

遠くから誰かが歩いて来る。最初は、誰なのか「分からない」。でも、赤い帽子と黄色いシャツを見て、弟だと「分かる」。それは、弟と、弟以外の人物とを「分ける」ことができた瞬間である。「分かる」とは、このように、区別できる状態を意味する。そして、区別された両者は、対比関係にある※。

つまり、**「分かる」とは、対比関係で整理すること**なのである。

※文中の例における対比は、こうなる。
赤い帽子と黄色いシャツを身につけている子………弟
赤い帽子と黄色いシャツを身につけていない子……弟以外
対比関係については**鉄則7**を参照。

鉄則5　（心構え）読解には二つある。一、本文の読解。二、設問の読解。

読解問題において「本文」を正確に読み解くのは当然だが、読み解くべき対象がもう一つある。

それは、「設問」だ。〈問一〉〈問二〉……といった、問いのことである。

本文は、作者・筆者が書いている。一方、設問は、出題者が書いている。読解問題とは、出題者との対話である。設問を正確に読まなければ、どんなに本文を正確に読めたとしても、点数には結びつかない。設問を正確に読み解き、どの「関係整理」を要求されているのか、そしてどの「武器」を取り出せばよいのかを特定する。それによって初めて、答える準備が整うのである。

設問パターンは、大きく三つに分類できる。

①「どういうことか」――「言いかえる」設問（同等関係の整理が要求されている）

「どういう意味か」「分かりやすく説明せよ」等も同じだ。よく見られるのは、比喩的表現に傍線が引かれ、「どういうことか」と問われるパターンである。**鉄則15**と関連が深い。

比喩は、「読み手・聞き手がイメージしやすくなるように」という意図で使われるため、そのほとんどが具体的だ。それを抽象化することを要求するのが、この設問パターンである。「何の例か」「何をたとえたものか」なども、このパターンに含まれる。なお、逆に具体化を要求する場合は、「どういうことか、具体的に説明せよ」などと明示される傾向がある。

② **「どう違うか」――「くらべる」設問（対比関係の整理が要求されている）**

「違いを説明せよ」「相違点を述べよ」等も同じだ。一見類似しており違いが見出せないようなものごとについて、違いを説明させる問いである。「どのように変化したか」などもこのパターンに含まれる。特に**鉄則6～8**と関連が深い。

③ **「なぜか」――「たどる」設問（因果関係の整理が要求されている）**

「理由を説明せよ」「根拠を述べよ」等も同じだ。読解設問の半数がこれであると言っても過言ではない。特に**鉄則19、20**と関連が深い。

鉄則6　隠された対比関係を見つけ出せ。それが、読解の第一の作業だ。

鉄則4で述べたように、「分かる」とは、対比関係で整理することである。それができるようになるためには、次の二つが欠かせない。

① **反対語を覚えること。**

② **反対語を意識的に使うこと。**

①は、『ふくしま式「本当の語彙力」が身につく問題集［小学生版］』（福嶋隆史著・大和出版）を用いるのが最短距離である※。反対語だけを取り扱った本であり、読解に必須となる抽象度の高い反対語が、見出しで二〇〇語（一〇〇セット）、関連語も含めれば約一一五〇語掲載されている。ふくしま国語塾において、前掲書『22の鉄則』の次によく使っている一冊である。

②は、要するに本文中に隠された反対語を引き出すということである。書き手は、反対語を反対語

※使用頻度の高い反対語一覧を340ページに載せているので、ご活用いただきたい。

のまま使っているとは限らない。片方だけ言いかえたり、両方とも言いかえたりしている可能性がある。それを見つけ出すこと。それが、反対語を意識的に使って読むということである。

たとえば、「象やキリンのような大きな動物は怖いから、うさぎやハムスターが見たい」という文には、「大⇔小」という対比が隠されている。文中には「小さい」と書かれていないが、そこには明らかに「小さい」という意味が隠されている。もし、「うさぎやハムスターのような可愛いのが見たい」と書かれていたら、その「可愛い」は「小さい」の意味を含んでいる。と同時に、象やキリンは「あまり可愛くない」という否定の意味合いも、自然に発生する。

また、「手袋をしたままではなく手袋を外して握手をしよう」という文は、「間接的ではなく直接的に触れ合おう」という意味であり、そこには「間接⇔直接」という対比が隠されていることになる。

こうした、「本文中には明示されていないが明らかにそこから読み取ることのできる対比関係」を見出すことがこの鉄則6の主旨であり、**これこそが「ふくしま式」の核であると言ってもよい。**

鉄則7 **対比関係二つのポイント。一、バランス。二、観点の統一。**

アは、**1**（な）ため、**A**だが、
イは、**2**（な）ため、**B**である。

これが、対比の型で記述答案を作る際の「黄金パターン」である。

14ページ「くらべる力」の①～④の例とその解説を読むと、**鉄則7**のイメージが持てるだろう。**対比のバランス**をとり、**対比の観点を統一**しながら、文を整理するわけだ。

バランス　①　パーツの数のバランス（ア・1・A／イ・2・Bなら三つずつ）
②　抽象度のバランス（例……「勝ち」↔「良くない結果」は後者が抽象的）

観点の統一　例……「勝つ」↔「苦しむ」では観点が違い、対比にならない。

右記「黄金パターン」のA・Bパーツは通常、互いに**反対語**になるか、片方が片方の**否定表現**になる※。そうでなければ、「観点が統一されている」とは言えない。「一組は勝ったが、二組は苦しんだ」では、対比していることにならないということだ。

鉄則8　ストーリー全体の「対比的心情変化」を整理せよ。

物語・小説では、主人公の心情や人間関係の対比的変化をつかむことが、何より重要である。たとえば次のようになる。

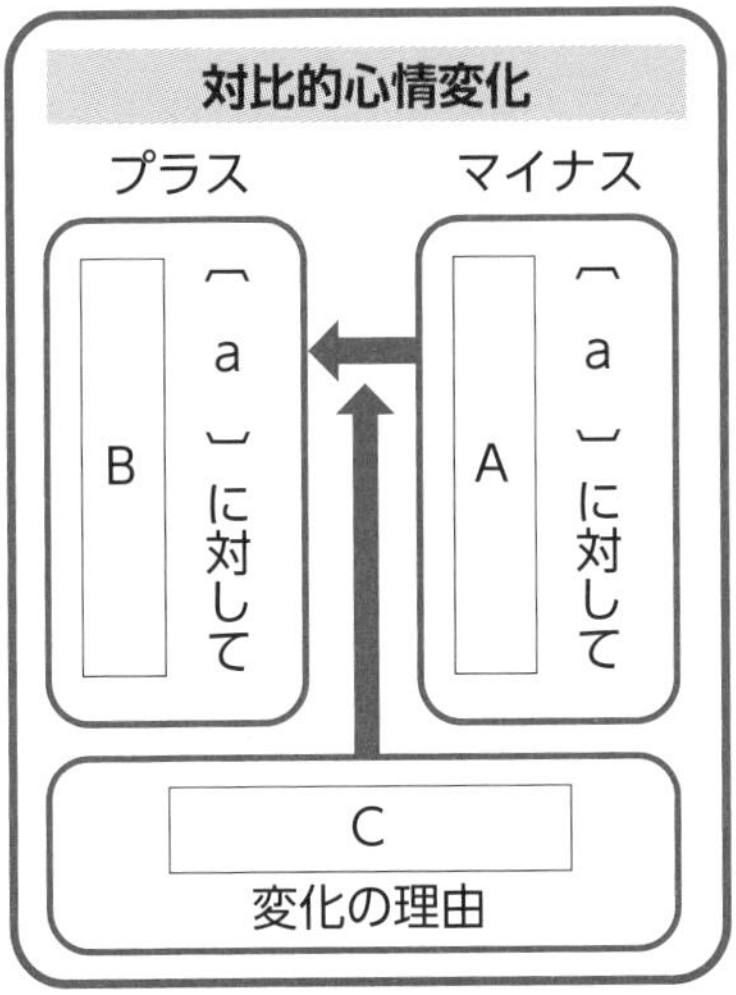

〔a〕大会出場に対して
A　自信を失っていた主人公が、
C　友だちとともにつらい練習を乗り越えたことによって、
（〔a〕大会出場に対しての）
B　自信を取り戻した。

☆変化の理由「C」自体が１つの変化になっていることも重要。上記の「乗り越えた」は１つの変化だ。

※反対語　……（例）勝つ ↔ 負ける
　否定表現……（例）勝つ ↔ 勝たない
　A・Bパーツのみでなく、１・２パーツも観点を統一できればベストである。

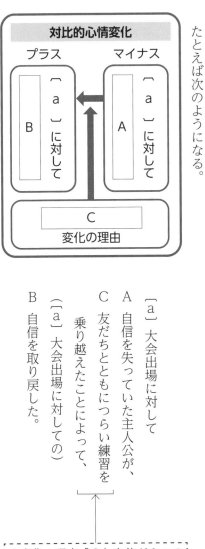

これらを、**【aに対してAだった主人公が、Cによって Bに変わる話】**と整理するのである。

右図の下の☆に記したように**「変化の理由は変化である」**ことも覚えておきたい。

なお、ストーリーが長ければ長いほど、部分的には「プラス↓マイナス」という変化も当然入ってくる。主人公が悩んだり、ピンチに陥ったりする場面だ。しかし多くのストーリーでは最終的にプラスに転ずるから、全体を見れば**マイナスからプラスへと変化する**ことになる※。

鉄則9　「ひとことで言うと？」を口ぐせにせよ。

「何のためにやっているのかを知りたい」という文を、「目的を知りたい」と言いかえる。「その映画は一八〇〇円を払って見るような内容なのか、私には分からない」という文を、「その映画の価値は私には分からない」と言いかえる。目的、価値などといったひとことによって「名詞化」する。あるいは、「去年、妹が帽子を買ってくれた。それを今日、初めてかぶった」という文について「「それ」とは何か」と問われたら、まずひとことで「帽子」と言ってみる。このように、端的なひとことで表現する癖をつけておくことが、理解のスピードを上げるのである。

鉄則10　表現に迷ったら、「図形的比喩」で言いかえよ。

大・小／高・低／長・短／前・後／上・下／内・外／表・裏／厚・薄／太・細／直・曲／遠・近／深・浅／広・狭／点・線・面……等々。

私たちは知らず知らずのうちに、こうした図形的（視覚的）比喩に頼ってものごとを考えている。

こうした表現を用いずに「考える」ということは、事実上不可能であると言ってもよい。

※もちろん、有名な『ごんぎつね』（新美南吉）のように悲劇的展開で終わることもある。しかし、『ごんぎつね』とて登場人物の相互理解が深まるストーリーであり、その側面に注目すればプラスへの変化だと言える。

心が広い（寛容、おおらか）。情に厚い（やさしさ、思いやり）。気が短い・短気（すぐ怒ったりいらいらしたりする）。気が小さい（臆病）。長所（優れいている点）。図太い（少しのことでは動揺しない）。見上げる（尊敬する）。見下す・見下げる（軽蔑する）……例を挙げれば切りがない。

もし、文学的文章の読解記述問題に向き合う中で「希望⇕失望」という言葉が浮かんでこなくても、「前向き⇕後ろ向き」という図形的比喩で言いかえれば、意味を説明することができる。むろん、やや意味が広がってあいまいになるという欠点もあるから、図形的比喩以外の表現と併用するのが理想ではあるが、それでも非常に便利な技術であり、積極的に使いたいところだ。

鉄則11　「述語」こそが文の意味を支えている。

「亀は遅い。しかし、兎は速い」。この二文の主張（価値判断）は「遅い・速い」という述語にある。「ア は A だが、イ は B 」という型の意味を支えているのは、A・Bであるということだ※。**鉄則7**でも述べたように、対比関係を成立させるには、まずこのA・Bパーツの関係を整える必要がある。対比関係のみならず、文と文の関係を生み出すのはまず何よりも「述語」である。**鉄則17**も参照のこと。

鉄則12　世の主張という主張は、「逆説」の構造を持っている。

一見おかしなこと・矛盾したこと・非常識なことを言っているように思えることがらでも、実はそれぞれに納得できる（否定しにくい）理由・根拠があり、それが世の中の真実の一面を言い当てているということがある。そういう表現を、「逆説」と呼ぶ。パラドックスとも言う。「失敗は成功のもと」

※「亀は遅いが、兎は速い」と一文にした場合の述語は正確には「速い」だけだが、実質的には「遅い」「速い」の両方が「述語」である。つまり、「アはAだがイはB」の「述語」はA・Bであり、これらが意味を支えているということになる。

「負けるが勝ち」「急がば回れ」といったことわざをイメージすれば分かりやすい。あるいは、「〇〇のウソ」「誰も知らない〇〇の真実」などといった、ちまたでよく見るメッセージも、逆説だ。

何らかの主張を効果的に他者に伝えようとするとき、その表現はほとんどの場合、逆説のかっこうをとる。まず常識と異なる逆説化された結論を提示し、メッセージの受け手を引きつけておいて、そのあとで逆説の根拠を説明する。書店に平積みされている本のタイトルや、テレビ番組のキャッチコピーなどを少し調べるだけで、その多くが逆説的な表現になっていることに気づくだろう。

そもそも話し手・書き手は、一般論とは異なる独自性があると思うからこそ、それを主張しようとする。私の意見は一般論ですから聞かなくていいです、と訴える人はいない。どこかに独自性があるからこそ、それを主張する。そのとき逆説化しようとするのは、当然のことである。

「合格力」について述べた10ページも参照のこと。

鉄則13　「定義」にマークし、「定義」を使え。

「☆とは、★である」（主語タイプの定義）

「★。それが☆である」（述語タイプの定義）

これらの形によって「☆」の意味を定めた文が、「定義の文」である※。この「☆」が文章のテーマである場合、**そこに設問の答えがある**ことが多い。見つけたら、必ず［　］で囲んでおく。

〈例〉「観察とは、事実をありのままに見つめることである」（主語タイプ）

「事実をありのままに見つめること。それが観察である」（述語タイプ）

「☆とは」は、「☆というのは」「☆というものは」「☆ということは」などの場合もある。

※**鉄則13**で示した「定義」のパターンとして非常に多いのは次の形である。「**ア**は**A**ではなく**B**」。たとえば、「観察とは、主観的な思い込みで対象を眺めることではなく、客観的事実をありのままに見つめることである」など。AとBは対比関係になる（**鉄則7**参照）。

「☆は」だけの場合もあるが、☆の示すものが具体的である場合、定義ではないことが多い（たとえば「食事は」と「みそ汁は」では、前者が定義であり後者は定義ではない、というケースが多い）。

鉄則14 「も」にマークせよ。それが具体例だ。

「も」がついている時点で、それが具体例であること、また、それ以外にも他の例があることが想定できる。たとえば、「みかんも食べた」とあるだけで、その前に「バナナを食べた」というような例があったであろうことが分かる。

こうした見方は、「もう一つの具体例を抜き出せ」といった問いで有効になる。と同時に、バナナやみかんを食べたことは中心となる主張ではなく、それらを抽象化したメッセージ、「果物を食べた」こそが主張（最も言いたいこと）である、と推測することができる。

つまり、「も」一つで、〈具体〉も〈抽象〉も見定めることができるわけだ。

ただし、次のような「も」は働きが異なるため、念のため覚えておきたい。

「どこも混んでいて入れない」「それは考えもしなかった」「精一杯がんばるも、成果は出なかった」などである。とはいえ、具体例が並べられているときの「も」を見分けるのは決して難しいことではないから、十分活用できる技術であると言える。

鉄則15 「比喩」は〈具体〉である。まず、抽象化せよ。

言いかえる設問には、大きく三つのパターンがある。次の①〜③がその具体例だ。

〈具体〉猿も　木から落ちる
　　つまり
〈抽象〉名人でも　失敗する
　　たとえば
〈具体〉イチローでも　三振する

……①（抽象化設問）「「猿も木から落ちる」とあるが、これはどういうことか、説明せよ」
……②（具体化設問）「「猿も木から落ちる」とあるが、これと同じことを述べた例は、次のうちどれか」
……③（具体化設問）「「名人でも失敗する」とあるが、それを比喩的に述べた箇所を抜き出せ」

①の答えは「名人でも失敗するということ」（記述設問に見立てている）。
②の答えは「イチローでも三振する」（選択式設問に見立てている）。
③の答えは「猿も木から落ちる」（抜き出し設問に見立てている）。

比喩※を抽象化させる、①のパターンが最も多い。一方、抽象的な意味を具体化させる設問は、本文中の比喩に立ち戻らせる③のパターンと、本文中に書かれていない別の具体例を挙げさせる②のパターンとがある。②のパターンは、選択式の場合も記述式の場合もあるが、いずれにせよこの三パターン中で最も難易度が高くなりやすい。①のように抽象化した上で、さらにそれを具体化して考えなければならないからである。

鉄則16　傍線部がパーツに分けられるなら、パーツごとに言いかえよ。

「一石二鳥とはどういうことか」と問われたら、次のようにパーツ（部分）に分けて考える。

※この鉄則で「比喩」と呼んでいるものは、より正確には「筆者独自の言い回し」のことである。なお、本来の語義とは違う意味をこめて何らかの言葉を使う場合、それを「　」でくくる書き手が多い。そして、そこに傍線が引かれ、「どういうことか」と問われるわけである。

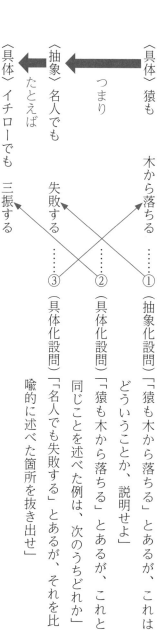

	パーツ1	パーツ2	パーツ3	パーツ4
〈具体〉	一石	二鳥		
〈抽象〉	一つの行動で	二つの利益を	同時に	手に入れる

比喩的表現には意味が凝縮されているため、パーツ3・4のように、省略されている部分があることもある。これを、本文をもとにして補いながら考えていく。これが、傍線部を言いかえる設問の基本である。比喩が単語一つの場合は例外だが、そうでなければパーツ分けできる。通常、配点はパーツごとに行われるため、途中点を狙うためにも必須の技術である。

なお、右の例では「述語」とその「修飾語」を補って抽象化したが、「主語」や「理由」なども補う必要があることが多い。その問いがどういった説明を求めているのかを考え、そのつど内容を加えていくことが大切だ。

鉄則17　接続語挿入問題では、前後の文の「述語」をくらべて考えよ。

接続語とは、その前後の関係性を明らかにする言葉である。文と文、文と段落、段落と文、段落と段落。接続語は、種々のものをつなぐ。しかし、最も多いのは、文と文である。たとえ段落と段落だとしても、それぞれの段落を一文に要約すれば、それは文と文をつなぐことになる。

文と文の関係を見抜くには、それぞれの文の要点を見抜く必要がある。**文の要点とは、まず述語である。**述語（述部・文末）は、文の意味を支えている（**鉄則11**）。さらにその述語を直接説明する（述語に直接つながっていく）言葉※も考慮すれば、文を要約することができる。接続語を（　）に入

※例：「目覚まし時計を止めて眠ってしまうことが多い私は、不安なので、目覚まし時計を5つセットしている」という文の述語（述部）は「セットしている」。述語を直接説明する言葉は、「私は」という主語（主題）、及び「目覚まし時計を」「5つ」である。「私は目覚まし時計を5つセットしている」が要約文となる。

れる設問では、たいていの場合前後の文が長いため、感覚で解くとミスしやすい。こうして前後の文を要約するプロセスを踏むことによって、ミスを防ぐことができるわけである。

鉄則18 役立つ接続語は「文頭」よりも「文中」にある。

「たとえば」「しかし」「だから」「なぜなら」などは、文の初めにつくことの多い「文頭接続語」である。一方、同等関係を表す「という」「などの」、対比関係を表す「が」「ではなく」※「よりも」、因果関係を表す「から」「ので」「ため」などは、文中につくことの多い「文中接続語」であり、さらに「わけだ」「のです」「のである」などは文末について同等関係や因果関係を表す「文末接続語」である。

文頭接続語は、論理が明確になりすぎてゴツゴツした印象を与えるため、あまり使わない書き手が多い。省略されることもあり、使用頻度が低い。一方、文中・文末接続語は省略されにくく、使用頻度が高い。ならば、読解で役立つのは後者である。文中・文末接続語を意識的にチェックすることができれば、読解、すなわち関係整理をスピーディーに行うことができるようになる。

鉄則19 「直前の理由（イ）」を、常に意識せよ。

鉄則20 最もふさわしい理由をつかむために、「むすんでたどる」。

「なぜですか」と問われたときは、これらの鉄則を使う。

因果関係整理の基礎技術である。

小学生向けの多くの進学塾では、**鉄則19**の形を習う。たとえば次のように。

※「ではなく」は、読解において最も役立つ接続語である。文頭・文中・文末、あらゆるタイプの接続語の中で、最も役立つ。「ではなく」の前後には、文章を支える対比の骨組みが隠されていることが多いからである。「ではなく」に遭遇したら、必ずマルをつけながら読み、それを活用して問いを解くこと。

（ア）……事実（できごと）…………（例）仲よしの子と、けんかをした。
　だから←→なぜなら
（イ）……心情（気持ち）…………（例）寂しくなった。
　だから←→なぜなら
（ウ）……言動（セリフや行動）……（例）泣いた。

問いの多くは、「泣いたのはなぜか」と、言動の理由を問う。説明的文章であっても、この形は変わらない（結論（ウ）の根拠を問われる）。

このとき、（ア）は文章中に比較的分かりやすく書かれているのが普通だ。しかし、（イ）は書かれていないとか、あるいは見逃しやすいとか、整理されていないとか、そういう場合が多い。（ア）だけでなく、（ア）＋（イ）で答えないと不十分になる。その（イ）を見逃すなと忠告するのが、**鉄則19**である。「（ア）だから（ウ）」ではなく、「（ア）のため（イ）、だから（ウ）」と整理するわけだ（前者を急行列車、後者を各駅停車と私は呼んでいる）。

ただ、この鉄則には欠点がある。これは基本的に「時間的前後関係」があるとき（（ア）↓（イ）↓（ウ）と順番に現象が生じているとき）に使うものであって、そうでないときには使いづらいということだ。

そこで、**鉄則20**が存在する。

これは、ひとことで言うと**「三段論法」**の型である。

だからこれを「ふくしま式」などと呼ぶのはおこがましい点もあるのだが、三段論法を小学生に本気で教えている塾や先生を、私はほとんど知らない。それを分かりやすく提示し遠慮なく活用させていくところに、オリジナリティがある。

最近では、**鉄則19**よりも**鉄則20**のほうをよく指導している。**鉄則19**のケースも含め、あらゆる場面で活用できるからである。

そして、最新のふくしま式では次の二つを、因果関係整理の技術として生徒たちに指導している。

ふくしま式「なぜですか」攻略法

〈Ⅰ〉「前件肯定」パターン

（問い）「①は②であると言えるのはなぜか」

（答え）「①は③であり、③ならば②だから」

（例）

「ソクラテスは死ぬと言えるのはなぜか」

「ソクラテスは人間であり人間ならば死ぬから」

〈Ⅱ〉「後件否定《こうけん》」パターン

（問い）「①は②でないと言えるのはなぜか」

（答え）「②ならば③だが、①は③ではないから」

「この鳥はカラスでないと言えるのはなぜか」

「カラスならば黒いが、この鳥は黒くないから」

鉄則20の「むすんでたどる」という表現は、二つの根拠を結びつけて考えるということを意味する。「①は③である」と「③ならば②」を結びつける、あるいは、「②ならば③である」と「①は③ではない」を結びつける、といった具合である。

ところで、この本は論理学の本ではない。できるだけ簡素化し、実用に即した部分だけを紹介したい。しかし、用語を持ち出している以上、ある程度は説明せねばなるまい。

三段論法の基本パターン

		大前提	小前提	結論
前件肯定	**必ず真なり**	**AならばBである。**	**（これは）Aである。**	**ゆえにBである。**
前件否定	必ずしも真ならず	AならばBである。	（これは）Aでない。	ゆえにBでない。
後件肯定	必ずしも真ならず	AならばBである。	（これは）Bである。	ゆえにAである。
後件否定	**必ず真なり**	**AならばBである。**	**（これは）Bでない。**	**ゆえにAでない。**

この四つのうち、二つの前提さえ正しければ結論が必ず正しくなる（真になる）のは、「前件肯定」と「後件否定」だけである。

結論が正しいのであれば、「なぜですか」などと前提（理由・根拠）を問う設問（逆にたどらせる設問）も出しやすくなる。読解問題において「なぜですか」と問われるのは、多くの場合、前件肯定・後件否定の形で説明しうるケースである（言語は数学ではないので絶対とは言えないが）。

そこで、前件肯定・後件否定について、具体的にチェックしておこう。

前件・後件という表現の意味は単純である。「AならばB」のAが前件（前にある内容）、Bが後件（後にある内容）というだけのことだ。なお、A・Bという記号は、論理学においては一般にp・qを使うが、ふくしま式ではどの型でもA・Bを使っているので、それに合わせている。

もう一つ補足しておく。前ページ「攻略法」の〈I〉（答え）で示した「①は③であり、③ならば②だから」は、正確に言えば「小前提→大前提」の順になっており、右に示す基本パターンとは逆順である。しかし、読解設問をスムーズに解くためには、この順序で考えるほうがよい。

〈Ⅰ〉前件肯定パターン
AならばBである。（これは）Aである。ゆえにBである。

下図右は、「AならばB」という「大前提」を示している。★は、目の前の「これ」すなわち具体的な主題を意味する。図を見ながら確認してほしい。「AならばB」という大前提のもと、もう一つの前提（小前提）として★がAである（Aに含まれる）ならば、当然の結論として、★はBでもある（Bにも含まれる）ことになる。いたって単純だ。

ここで29ページの「攻略法」と例文をおさらいする。これも、下図左※を見ながらチェックしてほしい。

①～③は解き方の手順を示している。

（問い）「①は②であると言えるのはなぜか」
　「ソクラテスは死ぬと言えるのはなぜか」
（答え）「①は③であり、③ならば②だから」
　「ソクラテスは人間であり、人間ならば死ぬから」

さらに、具体的な短文読解の形で見てみよう。

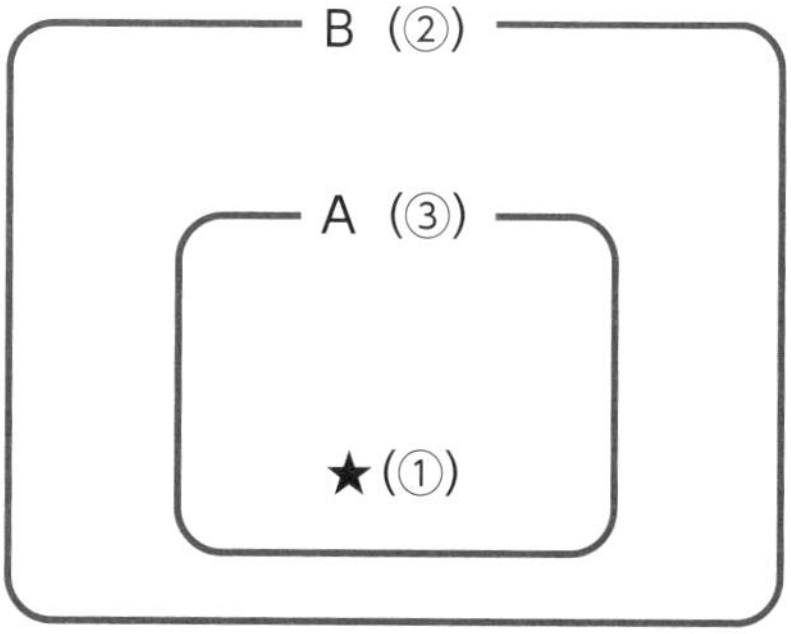

AならばB

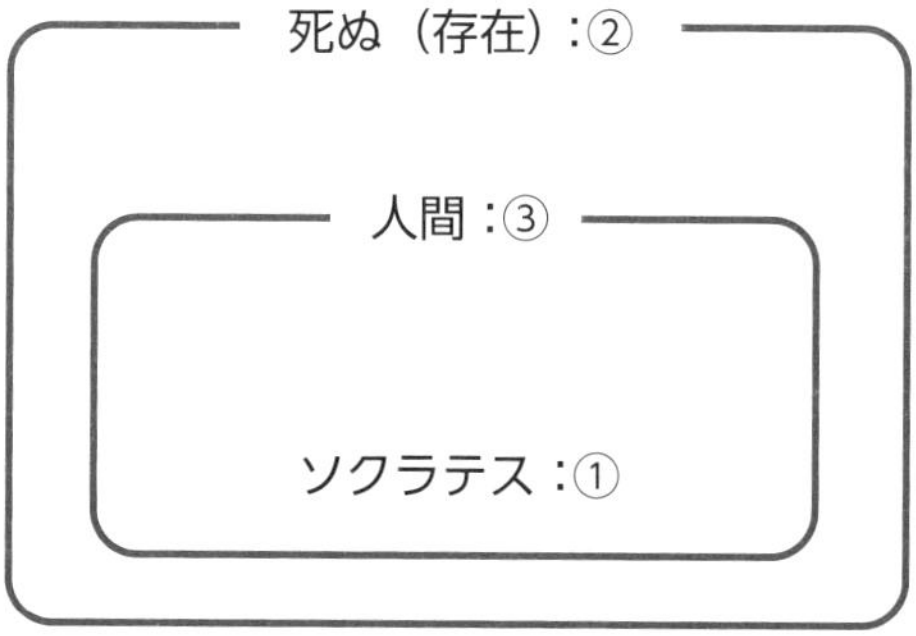

人間ならば死ぬ（存在だ）

※図示する際には「存在」などの語を補わないと不自然になる（人間は「死ぬ」に含まれるのではなく「死ぬ存在」に含まれる）。しかし、実際に読解問題を解く際には、いちいち図示する必要はないので、こうしたことを気にする必要はない。

（本文）今日は雨が降っています。先生は、「遠足は雨が降ったら中止です」とおっしゃっていました。

遠足は、今日は中止ですね。

（問い）「今日は中止です」とあるが、なぜそう言えるのか。説明せよ。

（答え）今日は雨であり、雨ならば中止だから。

——解き方——

まず傍線部をパーツ分けし、番号を振る。


（問い）「今日は／中止です」と言えるのはなぜか。

「①は　／②である」と言えるのはなぜか。


次に、間に入る情報である③を考える。


（答え）「①は　／③であり、／③ならば／②だから」

「今日は／雨であり、／雨ならば／中止だから」


いかがだろうか。非常にシンプルな手順である。

要は、「なぜですか」と問われたら「③に何が入るか」を考えればよい。それだけなのだ。

これは、次の後件否定パターンでも同じである。

〈Ⅱ〉後件否定パターン

Aならば Bである。（これは）Bでない。ゆえにAでない。

下図右は、先ほどと同じく、「AならばB」という「大前提」を示している。★は、目の前の「これ」すなわち具体的な主題を意味する。「AならばB」という大前提のもと、もう一つの前提（小前提）として★がBでない（Bに含まれない）ならば、当然の結論として、★はAでもない（Aにも含まれない）ことになる。やはり、いたって単純だ。

ここで29ページの「攻略法」と例文をおさらいする。これも、下図左を見ながらチェックしてほしい※。

（問い）「①は②でないと言えるのはなぜか」
「この鳥はカラスでないと言えるのはなぜか」
（答え）「②ならば③だが、①は③ではないから」
「カラスならば黒いが、この鳥は黒くないから」

さらに、具体的な短文読解の形で見てみよう。

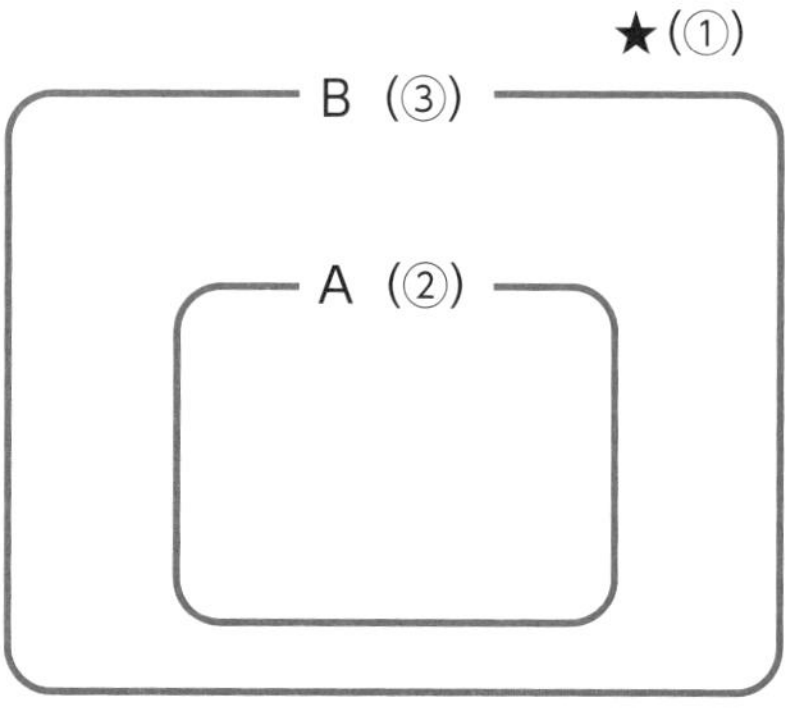

AならばB

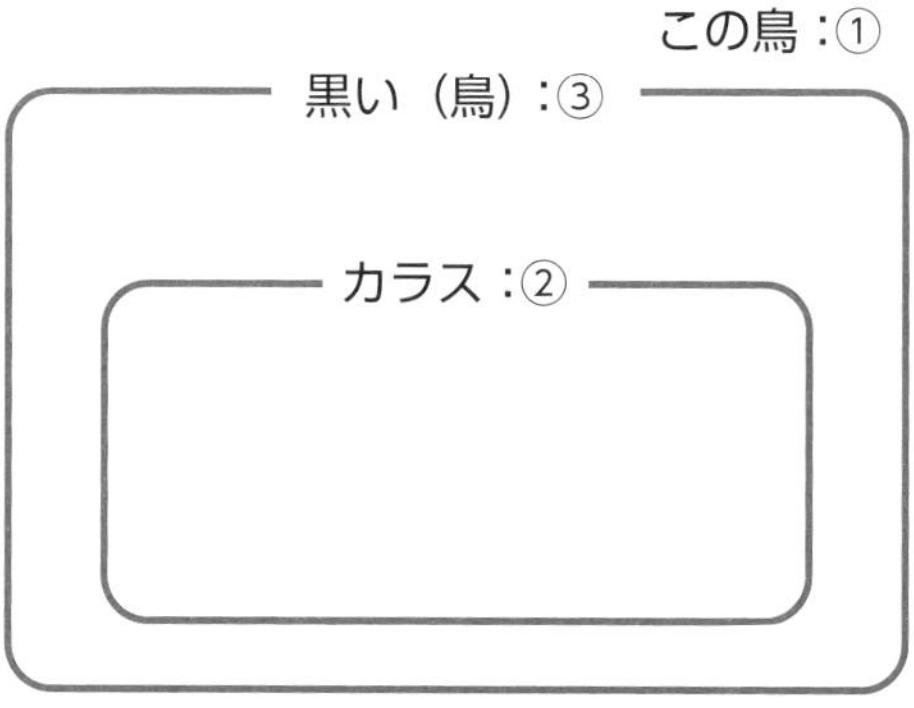

カラスならば黒い（鳥だ）

※31ページの図とくらべて②・③の位置が逆になっているが、これはミスではない（あくまで解き方の手順を示すものである）。

（本文）このお店は、月曜は休みです。今日はお店が開いています。今日は月曜ではないということですね。

（問い）「今日は月曜ではない」とあるが、なぜそう言えるのか。説明せよ。

（答え）月曜ならば休みだが、今日は休みではないから。

解き方

まず傍線部をパーツ分けし、番号を振る。


（問い）「今日は／月曜ではない」と言えるのはなぜか。

「①は　／②でない」　と言えるのはなぜか。


次に、追加すべき情報である③を考える。


（答え）「月曜ならば／休みだが、／今日は／休みではないから」

「②ならば　／③だが、　／①は　／③ではないから」


単純な原理だ。小学三、四年生でも分かる。

実際に「なぜですか」と問われたとき、前件肯定と後件否定、どちらのパターンなのかを見分けるのも、さして難しくない。

「……ではないと言えるのはなぜか」というように否定形になっていれば、後件否定の型をイメージしてみればよい※。そうでないなら、前件肯定の型をイメージする。

ただし、先にも触れたように、言語は数学とは異なる。

全てを型どおりに処理できるかといえば、そうではない。それは、他の鉄則で述べているどの型であれ、同じことである。型どおりにできないと思ったら、意味が通じるように型を破っていくしかない。

しかし、型を破るにも「まず型ありき」である。型を持たないのに型破りをしようとしたらそれは型破りではなく「型なし」である、とは、よく言われることである。

ところで、30ページで「真ならず」とした「前件否定」と「後件肯定」が気になっている人もいるかもしれない。ページも限られているが、少しだけ紹介しておこう。

まず、後件肯定から。

「AならばBである。（これは）Bである。ゆえにAである」

「人間ならば死ぬ。この生き物は死ぬ。だから人間である」

これだけで、いかにおかしな論理かが分かる。犬だって魚だって虫だって死ぬのだから。

要するに、後件肯定にだまされることは少ない。

問題は、前件否定である。

「AならばBである。（これは）Aでない。ゆえにBでない」

「月曜ならば休みだ。今日は月曜ではない。だから休みではない」

これ、つい納得しそうになる。しかし、月曜以外に休みがないとは言い切れない。日曜も休みかも

※こう書くと、後件否定の「後件」とは「①は②でない」の②を指すと思われがちだが、実際には③が「後件」である（30ページの後ろから6行目、及び33ページの図を確認のこと）。ただ、実践上、この点を気にする必要はない。問われている文が否定文の場合は後件否定の型で考えてよい、という効率的な判別方法の話である。

しれず、今日が日曜ならば、休みである。

ということで、気をつけるべきは前件否定である。

理由を問う選択式設問において、そのニセ選択肢の中にこういうのが紛れている可能性があるから、覚えておいて損はない。


ここまで説明したので、もう一つだけ。

下図は、「逆・裏・対偶」という論理関係図である。これまで述べてきたことと密接に関係している。

「AならばB」の対偶は、「BでないならばAでない」。すなわち、「AならばB」という大前提と、「Bでない」という小前提が成立するならば、「Aでない」と言えるということであり、これは後件否定の形である。

後件否定は、「対偶」。対偶は必ず真なり。ということである。

ちなみに、残り※はこうなる。

前件否定は、「裏」。裏は必ずしも真ならず。

後件肯定は、「逆」。逆は必ずしも真ならず。

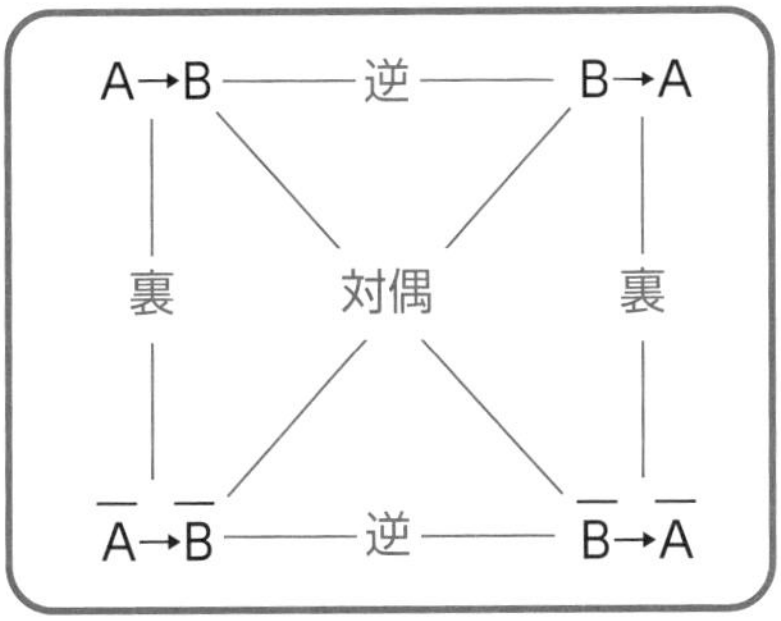

逆・裏・対偶

（$\overline{A}$は「Aでない」）

鉄則21　選択肢は、まず手で隠せ。選択肢は、ワナの集合体だ。

選択式設問をラクだと思うのは大間違いである。一つの突破口は、選択肢を見ずに（手で隠すなど

※前件肯定は「A→B」そのものであり、逆・裏・対偶に該当しないので、ここには書いていない。

して）、記述式設問を解くときのように自分の頭で考えてみることだ。その上で選択肢を見れば、正解率は上がる。と同時に、次のようなコツを覚えておくことも有効である。

①**「本文に似すぎた選択肢は疑え」**――まず、「選択肢は本文の言いかえである」と知ること。正解の選択肢は、「本文と同じ意味」かつ「本文と異なる表現」になるよう、たくみに言いかえられているということだ。であるならば、「表現が本文と似すぎた選択肢」は疑うべきである。それは、「本文と違う意味」かつ「本文とそっくりな表現」であるニセものの可能性が高いのだ。

②**「よい子の常識を疑え」**――世の主張という主張は逆説の構造を持っている（**鉄則12**）から、あまりに常識的な内容が本文と一致することは少ない。たとえば、「自然を大切に」「友達と仲良く」といった類の、いわば「学校の先生がお説教で言いそうな道徳的内容」である。これをふくしま式では「よい子の常識」と呼び、警戒するように指導している。

鉄則22　「あなたの考えを」と言われたら、客観性と独自性を両立させよ。

本文を離れて受験生自身の意見を書くよう指示されることがある。そういうときは、「多くの人が納得するような**客観性**」を維持しながらも、「自分にしか書けない**独自性**」をアピールしなければならない。その最も単純な方法は**逆説化**である（11ページ及び**鉄則12**参照）。多くの受験生は前項で述べたような「よい子の常識」を書くから、そこに疑問を呈する逆説をぜひ書きたいところである（もちろん、具体的な根拠が添えられていなければただのビッグマウスになってしまうが）。

ふくしま式「七つの観点」とは？

読解に限らず、広く「ものを考える」ときに不可欠となる観点（ものの見方）が、七つある。

①「時間」の観点　時分秒／年月日／朝昼晩／春夏秋冬／過去・現在・未来／時間・期間の長短／遅速／時間の連続性・断続性……等

②「空間」の観点　上下／左右／前後／表裏／内外／遠近／高低／長短／広狭／大小／分布／密度……等

③「自他」の観点　自己・他者／主観・客観／能動・受動／自発・強制……等

④「心理」の観点　喜怒哀楽に関するあらゆる見方

⑤「五感」の観点　視覚／聴覚／嗅覚／味覚／触覚

⑥「目的・手段」の観点　目的（目標・方向性）・手段（方策・解決策）

⑦「プラス・マイナス」の観点　良し悪し／善悪／明暗／前進・後退／幸・不幸／益・害……等

観点というものは無限に存在するが、この七つは特に重要度が高い。中でも、「時間」「空間」「自他」の三つは、意識的に用いることによって思考力を格段にアップさせることができる。

七つの観点の具体的な用法については、本文で確認してほしい。

第二章

男女御三家

開成①

開成中学校
2019年　説明的文章
『うしろめたさの人類学』※　松村圭一郎《まつむらけいいちろう》

25分／50

次の文章を読み、後の問いに答えなさい。ただし、〔＝　〕は出題者による注です。

エチオピアでの経験から話を始めよう。最初にエチオピアを訪《おとず》れたのは、もう二十年近く前のことだ。ほとんど海外に出たこともなかった二十歳《はたち》そこそこのころ。十カ月あまりの滞在《たいざい》期間の大半をエチオピア人に囲まれて過ごした。

それまで、自分はあまり感情的にならない人間だと思っていた。人とぶつかることもそれほどなく、どちらかといえば冷めた少年だった。①それが、エチオピアにいるときは、まるで違《ちが》っていた。

なにをやるにしても、物事がすんなり運ばない。タクシーに乗るにも、物を買うにも、値段の交渉《こうしょう》から始まる。町を歩けば、子どもたちにおちょくられ、大人からは質問攻《ぜ》めにあう。調査のために役所を訪れると、「今日は人がいないから明日来い」と何日も引き延ばされる。「ここじゃない、あっちの窓口だ」と、たらいまわしにされる。話がうまくいったと思ったら最後に賄賂《わいろ》を1ヨウキュウされる……。

言葉の通じにくさもあって、懸命《けんめい》に身振《みぶ》り手振りを交えて話したり、大声を出して激高してしまったりする自分がいた。

村で過ごしているあいだも、生活のすべてがつねに他人との関わりのなかにあって、ひとりのプライベートな時間など、ほとんどない。いい意味でも、悪い意味でも、つねにある種の刺激《しげき》にさらされ続けていた。

食事のときは、いつもみんなでひとつの大きな皿を囲み、「もっと食べろ」と声をかけあい、互《たが》いに気遣《きづか》いながら食べていた。

村にはまだ電気がなかった。食後はランプの灯《あか》りのもとで、おじいさんの話に耳を傾《かたむ》け、息子《むすこ》たちと腹を抱《かか》えて笑い転げたり、真顔で驚《おどろ》いたりと、にぎやかで心温まる時間があった。

村のなかにひとり「外国人」がいることで、いろんないざこざが起きて、なぜこんなにうまくいかないんだと、涙《なみだ》が止まらない日もあった。

毎朝、木陰《こかげ》にテーブルを出して、前日の日記をつけ

※2017年10月刊・ミシマ社

るのが日課だった。ふと見上げると、抜《ぬ》けるような青空から木漏《こも》れ日《び》がさし、小鳥のさえずりだけが聞こえる。さわやかな風に梢《こずえ》が揺《ゆ》れる。おばあさんが炒《い》るコーヒーのいい香《かお》りが漂《ただよ》ってくる。自分はなんて幸せなんだろうと、心からうっとりした。

腹の底から笑ったり、激しく憤慨《ふんがい》したり、幸福感に浸《ひた》ったり、毎日が喜怒哀楽《きどあいらく》に満ちた時間だった。顔の筋肉も休まることなく、つねにいろんな表情を浮《う》かべていた気がする。

そんな生活を終えて、日本に戻《もど》ったとき、不思議な感覚に陥《おちい》った。関西国際空港に着くと、すべてがすんなり進んでいく。なんの不自由も、憤《いきどお》りや戸惑《とまど》いも感じる必要がない。バスのチケットは自動券売機ですぐに買えて、数秒も違《たが》わず[2]**テイコク**ぴったりに出発する。動き出したバスに向かって深《ふ》々とお辞儀《じぎ》する女性従業員の姿に、びっくりして振り返ってしまった。

人との関わりのなかで生じる厄介《やっかい》で面倒《めんどう》なことが注意深く取り除かれ、できるだけストレスを感じないで[3]**ス**むシステムがつくられていた。

おそらく、お辞儀する女性は感情を交えて関わり合う「人」ではなく、券売機の「ご利用ありがとうございます」という機械音と同じ「記号」だった。

つねに心に波風が立たず、一定の振幅《ふりはば》におさまるように保たれている。その洗練された仕組みの数々に、②逆カルチャーショックを受けた。

そのうち、自分がもとの感情の起伏《きふく》に乏《とぼ》しい「自分」に戻っていることに気づいた。顔の表情筋の動きも、すっかり緩慢《かんまん》になった。顔つきまで変わっていたかもしれない。いったい、エチオピアにいたときの「自分」は「だれ」だったのだろうか？　そんなことも考えた。

でも日本の生活で、まったく感情が生じないわけではなかった。テレビでは、新商品を[4]**センデン**するために過剰《かじょう》なくらい趣向《しゅこう》を凝《こ》らした〔＝工夫《くふう》した〕ＣＭが繰《く》り返し流され、物欲をかき立てていた。それまで疑問もなく観《み》ていたお笑い番組も、無理に笑うという「反応」を強《し》いられているように思えた。そんなとき、③ひとりテレビを観ながら浮かぶ「笑い」は、「感情」と呼ぶにはほど遠い、薄《うす》っぺらで、すぐに跡形《あとかた》もなく消えてしまう軽いものだった。

多くの感情のなかで、特定の感情／欲求のみが喚起《かんき》され〔＝呼び起こされ〕、多くは抑制《よくせい》されて〔＝おさえ込《こ》まれて〕いるような感覚。エチオピアにいるときにくらべ、自分のなかに生じる感情の動きに、ある種の「いびつさ〔＝ゆがみ〕」を感じた。どこか意図的に操作されているようにも思えた。

（松村圭一郎『うしろめたさの人類学』より）

問一　━━1〜4の**カタカナ**を漢字に直しなさい。一画ずつ、ていねいに書くこと。

問二　――①「それが、エチオピアにいるときは、まるで違っていた」とありますが、筆者がそのように言うのはエチオピアでの生活がどのようなものだったからですか。説明しなさい。

問三　――②「逆カルチャーショックを受けた」とはどういうことですか。説明しなさい。ただし、カルチャーショックとは、自分とは異なる文化に接したときに受ける精神的な衝撃《しょうげき》のことを言います。

問四　――③で筆者が「ひとりテレビを観ながら浮かぶ『笑い』」を「『感情』と呼ぶにはほど遠い」と表現しているのはなぜだと考えられますか。説明しなさい。

今回の出典『うしろめたさの人類学』は、この年、海城、豊島岡女子など、複数の中学入試に出題された（豊島岡女子については247ページから扱っている）。文化人類学を専門とする著者のこの本は哲学的思想を幅広く取り込んでおり、高校入試・大学入試に出てもおかしくないと思える内容になっている。それでは設問を見ていこう。

問二

まずは**「設問の読解」**を行う（**鉄則5**）。

傍線部内に指示語があるときは、まずその内容を押さえるのがセオリーだ。

「それが、……まるで違っていた」というのは、「自分が感情的になった（熱くなった）」ということを意味している。

だから、「エチオピアでの生活がどのようなものだったから、感情的で熱い人間になったのか」を考えるわけだが、やや回りくどい。そこで、「要するに、なぜエチオピアでは感情的な人間になったのかってことでしょ？」と、**自ら「問い直す」**ことが必要だろう。

ただし、**「どのようなもの？」**というもとの表現にはしっかり着目する。

これは、**「言いかえる設問」の定番の問い方**だから、それをまず認識する必要がある（ほかにも、「どういうこと？」「どのような意味？」などといった表現がある）。

ここまでが、「設問の読解」だ。

さて、では本文のどこを言いかえるか。「エチオピアでの生活ぶり」が書かれているのはどこまで

問一　1 要求　2 定刻　3 済（む）　4 宣伝
（　）内の送りがなは解答欄にもともと印刷されている。

なのか。**範囲を見定める。**

幸いなことに、「そんな生活を終えて」（45行目）とあるから、そこまでの間を見ればよいことが分かる。

かなり長い範囲であり、短くしなければ答えられない。よって、**抽象化させる問い**であることは明白だ。そもそも、**「具体的に答えなさい」などと指示されない場合の「言いかえる設問」は、そのほとんどが「抽象化問題」である。**

具体的とは、絵が浮かびやすい状態。抽象的とは、絵が浮かびにくい状態。

絵が浮かびやすい部分（10〜17行目、及び25〜40行目）を意識的にカットすれば、おのずと答えの内容は浮かび上がる。

浮かび上がった部分※をつなぎ合わせると、次のような答えになる。

> **問二　ふくしま式の解答例**
> 言葉が通じにくく、つねに他人との関わりのなかである種の刺激にさらされ続けており、毎日が喜怒哀楽に満ちている生活。

なお、「どのようなもの」と問われているので、文末を名詞（ここでは「生活」）にして解答例のように書くのがセオリーだが、同時に「説明しなさい」とも指示されているので、「……生活だったから」と終わらせても、答えとして違和感はない。

ところで、開成には字数指定がない（二〇二一年から変わったようだが）。ご存じのとおり、難関

※ 18行目「言葉の通じにくさ」、21・22行目「つねに他人との関わりのなかにあって」、24行目「つねにある種の刺激にさらされ続けていた」、42行目「毎日が喜怒哀楽に満ちた時間だった」が、浮かび上がる抽象的な説明（ただし10行目の内容はやや抽象的すぎる）。

校はこのパターンが多い。どの程度の字数を書いてよいものか、迷うことと思う。

私の感覚では、**罫線一行、五センチ分で最大一〇字**、といったところだ。女子だともっと細かい字も書けるだろうし、男子だとこれでもちょっとキツいかもしれないが、平均するとこんなものだろう。開成の二〇二〇年の実物解答用紙を学校から直接取り寄せて確かめたところ、罫線一行が約一八センチ（幅は約一センチ）であった（毎年そうであるという保証はないが）。一行当たり三五字、といったところだろう。二〇一九年も同様であれば、問二〜四いずれも七〇字と想定される（いずれも二行なので）。

ただ、私としては、そういった想定より少し短めに書くことをおすすめしたい（本書ではなるべく短めになるように解答例を作っている――例外もあるが）。長々と書けば書くほど子どもの文というのは主語・述語・修飾語の係り受けが乱れるなどして読みにくくなるのが常である。要点を外さずに短く書く。これが、採点者に文句を言わせない方略である。

問三

ここでも、「どういうことですか」と問われている。やはり、「言いかえる設問」である。

特に、**比喩的表現や筆者の独自表現を言いかえる**、定番のパターンである（**鉄則15**）。

どんな記述でも同じことだが、**答えを書き始める前に「骨組み」をイメージすることを忘れてはならない。**

骨組みとは、**「AではなくB」「アはAだが、イはB」「アのためイだから」**など記号化しうる「型」

のことである。

今回は、「普通はAだが、ここでは逆にBだということ」「Aが、逆にBに思えたということ」などとイメージしてみる。後者を採用すると、こんなふうになる。

「母国である日本の文化が、逆に異文化に思えたということ」

これが**骨組み**だ。ただし、このままでは具体的説明（どういった点にショックを受けたか）が全くないため、加えていく。**肉づけ**するわけだ。

問三　ふくしま式の解答例

感情の振幅が小さくなるよう保たれた母国日本の仕組みが、エチオピアにくらべて逆に異文化のように思え、衝撃を受けたということ。

傍線部直前には「心に波風が立たず」とあるが、こういう**比喩的表現はそのまま使わず注意深く言いかえていく（あるいはカットする）**。比喩的表現・独自表現を言いかえる設問の鉄則である。

とにかく大切なのは、「母国なのに異文化」という「逆」のイメージをしっかり入れること。それさえあれば、一定の点数は得られる。**思いつくままに答えを書いてしまうのではなく、先に型をイメージすることで、大幅な減点を防ぐことができるのである◆。**

◆合格者最低点に乗せる技術！

問四

問いを翻訳すると、こうなる※。「ひとりテレビを観ながら浮かぶ「笑い」が、「感情」と呼べないのはなぜか」。そこで、**鉄則20**の「後件否定パターン」(29ページ)を用いる。

後件否定パターン
(問い)「①は②でないと言えるのはなぜか」
(答え)「②ならば③だが、①は③ではないから」

(問い)「テレビによる笑いは／感情と呼べない」のはなぜか。
(答え)感情と呼べるならば／(　③　)だが、
テレビによる笑いは／(　③　)ではないから。

「③」⟷「③ではない」。これは対比関係である。浮かぶのは、次のような観点である。

エチオピアでの「感情」……強いられていない(自発的)／能動的／自然　／人間的
テレビを観ながらの「笑い」……強いられている(強制的)／受動的／不自然／機械的

傍線部の直前に、「無理に笑うという「反応」を強いられているように思えた」とある。それを受

※「筆者がこのように表現しているのはなぜか」と問われているので、本来は、「……ということを伝えたかったから」などと筆者の意図を説明するべきだが、今回は結局のところ、「なぜそう言えるのか(筆者の主張に即して答えよ)」といった、一般的な理由設問であるととらえてよい。

けて「「感情」と呼ぶにはほど遠い」と言っているのだから、対比の観点は、「強いられていない・強いられている」などとなる。

これをそのまま使ってもよいが、ここはより明確な熟語を用いて、採点者にアピールしたい。

そこで、「自発・強制」「自然・不自然」などという**反対語・否定表現**を使う（「不自然」は「人為的」などでもよい）。

「自発・強制」は、「能動・受動」とも意味上のつながりが強いので、それも候補になる。傍線③の次の段落には、「どこか意図的に操作されているようにも思えた」ともあるので、「強制」「受動」のイメージはわきやすい※。

なお、傍線②の前の段落には、次のように書かれている。

「感情を交えて関わり合う「人」ではなく、（中略）機械音と同じ「記号」だった」

ここから、「人間・機械」などといった対比を見出すこともできる。この文ははっきり対比的に書かれているので、見逃してはいけない（カギは「ではなく」である→27ページ参照）。

当塾ではこうした整理を「対比の観点の抽出」（**鉄則6**）と呼び、頻繁に指導している。対比的に抽象化する作業なので、「くらべながら言いかえる」という呼び方もしている。

これこそが、「ふくしま式」の核であると言ってもよい。

さて、こうした読み取りから、次のような答えができる。

問四　ふくしま式の解答例

感情とは本来、人との関わりの中で自然に生じるものだが、テレビを観ながら浮かべる笑いは、

※「能動」は今回の答えには入れづらい（「自然に笑いが生じる」ことと「能動的に笑う」ことでは、意味が食い違う）。

機械的に**強制**された**不自然**なものだったから。

47ページで示した後件否定パターンどおりに考えた解答の骨組みは、たとえば次のようになる。

「感情と呼べるならば自然なものであるはずだが、テレビによる笑いは自然なものではないから」

右の解答例は、この骨組みに肉づけした形である。

なお、「感情と呼べるならば自然なものであるはずだが」は、「感情とは自然なものだが」と簡素化してしまえばよい。解答例では、そうした工夫も行っている。

そして、　　で囲んだ言葉が、抽出した観点である。対比の観点は通常、「大きい」を使ったなら「小さい（大きくない）」も使う、というように「セットで使う」のが原則だが（**鉄則7**「対比のバランス」）、ここでは、「強制」の反対語「自発」を省略している。「自然」と意味が近いからだ。意味が近い言葉はあえて省略し、読みやすくする工夫も求められる。

ここまでお読みになり、「そんな見事な言いかえ、どうやったらできるようになるの?!」とお思いの方も多いだろう。

たしかに、付け焼き刃でできるようになることではない。

とりわけ**「対比の観点の抽出」**には、次の二つが欠かせないのだ。

① **反対語を徹底的に覚えること**
② **反対語を自覚的に日々活用すること**

①は、**鉄則6**の解説でも紹介した『ふくしま式「本当の語彙力」が身につく問題集［小学生版］』（福嶋隆史著・大和出版）を利用するのがベストだが、そのほんの一部を340ページでも紹介しているので、ご活用いただきたい。

②も同じ問題集で練習できるが、この本の中で入試問題を解く際に多々活用しているわけだから、ぜひそれをとおして学んでほしい。ここではとりあえず、一つだけ例を挙げておくことにする。

長文読解に向き合わなくても今すぐできる基礎練習①

次の文章の（　　）に、それぞれ漢字一字を入れなさい。

「この牛丼、おなかいっぱいにはなったけど、味はいまひとつだったな」

これはつまり、「（　　）的には満足したが（　　）的には満足しなかった」ということを意味している。

ところで、今回の文章を支えていたのは、**「自他の観点」**である（38ページ参照）。

エチオピアでは、他人とのかかわりが豊かだったからこそ、自分の感情も豊かになった。一方、テレビなどの他者は人間的ではないと日本に戻ってから気づいた。そういう他者から強制された感情よりも、生身の他人とのかかわりの中で自分の内側に自然に生じる感情のほうがよい――といった筆者の主張が伝わってくる内容だった。

「自他の観点」は、入試、とりわけ中学入試ではきわめて高頻度に登場する観点なので、常に意識し

基礎練習①の答え……（順番に）量・質

て文章を読むことが大切だ。

「自分の主観的意見だけでなく、他人の客観的意見にも耳を傾けよ」
「自分の利益より他人の利益を優先させよ」
「他人に言われる前に自分で動け／強制される前に、自発的に動け／受動的でなく能動的に、消極的でなく積極的に行動せよ」
「他人から見聞きした情報に依存せず、自分から確かめるという意識を持て」

中学入試に頻出するのは、こうした、先生方のお説教が聞こえてきそうな内容なのである。だからこそ、「自他の観点」を意識することが欠かせないわけだ。

▒をつけたのは自他そのもの、――を引いたのはその関連語である。

なお、高校入試、大学入試に至っても、自他の観点は当然登場する。

ただし、「主体・客体」など、哲学的な見方に変わってくる。

「意識する主体と、意識される客体（対象物）」などといった関係性である。

ふくしま国語塾では中高生にこうした内容を頻繁に指導しているが、この本は対象が違うので言及しない。

開成②

開成中学校
2020年　文学的文章
『君たちは今が世界《すべて》』※　朝比奈《あさひな》あすか

35分／50

次の文章を読んで、後の問に答えなさい。なお、文章中の「(＝　　)」は、その直前の言葉の説明です。


ママの言葉を聞いたミイ姉が、からかうように訊《き》いた時、

——めぐって頭良かったの？

——頭良かったんだよ、この子。図書館に連れてっても、あんたと龍《りゅう》はすぐ飽《あ》きちゃったけど、めぐだけはずうっと本読んでたんだから。

と、ママは言った。

——マジで？

——字を覚えたのだって、三人の中で、一番早かった。

——マジか。

——やっとあたしからパパ似が生まれたって、思ったんだけど。

——今こいつ、本なんか全然読まないじゃん。

——どこでどうなっちゃったのか。

ママとミイ姉がげらげら笑うのを聞いていた。

どこでどうなっちゃったのか。ふたりの会話を聞いていて、めぐ美《み》はうっすらと、本が愉《たの》しかった頃《ころ》のことを思い出した。せいぜい小学校の低学年くらいのことだったが、十二歳《さい》のめぐ美にとっては、ものすごく遠い昔に思えた。自宅マンションの隣《となり》に、公共の図書館があって、たびたび訪《おとず》れた。職員による読み聞かせの回が楽しみだった。

絵本に慣れた彼女《かのじょ》に、次のステップはごく自然に訪れた。本棚《ほんだな》を眺《なが》め、華《はな》やかな文字の、わくわくしそうな題名の、その背に指をひっかけた。膝《ひざ》の上でそっと開くと知らない世界が広がった。

だけども次へのステップを、彼女は逃《のが》してしまうのだ。本を読んでいると、ミイ姉に「ネクラ」とか「キモい」と言われたり、読んでいた本を取り上げられて隠《かく》されたりしたせいだとも言えるが、それだけでなく、めぐ美自身が性格を変えたかった。

小学三年生の新しいクラスで、1同じ班になった「ひなっち」という子と仲良くなった。運動神経抜群《ばつぐん》で、男子より足が速いひなっちは、本など読まなかった。

休み時間を告げるチャイムが鳴ると、真っ先に教室から飛び出してゆくような子だった。ドロケイでも脱走《だっそう》ゲームでもいつも大活躍《だいかつやく》のひなっちは、クラスの人気者だったから、そんな彼女に声をかけられて、嬉《うれ》しかった。

ひなっち、めぐ、と呼び合うようになった頃、めぐ美も彼女と同じく「人気者」というポジションの、端《はし》っこにいた。ひとりで本を読むのは寂《さび》しいこと、実際寂しくなくても、寂しそうに見られることだという考えを、めぐ美は自分に植えつけた。低学年の頃の自分は、大人数でわあっと盛り上がるノリには気後《きおく》れした。だけど、ひなっちに引っ張られて遊んでいるうちに、友達は自然と増えていったし、盛り上がることも楽しめるようになってきた。めぐ美は鬼《おに》ごっこやドロケイで活躍したし、友達から、友達の多い子だと思われるようになったら、学校が楽しくなった。その自信は、本からでは、得られないものだった。

ひなっちとめぐの間にカナが入り込《こ》んだのはいつ頃だったろうと思う。カナは当時の彼女のグループ内で色々と揉《も》めて、輪から飛び出し、なんとなくひなっちとめぐ美と三人で行動するようになったのだ。三人という関係性を巧《たく》みに操《あやつ》れるほど成熟していない九歳の少女たちは、愛憎《あいぞう》帯びた幼稚《ようち》なパワーゲームを始めるのが常だが、めぐ美とひなっちもカナを取り合うようになり、やがてめぐ美が勝ったのである。小学校四年生になると、めぐ美はほぼカナとふたり組で過ごすようになった。

そして、そのまま、今もカナとめぐ美は[2]「親友」だ。長い付き合いだから、カナの口癖《くちぐせ》が「でも」だというのは知っている。誰《だれ》かが目立つと「でも」と必ず否定せずにはいられないカナの、あまりに大きな自尊心を、めぐ美は間近で見続けてきた。「でも」を言いたい相手は、髪型《かみがた》を変えた同級生の時も、朝会で挨拶《あいさつ》をする上級生の時も、テレビに出ているアイドルの時も、ティーン雑誌のモデルの時もある。

[3]カナの自尊心の強さを、めぐ美は見て見ぬふりをする。実際、なんでも強気で向き合っていくカナの「でも」には、説得力があるようにも思った。

（中略）

ふだん三時間目の音楽は、専門の三好《みよし》先生が音楽室で受け持つのだけれど、今日は、合奏会で演奏する『ブラジル』の担当楽器を決めるのが主題だったから、四時間目の学級会とつなげて、三組の教室で話し合うことになっていた。

合奏会は、毎年三学期に開かれ、六年生が卒業前に在校生に「音楽のプレゼント」をするというのがコンセプトだ。クラスごとに別の曲を演奏する。三好先生が、各組の個性に合った曲を選んでくれるのだが、三組は「明るくて、個性的なメンバーが溢《あふ》れているから」という理由で、『ブラジル』という曲を演奏すると決まっていた。始業式の日に題名だけ聞かされ、ネットの動画などで聴《き》くことができたら聴いておいてと言われたが、それきりめぐ美は忘れていた。だけど先週、三好先生がＣＤで流してくれたのを初めて聴いて、いっぺんで好きになった。知ってる！　知ってる！　めぐ美は近い席の子たちと言い合った。どこかで聴いたことがある、軽快なリズムが、終わった夏を思わせた。ブラジルは暑い国なんだろう。時おり聞こえた打楽器のリズムが楽しげで、胸が弾《はず》んで、自然と体がリズムを刻みたくなる。

楽器の説明で、めぐ美は「打楽器」に惹《ひ》かれた。小《こ》太鼓《だいこ》、マラカス、タンバリンから選べるという説明だったので、マラカスがいいな、と思った。

それなのに、

「めぐ～、何にする？」

遠くの席から大きな声でカナに訊《たず》ねられた時、マラカスと言えなかった。やりたい楽器をもう決めているなんて、張り切りすぎている気がしたからだ。

「えー、決めらんない、てか、なんでもいい」

[4]かったるそうな声で返すと、

「一緒《いっしょ》にアコーディオンにしない？」

カナがさらに大きな声でめぐ美を誘《さそ》う。

「アコーディオン？」

「やろうよー、めぐ」

カナは周囲を牽制《けんせい》するように言う。

「やろ、やろ、ね。はーい、決まり。センセ、センセ、うちら、アコーディオンね、アコーディオン」

カナが勝手に藤岡《ふじおか》（＝担任の先生）に言うのを聞いていた。

「他にはいない？　今の時点で八人を超《こ》えていなければ、ふたりは決定ね」

藤岡がアコーディオンと書かれた文字の下に、見《み》村《むら》、前田《まえだ》、と名前を書く。流れるように、全《すべ》てが決められてゆく。

するとカナの隣の席の武市陽太《たけいちようた》が、唐突《とうとつ》に手を挙げて、

「おれ、マラカスやる！」

勝手に立候補した。

「武市さん、順番に訊いていきますからね。ちょっと待っていてください」

藤岡が制止し、周りがくすくす笑った。

「武市、マラカス似合いすぎ！」

カナは武市を冷やかしてから、

「まやまやー、リッチー、アコーディオンに立候補しなよ！」

と、席の離《はな》れたリッチーとまやまやにも声をかける。

彼女はいつもこうだ。教室の中で信じられないくらい傍若無人《ぼうじゃくぶじん》に振る舞う。同じように自己中心的に振る舞っていても、カナは威圧《いあつ》感を与《あた》え、武市は面白《おもしろ》がられる。違《ちが》いはあれど、ふたりは心のままに振る舞っていて、藤岡は、武市にはちゃんと注意するくせに、カナの振る舞いには見て見ぬふりをすることが多いとめぐ美は思った。

　立候補やらじゃんけんやら、一部の楽器にはオーディションもあって、ようやく全員の楽器が決まった時には、四時間目が終わろうとしていた。武市は最初の希望通りマラカスを仕留めていた。武市なんかと並んでマラカスをやるよりは、アコーディオンのほうがましだったとめぐ美は思った。

「はい！　では、もうあんまり時間がないけど、皆《みな》さん、パートごとに分かれてリーダーを決めてください」

　藤岡が言い、それぞれの場所を割り振られる。アコーディオン組は、カナの机の周りに集まることになった。

「やった！　めぐー！」

　カナがめぐ美に抱《だ》きつく。

　アコーディオンのメンバーは女子六名、男子二名。カナがリーダーをやりたがるのかと思ったが、打楽器のじゃんけんに負けてアコーディオンになった小磯《こいそ》利久雄《くお》が、カナに推薦《すいせん》されて——実態は、押《お》しつけられたようなものだったが——リーダーを引き受けていた。

「ほらほら、リーダー、仕切ってよ」

　カナに言われ、小磯が頬《ほお》を少し上気させながら、楽《がく》譜《ふ》のプリントを皆に配る。

「リーダー、爪《つめ》きれいじゃね？」

　突然《とつぜん》カナが小磯の手を取って言うと、小磯が赤くなってその手をひっ込めた。最近カナはよく小磯をからかう。からかわれるたび、小磯がまやまやの様子を窺《うかが》うことに、めぐ美は気づいていた。そのまやまやはといえば、カナと小磯のじゃれ合いには無関心なふりで、楽譜の上に右手の指をぱらぱらっと弾ませて、鍵《けん》盤《ばん》を叩《たた》く真似《まね》をしているのだ。

「じゃ、えーと、明日から楽器使って合わせるんで、各自でテキトウにやっておいてください」

「どこまでー？」

　カナに問われて、

「えーと」

　小磯は楽譜を見て迷っている。

自分で訊いておいて、

「最後までやっちゃお、こんなの」

　カナが決定する。ダンススクールに通うカナは、そのレッスンが本格化するまでピアノを習っていた。簡単な楽譜なのかもしれない。

「では、最後までやっといてくださーい」

小磯が雑に言い、それに対して不満が出ることもなく、皆「はーい」と言い合いながら、楽譜をしまった。チャイムが響《ひび》く中、カナが「リーダー、よろしくねー」と、小磯の背中をポンッと叩いた。小磯は迷惑《めいわく》そうに無視している。

　夏休みに、塾《じゅく》の講習で忙《いそが》しいまやまやを除いた三人で、遊びに行った。その帰り道にカナが小磯を好きだと打ち明けた。しかしそれはもう、皆が忘れなければならないことだった。ほぼ同じタイミングで、小磯がまやまやに告白していたのだ。

　小磯は、クラスの男子の中でもリーダー的な存在で、一部の女子から「かっこいい」と言われているほどには顔も整っているし、背も高い。だけど、スマホのトークアプリでのまやまやとの会話を保存《スクショ》して仲間たちに送信するという、信じられないバカをしたせいで、今や彼《かれ》の人気はダダ下がりである。

　めぐ美も、誰からともなく回ってきた小磯の保存画面を見た。小磯の告白を、じらしながらも完全に拒否《きょひ》はしない意外なぶりっこぶり——そのぶりっこぶりが小磯を勘《かん》違いさせたようだが——を発揮しているまやまやは、女子どうしで遊んでいる時の彼女と違うキャラだった。

　まやまや、終わったなー。

　カナがまやまやに何か仕《し》掛《か》ける気だったら、めぐ美はそれにノろうと思っていた。そもそも、まやまやが小磯とトークアプリでつながっていることも、めぐ美は知らなかった。カナも知らなかったはずだ。これはもう、吊《つ》るし上げるしかない。あるいは集団無視かな。まやまやのやったことは、それに相当する裏切りだ。

　しかし、新学期に四人また顔を合わせた時、5カナは意外にもまやまやに優《やさ》しかった。自分から「小磯に告られたってマジ？」と訊き、まやまやが恥《は》ずかしそうに頷《うなず》いたら、手を叩いて爆笑《ばくしょう》した。

　カナが小磯を「私服がダサい」とか「よく見ると猿《さる》顔」などと言ってばかにするようになったのはその頃からだ。

（朝比奈あすか『君たちは今が世界《すべて》』より）

問一　——1「同じ班になった『ひなっち』という子と仲良くなった」とありますが、めぐ美は、ひなっちと出会ったことで、どのように変わりましたか。説明しなさい。

問二　——2「親友」にカギ括弧《かっこ》がついていることで、どのような意味になっていますか。「〜という意味ではなく、〜という意味。」の形で答えなさい。

問三　——3「カナの自尊心の強さを、めぐ美は見て見ぬふりをする。実際、なんでも強気で向き合っていくカナの『でも』には、説得力があるようにも思った」とありますが、この部分から読み取れる、めぐ美のカナに対する思いを説明しなさい。

問四 ――4「かったるそうな声で返すと」とありますが、なぜめぐ美は「かったるそうな声」を出したのですか。説明しなさい。

問五 ――5「カナは意外にもまやまやに優しかった」とありますが、なぜカナはまやまやを攻撃《こうげき》しなかったのですか。説明しなさい。

出典となっている『君たちは今が世界』は、二〇一九年六月発行の本である。それが、数ヶ月後、二〇二〇年二月の中学入試に出題された。サレジオ学院、海城、そして開成。こんなふうに発行から一年未満の新しい本をもとにして出題されることは、よくある。中学入試にまだ使われていない文章であることはもちろん、各種模試などで取り上げられている確率が低いことなども考慮しているのだろう。

そうは言っても試験問題を作るにも期限があるから、前年の夏が限度であろうと思われる。私の経験の範囲にすぎないが、**前年の夏に刊行された本から入試問題が出題されるパターン**にはよく遭遇する（中学入試に限らず高校入試・大学入試でも）※。ヤマを張りたいなら、夏の本屋がちょっとした狙い目なのかもしれない（と言っても本は無限にあるけれど）。

今回の本も夏の刊行なのだが、全四章のうち半分は書籍化に先立ってデジタル小説誌「文芸カドカワ」に掲載された。第三章が二〇一九年一月号、第四章が三ヶ月後の四月号、第一章・二章は書き下ろしである旨、書籍巻末に記載されている（おそらく、第一章・二章は後から書かれたのだろう）。

そういった時間的な事情も影響してか、第四章であっても、それまでに登場した人物の説明が章の始めのほうにそれなりに詳しく書かれている。

「女王はカナだ。カナこと前田香奈枝は、見目かわいらしく、手足が細くて、ティーン雑誌のモデルみたいな服を着こなしている。運動神経も良く、ダンスもうまい。そして何より彼女に女王の風格をもたらしているのは、人に遠慮なく命令できる不遜な性格だ。そのカナの、いつも隣にいるのが自分だということに、めぐ美は満足していた」

――といった具合だ。

※栄光学園（331ページ）も参照。

しかし、残念ながらこういった人物紹介の箇所は開成では引かれていない（今回の開成はこの第四章から引かれているのだが）。分量（字数）の関係でカットしたのかもしれないが、半ば意図的ではないかと私は思う。**人物紹介を読まずともその言動のみを追いながらキャラクターを見抜いていく眼力**を、受験生は要求されていると考えてよいだろう（これは開成に限ったことではない）。

補足しておくと、海城は第二章、サレジオ学院は第三章から、それぞれ引かれている。

さて、それでは設問をチェックしていこう。

問一

いきなり冒頭から、**対比的心情変化（鉄則8）**の問いである。まずは、20ページに示された「型」を、おさらいしてほしい。

普通は、人物の対比的変化は最後の設問にくるものだ（問いが五つあれば五問目、ということ）。**物語とは主人公の変化を描くもの**であり、それを読み取ることは物語の「全体」を読むことにつながる。そして、「全体」をとらえさせる設問というのは、多くの場合最後にくる。しかし、この問いは最初にある。ということは、この問一は「全体」ではなく「細部」を読ませようとしているのだと理解できる。実際、ひなっちは物語全体を支える人物であるとは言えない。

全体を読ませる問いの場合は、「変化の前」「変化の後」を明確に対比的表現でまとめていく必要があるのだが、細部となると、そこまで律儀に書くべきかどうか、迷いも残る。書ける字数にもさほどの余裕はない。

ただ、「どのように変わりましたか」という問いは、「変化の後」だけを問うているようにも思える一方で、「変化の前と後」を両方問うているようにも思えるので、やはり、変化する前についても一定の言及を残すのが理想だ。そこで、こんな答えになるだろう。

問一　ふくしま式の解答例

ひとりで本を読むような内向きの性格だったが、人気者のひなっちのおかげで気持ちが外に向くようになった。友達も増え、大人数でも自信を持って学校を楽しめるようになった。

これは、対比的変化の型、「Aだった主人公がCによってBに変わった」に合わせて書いた答えだ。Aは、「ひとりで本を読むような内向きの性格だった」。Cは、「人気者のひなっち」。Bは、それ以降の部分だ。ほとんどは41～52行目に出ている表現を使っただけだが、採点者へのアピールポイントが一つある。お気づきだろう。そう、A・Bの対比関係である。

A　内向き……自分の世界に閉じこもっているようなイメージ

↓　人気者のひなっちとの出会い

B　外向き……他人と積極的に関わり世界を広げていくイメージ

鉄則10に基づき、「図形的比喩」を用いた形だ。

この「内↔外」の対比は、ここでは「自己↔他者」の意味合いを持つ（そう、先述、**自他の観**

点である）。自分一人で本を読んでいる描写と、大勢で盛り上がっている描写を見た時点で、「あ、これは内外で書けるな」と直観できる必要がある。

こうした言いかえをすればこそ「変化」が浮き彫りになるのであり、それが採点者の心をつかむわけである。

先の解答例についてだが、二文に分けて書いているのもポイントである。まず対比的変化を一文目で明確にする。次に二文目でやや詳しく説明する。読み手（採点者）に伝わりやすい書き方だ。え、普通は一文にするもんじゃないの、と思うだろうか？　たしかに、どんな模試であれ一〇〇字未満の記述の模範解答は一文で書かれていることが多く、進学塾の教室でもそれが暗黙の了解であることを学ぶ。**しかし、入試は模試とは違う。そんな暗黙の了解を、先生方はそこまで重視していない。**

大手塾の模試の採点はアルバイトが行っているケースも多い。採点結果の公平性を担保するためにも彼らは半ば機械的にチェックしていくから、文が分けられているというだけで彼らの頭には疑問符がつくかもしれず、そうなると損をする。しかし、入試は採点結果を受験生に通知するわけでもない。「む？　これは表現力があるぞ。いいね。ぜひわが校に来てほしい」と思わせたら、勝ちなのである。それが教師というものだ。難関校ともなれば、なおさらである。優秀な生徒が欲しいからこそ、能力が如実に表れる「記述式」で試すのである。

考えてもみてほしい。一人の教師が一〇〇枚単位の答案を次々とチェックする中で、誰も書かないような書き方の答案が出てきたら？　**文章中に出てこない表現に言いかえた答案が目についたら？　その独自性を評価したくなるのは当然のことだ◆。**

そういう意味でも、短い文に分けて端的に書くことや、図形的比喩で言いかえることなどは、効果

◆ここで他の受験生に差をつける！

的なのである。

ただ、図形的比喩は比喩である以上、意味が拡散しやすい。それだけで終わらせてしまうと、意味が曖昧になってしまう。そこで、先の解答例のように、詳しい説明も同時に書くわけだ。

なお、先の解答例は字数が八一字。ちょっと長い。短くするため、「人気者のひなっちのおかげで」はカットしてもよいだろう（設問文に「ひなっちと出会ったことで」と既に書かれているわけだし）。

問二

決して難易度の高い問いではない。親切にも、「〜という意味ではなく、〜という意味。」の形で答えなさい、などと、「型」を指定してくれている（既に述べてきたように本来はこれを自ら考える必要があるのだが）。こうした指示は、型を指定しないと答えが拡散し採点がしづらくなるからこそだろう。そもそも、「カギ（カギ括弧）がついていると、本来の意味とは別の意味になるんだよ」ということまで教えてくれている。ずいぶんと親切である。このくらいのことは、当然知っていなければならないことなのだが。

たとえば、次の二文をくらべてみてほしい。

①　この料理の味は、蒸すことで生まれた。

②　この料理の「味」は、蒸すことで生まれた。

①は、本来の「味覚」を説明しているように受け取るのが普通だが、②は、ちょっと踏みとどまる必要がある。「味わい」つまり「個性」のような意味で使っている可能性があるのだ。

このように、比較的短い語句に「　」をつけるとき、書き手はそこに何かしら特別な意味をこめようとしているのだということを、知っておく必要がある。

カギの有無によって意味が変わるとき、その最も単純な違いは、**プラス・マイナスの意味の逆転**である。今回がそれだ。ひとことで言えば「皮肉」である。

傍線部直後には、カナの欠点が述べられている。口癖が「でも」であり、目立つ人はすぐ否定したがる。そんなカナとの「人間関係」を対比的に説明すればよい。

答案用紙は一行。せいぜい三五字。指定された型の表現だけでも、一五字ほどある。残り二〇字を対比にするのだから、前半一〇、後半一〇。と、**頭の中で設計する**。そして、次のような表現から、字数に合わせて選択していく（傍線は後述の解答例に使った言葉）。

⊕		⊖
[　親友　]	←対比関係→	[　「親友」　]
居心地のよい関係	↔	居心地の悪い関係
理想に近い関係	↔	理想に遠い関係（現実的な関係）
深いつながりのある友達	↔	浅いつながりしかない友達
内面的な関係	↔	外面的な関係
心がつながった友達	↔	形だけの友達（形式的な友達）
自然な関係	↔	不自然な関係

お気づきかと思うが、やはり図形的比喩だ。**「近い・遠い」「深い・浅い」「内面・外面」などは、人間関係を表現するために不可欠な図形的比喩である◆**。

心と形は反対語ではないが、「心の友達と、形だけの友達」、さらに抽象化すれば「無形のつながりのある友達と、有形のつながりしかない友達」という関係性は、入試頻出である。

さて、これらを組み合わせると、こんな答えができる。

問二　ふくしま式の解答例

内面的な深い関係にあるという意味ではなく、形式的で不自然な関係にあるという意味。

四〇字。やや長いが、致し方ない。「という」という言葉が指定されているのがくせ者で、より自然な文にするには、「いるという」「あるという」などと、直前を動詞にしたくなるため、その分長くなってしまう。「〇〇な友達という意味」と名詞を入れるのはややはばかられる。出題者は、単に「「〜ではなく〜」の形で」と指定すべきだっただろう。

それはさておき、右の解答例。「内面」があるのに、「外面」がない。「深い」があるのに「浅い」がない。「不自然」があるのに「自然」がない。私は日頃から、「鏡に映したような、天秤に乗せてつり合うようなバランスの良い対比を目指せ」と指導している。だから、これは本当はよろしくない。しかし、だからといって、「自然な関係ではなく不自然な関係」などと書くのは、半分無駄である。不自然ならば、「自然でない」に決まっている。字数に余裕があれば別だが、一行しか解答欄がないのだから、もったいない。律儀にバランスよく書こうとすれば、「内面ではなく外面」「自然ではなく

◆今すぐ使えるシンプルな武器！

不自然」といったように、二セットの観点で終わってしまう。そこで、63ページに――で示したように、プラスから二つ、マイナスから二つをバラバラに使い、実質四つの観点を入れた答えに仕上げたというわけである。

こういったことを**自覚的・意図的になしえればこそ、得点力が向上する**のだ。

ところで、この問い。カギつきの「親友」はどう見てもマイナスの意味で用いられているのだが、当塾で授業した際、五パーセントほどの子が、「普通以上に仲がよい」などとプラスの意味に書いていた。これは他の設問にも影響を及ぼす致命的ミスである。

人間関係や心理状態のプラス・マイナスを常に意識して読むようにすればよいのだが、それだけでは解決しない部分もある。**読み手（受験生）が「よい子すぎる」**と、「親友」という表記にこめられた皮肉に気がつけないのである。めぐ美もカナも、誰もがみんな、いつでもどこでも「いい人」であり、人間関係は良好だ、というような感覚で読んでしまう。ひとことで言うと、幼いのだ。キレイに育ちすぎている。

皮肉が分からない子――。けっこうな確率で遭遇する。こういう問題をカバーするのは、清濁さまざまな実体験、あるいは疑似体験の蓄積である。後者は、たとえば読書を意味する。

問三

当塾で解かせたとき、五つの問いのうち二番目にできが悪かったのがこの問いだ（一番は問五）。一つの要因は、問二で今述べたばかりの「プラス・マイナス」の理解不足にある。

まずは、解答例を見てみよう。

問三　ふくしま式の解答例
カナが自分を肯定し他人を否定するときの攻撃的な姿をマイナスにとらえながらも、自分にはない力強さをそこに感じ、プラスにもとらえている。

誰にも経験はあるはずだ。ケンカっぱやい子を敬遠しながらも、その強さをうらやましく思ったりする場面が。相手の行動に対するマイナス評価とプラス評価が同時に生じるという場面が。

この問いは単に、それを説明させる問いであるにすぎない。

先に述べたように、人間関係における実体験や疑似体験があればすぐ分かるのだが、それが不足しているとミスが生じる。実際、当塾の生徒にも、マイナスだけ、プラスだけで解釈した偏った答案が一割ほど見られた。

経験不足なら、言葉の上で判断するしかない。

「説得力があるようにも思った」の「も」に注目する（**鉄則14**）。

「も」にはいくつかの働きがあるが、最もポピュラーなのが、「みかんにりんご、バナナも食べた」のように具体例を並列し、「同様のことがらがまだあるよ」と示す用法だ。今回は複数の具体例があるというケースではないが、似ている。

「マイナスだと思ったけど、プラスにも思ったよ」ということだ。

ここさえ見逃さなければ、偏った答案は避けられる。

ところで、みくに出版のいわゆる銀本（2021年度受験用）の解答例では、プラス面について「カナの実行力には惹かれる」とある。

また、声の教育社のいわゆるオレンジ本の解答例では、マイナス面について「カナの言動には閉口する」、プラス面について「衝突をおそれず自己主張するカナの」などと書かれている。

こういう解答例を読んで、親は思うだろう。

「わが子には無理、言葉が出てこないわ」

言葉を単に知っているのではなく、活用できること。それを語彙力と言う。具体的な描写を、こうした抽象語へと言いかえていくときに、それは発揮される。

そんな語彙力はもちろん欲しいところだが、**模試の解答や学参にある記述解答例というのは、おしなべて「できすぎている」ことが多い。**

私は、それを**「芸術的な解答例」**と呼んでいる。

そうではなく、**「技術的な解答例」**を提示すること。

それが「ふくしま式」の真骨頂である。

芸術は真似できないが、技術は真似できる。

この問三でも、やはりまず全体の「型」をイメージし、次のように考えてみる。

「カナの性格をマイナスにとらえながらも、プラスにもとらえている」

これなら、書けるだろう。技術的に再現できるレベルだ。

ただ、これでは一行が埋まらない。

そこで、少し肉づけし、先の解答例のように仕上げていくというわけである。

さて、もう一つ。

正直なところ、「自尊心」で引っかかってしまう子もいるはずだ。

傍線部の直前の段落に、「あまりに大きな自尊心」とある。

自尊心が大きすぎると問題だ。しかし、自尊心を持つのは悪いことではない。つまり、マイナス面もあるがプラス面もある。そんな理由もあって、めぐ美は「見て見ぬふり」をした——という話の流れであった。

「自尊心」を辞書で引いて付箋を貼って勉強していても、その心理にプラス・マイナス両面あるなどということについて理解するのは、なかなか難しい。

実体験があれば分かると先に書いたが、実はただ経験するだけではダメだ。

その経験を言語化することまでをセットにして、それを本当の「経験」と呼ぶ。

そこで、一つ練習しておこう。

長文読解に向き合わなくても今すぐできる基礎練習②

次の文章の傍線部を言いかえます。あとの（　　　）を埋めなさい。

「僕は班のリーダーとして頑張っていた。でも今日は遅刻してしまい、みんなの前で叱られた。いやな気分だった」

「いやな気分だった」→「（　　　）が傷ついた」

基礎練習②の答え……自尊心（プライドなども可）

このように、実生活の中で練習できるのだ。

この例を参考に、**「短文日記」を書けばよい。**

ルールは一つ。**今日の「事実（できごと）」と、それに対する「心情」を必ずセットで書くこと。**

少しレベルを上げるには、NGワードを設定すること。「楽しい」「つまらない」「いや」「いい」「変」「びみょー」など、意味が広すぎて読解に役立たないような言葉である。

あるいは、「二週間、毎日必ず異なる心情語（気持ちを表す言葉）を使う」といった**制限を加えること◆**。

341ページに、心情語一覧を掲載した。

慣れないうちは、ここから選択するようにすればよい。

こんなプロセスを繰り返すうちに、「自尊心」にはプラス面もマイナス面もあるのかもしれない――などといったことにも、自ら気がつくようになるだろう。

経験を言語化する練習。ぜひやってみていただきたい。

◆自由を限定し、勉強をゲーム化する

問四

解答欄は一行（三五字前後）。しかも、直前に次のように書いてある。

「やりたい楽器をもう決めているなんて、張り切りすぎている気がしたからだ」

これ以上何を答えればよいのかと戸惑いもする。実際、当塾で解かせたときも、ほぼこのままという答案が散見した。

開成といえども設問間で難易度に差をつける必要もあるだろうし、平易な設問として用意したのかな、と思わないこともない。しかし、さすがにこんな抜き出しのような答えで得点できると思ってはいけない。少し踏みとどまれば、次のように気づく。

「張り切りすぎている気がした」→だから→「かったるそうな声を出した」

という、この因果関係の飛躍を埋めろというわけだな、と。

「なぜ」と問われている時点で、**鉄則19**、**20**を思い浮かべる必要がある（27ページ参照）。

鉄則19でも十分処理できるのだが、汎用性の高い**鉄則20**に慣れておいたほうがよいので、ここではそれで説明する。

否定の理由を問われているわけではないので、後件否定パターンではなく前件肯定パターンを使う。

前件肯定パターン

（問い）「①は②であると言えるのはなぜか」

（答え）「①は③であり、③ならば②だから」

（問い）「めぐ美は、／かったるそうな声を出した」のはなぜか。

（答え）めぐ美は（　③　）であり、

（　③　）ならば、かったるそうな声を出すはずだから。

本心を隠すはずだから。

「かったるそうな声」を出したのは、めぐ美の演技である。つまりは、「本心を隠した（嘘をついた）」というわけだ。こうした抽象化（一般化）をしなければ、理由づけしにくい。

本来「理由」というのは、多くの人に納得される一般性・客観性が求められる。世の中のどんな「理由」でも同じだ。だから、**必然的に、一般化・抽象化することになる。**

そして、こう考える。

「普通、どんなときに本心を隠すだろうか？」

とともに、場面もイメージする。女王カナから、楽器を何にするか問われ、本心を隠そうとしている。ああ、そうか。何か不安がよぎったのかな。そして、先の型の③を埋める。

「めぐ美は不安であり、不安ならば本心を隠すはずだから」

このままではあまりに抽象的なので、場面に即して少し具体化する（とともに後半を短くする）。

「めぐ美はカナに何か言われるかもと不安になり、本心を隠そうとしたから」

これでも理由として成立するが、やはり、直前の「張り切りすぎて」を受け止めなければならない。張り切ると女王カナより目立ってしまう、といった心理をイメージする。

「めぐ美は、張り切りすぎてカナより目立つと何か言われるかもと不安になり、本心を隠そうとしたから」

これでよいのだが、一行に収まる長さではない。「本心を隠そうとした」はこの際、省略してみるか（もともと、かったるそうな声を出した、の言いかえであり、傍線部に含まれるので）。

「めぐ美は、張り切りすぎてカナより目立つと何か言われるかもと不安になったから」

この場面にふさわしい「瞬時の感情」をイメージし、もう少しシンプルにすれば、こうなる。

問四　ふくしま式の解答例

めぐ美は、張り切りすぎてカナより目立ってしまうのはまずいと直感したから。

それにしても、これしきのことを説明させる問いの意図とは何だろう。え？　そんなこと問われても、分かりきってるでしょ？　と言いたくなるが、「本当に分かっているのか、言葉で説明してみて」と言われると、思うように説明できない。これ、子どもならずともよくあることだ。そのあたりを試そうとしているのだろう。

正直なところ、他の設問も同様で、たいしたことは問うていない。

その意味では、素直な設問群だと言えるだろう。面白みには欠けるが。

問五

さて、今度は、否定形の理由設問だ。

「優しかった」という傍線部を「攻撃しなかった」に言いかえながら問うているのは、答え方を少しでも制限し、採点しやすくする意図もあるだろう。わざわざ否定形に言いかえて問われているので、それに即して答えていく必要がある。

後件否定パターン

（問い）「①は②でないと言えるのはなぜか」
（答え）「②ならば③だが、①は③ではないから」

（問い）「カナは／まややを攻撃しなかった」のはなぜか。
（答え）攻撃すれば／（　③　）だが、
　カナは　　／（　③　）ではないから。

何度も言うが、長ったらしい答えを思いつきで書いてはいけない。まずこうした「型」をイメージし、骨格を生み出すことが肝心である。

③には、「バレてしまう」「知られてしまう」「さとられてしまう」などといったイメージの表現が入るはずだ、と考える。

185行目にあるように、カナは、「まややを除いた三人」のときに、小磯のことが好きなんだという事実を打ち明けている。つまり、まややはまだ、カナの「小磯への好意」を知らない。であれば、カナとしては、小磯に告白されたまややにその気持ちを知られたいはずがない。隠そうと思うに決まっている。まして自尊心の強いカナなのだから。バレていなくても、既に悔しさやねたみ（嫉妬心）にあふれているだろう。

こういったイメージがわけば、次のような骨組みが浮かぶ。

「攻撃すれば、小磯への好意や、まややをねたむ気持ちをさとられてしまうが、カナはそれをさとられたくなかったから」

ここに根本的な理由である「自尊心」を加え、「さとられる」を繰り返さないよう読みやすくすれば、次のようになるだろう。

問五　ふくしま式の解答例
もしまやまやを攻撃すれば、小磯への好意や、まやまやをねたむ気持ちをさとられてしまうが、自尊心の強いカナはそれを避けたかったから。

銀本（2021年度受験用）の解答例はこうだ。

「直接まやまやを攻撃することは自尊心が許さないが、小磯を馬鹿にすることで、好意を受けたり仲良くしたりすることを恥ずかしいと感じさせ、間接的に復讐しようと考えたから」

直接・間接という対比で書かれた立派な答えだが、正直なところ、やや勇み足である。これは、「攻撃しなかった理由」というより、「何をしようとしたのか」という目的を重視した答えになってしまっている。「復讐したかったから、攻撃しなかった」のか。「さとられたくなかったから、攻撃しなかった」のか。**問いに正対した答え**は、後者だろう。

すなわち、否定の理由は、否定で書くのである◆。

まあ勇み足答案に対して開成がどう評価するかは知らないが、問いに正対した答えを書くに越したことはない。

ところで、先の「まやまやを除いた三人」が誰なのか、ちょっと迷うはずだ。これは、カナ、めぐ美、リッチーのことと思われる。カナのセリフ（129行目）などから推測できるが、原典を見れば

◆正確さを高める技術！

よりよく分かる。入試に引用された部分の前のほうに、こんな記述がある。

「めぐ美はカナ、リッチー、まやまやとの、かっちりした四人組に所属していて、すべての行動は四人でしている」

しかし、入試とは与えられた本文だけで判断するもの。推測するしかない。

与えられた本文と言えば、出だしもちょっと分かりにくいところがある。

出だしの会話はいずれも「――」で書かれているのに対し、100行目からは「　」になっている。

つまり、出だしからしばらくは回想シーンなのである。74行目の（中略）となっている部分には藤岡先生の板書内容が入るが、ここからが「現在」の描写であり、だからこそセリフが「　」に変わっているわけだ。

注意力のある受験生は、こんなことにも気がついたかもしれない。


ところで、この文章を当塾の授業で扱うに当たり著作権利用の許諾申請を行った際、作者の朝比奈あすかさんから、わざわざ手書きのメッセージをいただいた。

「小学生に読んで頂ける機会となり、うれしく思います」といった短いメッセージだったが、とても心温まるものだった。封をするためのカラフルなマスキングテープには、「ありがとう」と書かれていた。こちらこそ、と、恐縮する次第であった。

みなさん、ぜひ朝比奈あすかさんのこの作品を単行本で購入し、お子さん・生徒さんに、全体を読むようすすめてほしい。

開成③

開成中学校
２０１８年
文章とグラフの読解（独自問題）

15分／50

次の文章を読んで、後の問いに答えなさい。

北海商事株式会社は、北海道の名産物を、各地に紹《しょう》介《かい》し、販売《はんばい》する会社です。大手百貨店の安田デパートから、「月末の休日に、新宿支店と池袋支店で北海道物産展を行うので、カニ弁当を仕入れてほしい」と依《い》頼《らい》されました。

北海商事では、新宿支店の仕入れ販売を大西社員が担当し、新宿支店よりやや規模の小さい池袋《いけぶくろ》支店の仕入れ販売は小池社員が担当することになりました。両支店での販売を終え、翌月の月例報告会では、販売部長が下記のグラフを示しながら、両支店での成果を社長に報告しました。

「大西社員は、販売用に５００個のカニ弁当を発注し、小池社員は、４５０個のカニ弁当を発注しました。最終的に、新宿支店では、見事にカニ弁当は完売となりました。池袋支店では、20個の売れ残りが生じてしまいました。グラフは、九時の開店から十九時閉店までの、カニ弁当の売れ行き総数を示したものです。二人

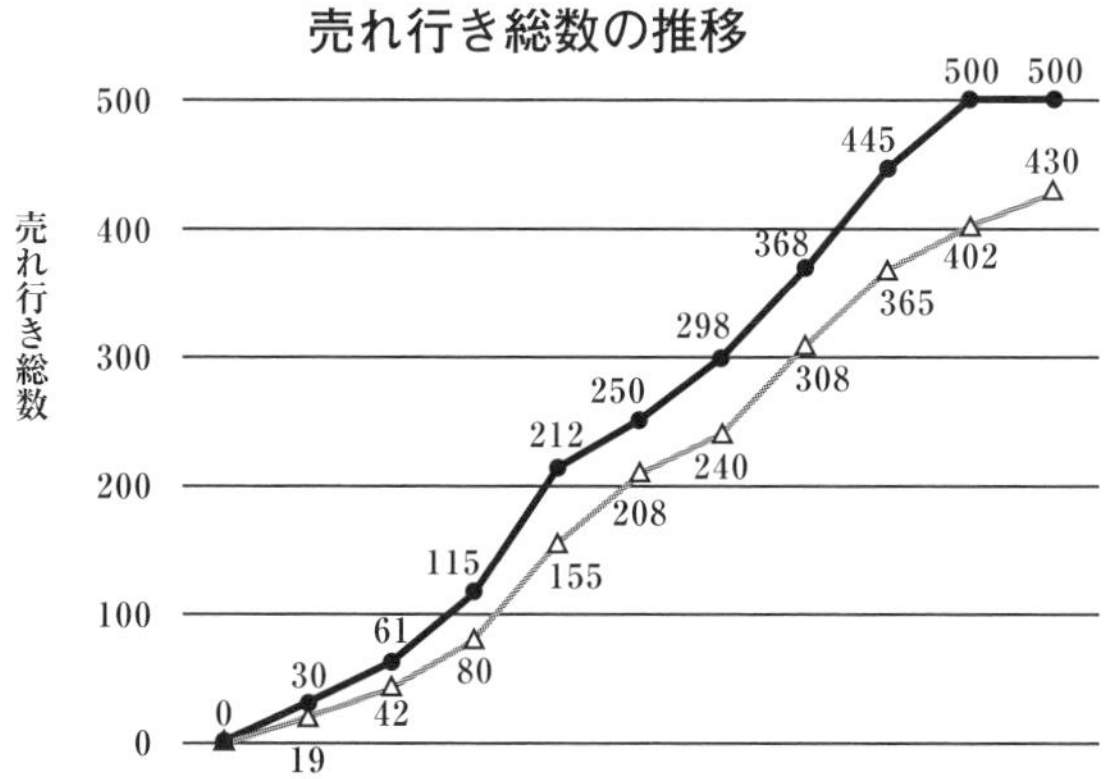

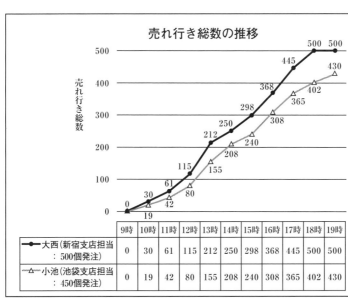

	9時	10時	11時	12時	13時	14時	15時	16時	17時	18時	19時
●大西（新宿支店担当：500個発注）	0	30	61	115	212	250	298	368	445	500	500
△小池（池袋支店担当：450個発注）	0	19	42	80	155	208	240	308	365	402	430

の社員の評価について、社長はいかがお考えになりますか」

この報告を聞いて、社長は、

「部長の報告は客観性に欠ける。君はすでに大西社員を高く評価しようとしているではないか」

と伝えたうえで、

「私《わたし》は、小池社員の方を高く評価する」

と答えました。部長が、

「新宿支店よりやや小さめの池袋支店でも、小池社員が、高い成果を上げたということがポイントでしょうか」

と尋《たず》ねたところ、社長は、

「支店規模の問題ではない」

と告げ、自分の考えを示しました。

問一 社長は、部長の報告のどの表現に、客観性に欠けたものを感じたのでしょうか。二つ探し出し、なるべく短い字数で書きぬきなさい。

問二 大西社員より小池社員の方を高く評価する社長の考えとは、どのようなものと考えられるでしょうか。「たしかに」「しかし」「一方」「したがって」の四つの言葉を、この順に、文の先頭に使って、四文で説明しなさい。

問二解答欄：罫線あり。「たしかに、しかし、一方、したがって」のそれぞれが1行になっている（それぞれの言葉を含んで35字が1行の目安）。

まずグラフが目を引く。実にイマドキだ。

開成もいよいよこういう問題を出すようになったか、と思った。

非連続型テキスト（グラフ、図、写真、イラストなど、文章以外の素材）を読み取らせる、いわゆるＰＩＳＡ《ピザ》型読解のような出題である。

まあ開成はもともと、オーソドックスな読解問題とはちょっと違う問題を時々織り交ぜてくる学校なので、特段驚くほどでもないのだが、私立の対策を中心に勉強してきた受験生は、面食らったかもしれない（公立中高一貫校適性検査などでは、こうした非連続型テキストは頻出している）。

ともあれ、問われる思考力の本質は、通常の読解問題となんら変わらない。

他に読解問題もあり、費やせる時間は長くても一五分だが、落ち着いて考えればさほど難しい問題ではないだろう。

さて、内容を見ていこう。

問一

これは平易である。答えは、見事に と しまい の二つである。後者は、「しまいました」でも正解だろうが、「なるべく短い字数で」と指示されているので、「しまい」で十分だ。

「見事に」は、大西に対するプラス評価。

「しまい（ました）」は、小池に対するマイナス評価。

いずれも、部下が上司に事実を報告する場面では不必要な、主観的判断である。

問二

小池を高く評価する社長の考えを、指定された接続語による型（下図）に沿って四文で書けという。接続語とは、関係を表す言葉だ。関係を整理する力こそ、国語力である。その意味で、これは良問だ。そして何を隠そう、「ふくしま式二〇〇字メソッド」にそっくりの型である。構造を見くらべてみてほしい。

たしかに――。
しかし――。
一方――。
したがって――。

（たしかに～一方：根拠 → したがって：結論）

ふくしま式二〇〇字メソッド※

アは1（な）ため、Aである。
しかし、イは2（な）ため、Bである。
だから、アよりもイのほうが、Cであると言える。

（1文目・2文目：根拠 → 3文目：結論）

まず対比関係で根拠を述べ、それをもとに結論を述べる。
基本構造は全く同じである。
ただ、今回指定されている型は、少しだけ難易度が高い。
それは、対比関係を示す接続語が二つ続いている点だ。
「しかし」と「一方」である。

※主張（結論）の背後には原則として対比的根拠が存在する。その性質を利用したオリジナル文章構成法が「ふくしま式200字メソッド」である。なお、1文目・2文目の構造については、**鉄則7**を参照のこと（19ページ）。

対比が二つある。ということは、対比の観点が二つある（対比の観点については**鉄則6**、**鉄則7**等を参照のこと）。

対比の観点が二つあることに気づくと、正解しやすくなるだろう。

ただ、このあたりについては後述することにし、ここではまずグラフの話をしておこう。

先ほど、こうした非連続型テキストは公立中高一貫校適性検査に頻出していると付記したが、いわゆる全国学力テスト（正式には、全国学力・学習状況調査）などでも頻出している。

全国学力テストで際立っているのが、「無駄情報」の多さである。

これについてはウェブ上や専門誌上で何度も指摘してきたので詳細は省くが、グラフであれイラストであれ何であれ、全国学力テストはとにかく無駄情報が多い。

無駄情報とは、その情報が存在する必然性がない情報である。ただ集中力を削ぐだけの雑音的要素だ（たとえば、新聞記事風のテキストの中で、解くのに必要な情報はせいぜい三割、あと七割は無駄、というようなパターン）。無駄情報を除外するのも一つの能力だという意図なのかもしれないが、受験生（受検生）が本来持っている能力を発揮できずに時間切れになるケースも多いため、不適切である。

ところが、今回の開成のグラフは無駄情報が少ない。

そして、非常によく考えて作られている。

どこがよいのか。

それは、一度「算数的発想」をした上で、でもそれを排除して考えるしかないという思考プロセスを想定している点にある。グラフがあるにもかかわらず、算数のような計算をほとんど必要としないようになっているのだ。

（開成受験生は特に）真っ先に目が向きがちな、時刻ごとの売上率の差などを算数的に計算しても、答えには結びつかない。

なぜなら、大西はほぼ全ての時刻で小池よりも売れ行きの増加率が高い（折れ線の傾きが小池より右肩上がりになっている）からだ。売上の絶対数でないなら相対的な増加率を見ようとする受験生が多いだろうと考え、あらかじめ手を打ってあるわけだ。

正確には一箇所（一三時～一四時）だけ小池のほうが増加率が高いのだが、これもミスを誘っているのだろう、よくできている。全体でないなら部分を見ようとするはずだが、わずか一箇所では根拠にならない。

つまり、あれこれ計算しても小池を高く評価する理由は見つからないのだ。

では、どこを見るか。

それは、閉店（一九時）間際の部分だ。ここに、両者の違いがある。

新宿支店の大西は、用意した五〇〇個の弁当を一八時までに売り尽くした。一方、池袋支店の小池は売り尽くさなかった。閉店時、用意した四五〇個中二〇個の売れ残りが出た。

これが、部長による低評価の理由だ。

ところが、社長は、部長と同じ「閉店間際の違い」に注目しながらも、それを逆手にとった。逆説化したわけだ（**鉄則12**）。

逆説化するには、観点に注目し、そこに手を加える必要がある。

次の図をごらんいただきたい。

部長は、観点A1の枠内でしか考えていなかったが、社長は、これを観点A2に切り替えた。客目線で見れば、評価は逆になるだろう、と。

ここまで気づけば、かなりよい答えが書ける。しかし、より上を目指すならば、観点Bへと抽象化する必要がある。

そう、**自他の観点**である（38ページ参照）。

閉店の一時間前に「売り尽くした」というのは、**自己**（会社）にとっては利益だが、**他者**（客）にとっては不利益である（一八時以降の客は弁当を買えないのだから）。

逆に、「売り尽くさなかった」というのは、**自己**（会社）にとっては不利益だが、**他者**（客）にとっては利益である（売り切れておらず弁当を買えるのだから）。

こうした逆説的発想ができれば、あとは型に沿って文章化するだけだ。なお、ふくしま式の解答例の一部を二〇〇字メソッドに当てはめると、下記※のようになる。

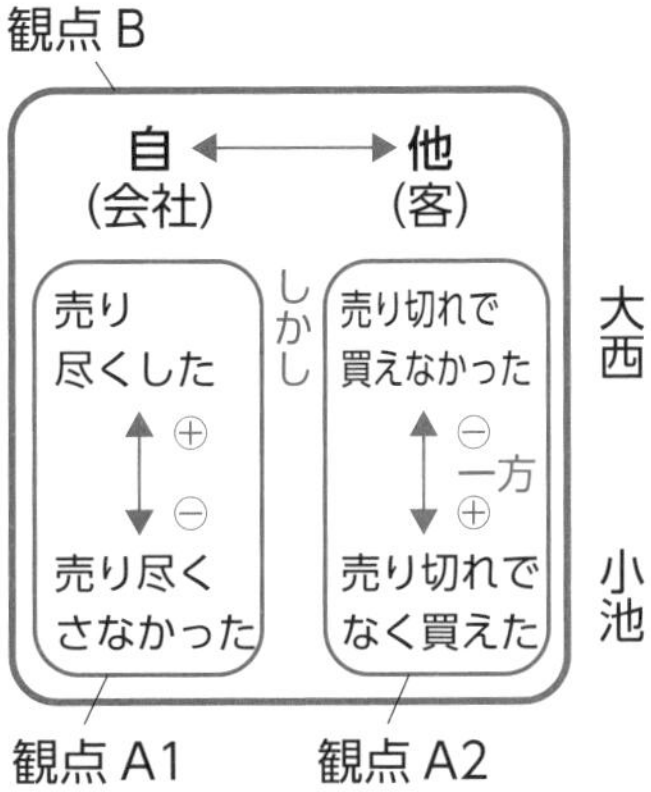

問二　ふくしま式の解答例

観点の記号は解答に含まれない。

たしかに、大西は小池よりも会社の利益を上げている。……観点A1

しかし、大西は一八時以降の客に弁当を提供できず、客は利益を失っている。……観点A2

一方、小池は一八時以降の客にも弁当を提供できており、客は利益を得ている。……観点A2

したがって、小池は、会社より客、自己より他者を重視する優れた社員である。……観点B

※
大西は／18時以降の客に弁当を提供できず、／客は利益を失っている。
ア は／ 1 （な）ため／ A である。
一方、小池は／18時以降の客にも弁当を提供できており、／客は利益を得ている。
しかし、イ は／ 2 （な）ため／ B である。

先に、対比の接続語が二つあるなら観点も二つある、と述べた。図と文章をもとに、確認してほしい。

「しかし」は、観点A1（会社の利益）と観点A2（客の利益）を対比している。

「一方」は、観点A2の中で、利益の低い・高い（マイナス・プラス）を対比している。

これが文章の構造である。

なお、観点B（自己か他者か）は、観点A1とA2（会社か客か）を抽象化したものであると、説明してみると何やら複雑に感じられるが、そんなことはない。

必要なのは、発想の転換、ひらめきである。

自他の観点を含む「ふくしま式 七つの観点」は、実は「発想のための技術」なのである。

発想のための技術。発想法。

先にも述べたように（50ページ）、とりわけ中学入試によく登場する自他の観点は、常に意識して生活することが大事だ。そうすることで、いざこういう問題にぶつかったときにも、自他の観点という武器を自然と取り出すことができる。

ちなみに、各社の解答例を見ると、説得力の面で足りない部分がある。もちろん主旨は私の答えと同じであり特段の問題はないのだが、いずれも、自他の観点にまで抽象化していないのだ。

各社（8ページ参照）、「したがって」の文だけを比較してみよう。

銀本（2019年度受験用）では、「したがって、小池社員の方が客本位で適切な発注をしたと言える」。オレンジ本では、「客の期待を裏切らない発注ができており、販売機会を逃していない」。四谷大塚データベースでは、「お客さんに満足してもらうことができた小池社員の方が優れていると言える」。

いずれも、「客＝他者」の説明しかない。これでは、疑問が残る。

私が部長だったら、こう反論したくなるだろう。

「しかし、社長。やはり当社の利益をより高く上げた大西を評価すべきなのではありませんか？」

社長は、それに対してこう答えることになる。

「なぜ我が社の利益を優先するのかね？　それよりも、お客様の利益が優先ではないのかね？」※

つまり、自己より他者、ということだ。

この主張を受けて初めて、部長も納得するだろう。

だから、本当に説得力ある「社長らしい根拠」を考えるのであれば、自他の観点への抽象化は不可欠なのである。

なお、さらに社長の文言を加えるのであれば、「お客様の利益こそが、最終的には我が社の利益につながるのだよ。覚えておきたまえ」などとつながるのであろうが、さすがにこれは今回の設問の範囲を超えている。


ここまで読んで、「いやあ、一五分しかないのに、自他の観点への抽象化なんてできないでしょ」と思うだろうか？　そんなことはない。先掲のふくしま式解答例は、一見芸術的な文章に見えるかもしれないが、これはあくまで、技術的な文章だからである。芸術は真似できない。技術は真似できる。自他の観点。これは技術である。活用してほしい。

※実際のところ、売り切れにならないよう小池が「意図的に」発注数を多めにしたという根拠はないため、「小池が客の利益を重視した」という結論には多少の疑問も残る。しかし、中学入試の「あるべき答え」はこの道徳的な方向性しかないと言えるだろう。

桜蔭①

桜蔭中学校
2020年 文学的文章
『思いはいのり、言葉はつばさ』※ まはら三桃《みと》

25分／50

次の文章を読んで、後の問いに答えなさい。

「じゃあ、ニュウシュ※1を書こうかね」

とうとうユンエイが言ったので、チャオミンは鼻息を荒《あら》げて顔をあげた。

「はあーいっ、はいっ」

「みんなでチャオチャオへの言葉を三朝書にして届けよう」

「さ、三朝書？」

はじめてきく言葉を、鼻息交じりにくりかえしたチャオミンに、ユンエイは説明をしてくれた。

「結婚《こん》していく人への思いを文字にして綴《つづ》るんだ。結婚していく女の人の幸せを、心から願って思いをこめて書くんだよ」

ユンエイは「心から」というところに力をこめて言った。

少し前まで手仕事をしにきていたチャオチャオという人が、結婚して隣《となり》の街に行くことになったので、お祝いに贈《おく》るのだそうだ。

「言った言葉はそのときだけだけど、思いを文字にしておけば、チャオチャオは読むたびにみんなのことを思い出せるだろう。ジュアヌ、あんたは特に気持ちをこめてね」

「もちろん」

ユンエイからそう言われて、ジュアヌは神妙《しんみょう》な顔でうなずいた。

チャオチャオはジュアヌの結交姉妹※2なのだそうだ。

「チャオミンはまだ書けないから、これで勉強するといい」

ユンエイはそう言って、壁《かべ》にしつらえた棚《たな》から、ノートを一冊取りだした。紙を皮の表紙で綴《と》じた古い小さなノートだ。紙の部分は全体的に黄ばんでふちはささくれだっているが、ユンエイは両手で丁寧《ていねい》に取りあつかった。紙は貴重品なので、大事にしなくてはならない。

「これがニュウシュだよ」

ユンエイはまず表紙を開いた。

※2019年7月刊・アリス館

「わあ、きれい」

そこに書かれていた文字を見て、チャオミンは目を[1]た。文字は細くてこまかかった。ひとつひとつが形良く引きしまっている。それでいて、流れるようにしなやかだ。まるでシューインが刺《さ》す花の刺《し》しゅうのようだった。見方によっては文字のところどころにある小さな丸は、花芯《かしん》か種のようにも見える。父さんが書いている文字は角ばってごつごつしているが、こちらはやわらかく可憐《かれん》で、やはり全然ちがう文字だとチャオミンは思った。

「まるできれいなお花みたい。いえ、小鳥の【　☆　】みたい」

この美しさをどう表現していいのかもどかしかったが、チャオミンの言葉にユンエイはぷっと噴《ふ》きだした。

「チャオミンは面《おも》白いことを言うね。鳥の声なんて言った人ははじめてだよ」

ユンエイは愉快《ゆかい》そうに言いながらさらにノートを開いた。

「このノートは、ずっと前からここにあるんだよ。普《ふ》段、私たちが歌う歌をニュウシュであらわしたものが書かれている。これはめでたいときに歌う祝い歌だよ。あんたも上手《じょうず》に歌ってただろ」（中略）

家に帰ったチャオミンは土間に座りこみ、文字の練習を始めた。字が書けるようになったことが嬉《うれ》しくてたまらない。土間の床《ゆか》に棒《ぼう》で書く。土でできた床は、とがったものでなぞると形がつくのだ。

「一つ空には」

口ずさみながら棒の先で書きつけていく。

「娥眉《がび》……、あれ？」

だが、さっそく文字が詰《つ》まってしまい、チャオミンは首をかしげた。

「うーんと、娥、はどうだったっけ？」

思いだそうとチャオミンがうなっていると、台所で煮物《にもの》を作っていた母さんがひょいと顔をだした。母さんはそばに座ると、こうじゃない？　と指を動かした。それは確かに、娥、という文字だった。

「あ、そうだ！」

チャオミンはすっきりしたが、すぐにまた、あれ？　と首をかしげた。

「母さん、ニュウシュを知っているの？」

母さんは文字の読み書きができないはずだ。そもそもあまり関心がないらしく、チャオミンが文字を教わりたいと言ったときも、少し困ったような顔をした。なのに、分からない字をすぐに書いて教えてくれるなんて。

「インシェンはニュウシュなんて書けないよ」

そのとき、突然《とつぜん》ぴしゃんとした声がきこえた。振《ふ》りかえると、入り口につえをついたイーレイおばあさんが立っていた。

「まあ、お義母《かあ》さん、いらっしゃいませ」

　母さんははじかれるように立ちあがり、「すぐにお茶をお出しします」と台所に行ってしまった。隣に住むイーレイおばあさんは、チャオミンの家にしょっちゅうやってくるが、そのたびに母さんはまずお茶の準備をしなくてはならない。それが客に対する最低限の礼儀《れいぎ》なのだそうだ。

「ハル族の女たちは、文字を持たないの。ニュウシュの読み書きができるのは、漢族の女だけだよ」

　面白くなさそうに言いながら、イーレイおばあさんはつえを頼《たよ》りによたよたと歩いてくると、「よいしょ」と上がり口に腰《こし》をかけた。（中略）

　こうしてチャオミンは、文字を覚えていった。最初は歌に合わせてユンエイの字を見ながら真似《まね》をしていたのだが、少しずつ見なくても書けるようになった。そして、次《し》第に頭の中に文字が浮《う》かぶようになったのだ。

「九つ、黄龍《こうりゅう》は泳ぐ」

チャオミンはつぶやきながら、握《にぎ》ったペンを板に滑《すべ》らせた。頭に浮かんだ一文字ずつが、板の上に浮かびあがった。

ここまですべての文字を、お手本を見ずに書けた。

さあ、最後の一行だ。

　胸がどくどくと弾《はず》んだが、チャオミンは握ったペンを止めることはしなかった。頭の中にある文字が消えてしまわないうちに、板の上に移したかったのだ。急《せ》くような気持ちで、息を詰めペン先を見つめる。

　もう歌うこともつぶやくこともできなかった。

――十で、鯉《こい》は竜門《りゅうもん》をはねる
「ふう」

　一気に書きあげると、やっと息をもらした。

　しばらくチャオミンは、自分の書いた文字をながめた。書いては消しているせいで、板の表面はすっかり黒くなっているけれど、チャオミンが書いた文字がしっかりとそこにある。不格好で大きさもふぞろいだけれど、まぎれもなく意味を持った言葉だ。

　さっきまであんなに急《せ》いていた胸が、不思議なほど静かになっていた。

　風のない夜中の麦の穂《ほ》のように、なぜかそよとも動かなかった。

「書けた」

　チャオミンはつぶやいた。小さな声をききとった耳が、震《ふる》えた気がした。

「書けた」

　もう一度、言ってみる。今度は大きな声で。

それを合図にしたように、胸がぽんとはじけた。またとくとくと鼓動《こどう》が騒《さわ》ぎ始め、体の芯が熱くなる。

胸の内からあぶくのような喜びが噴きだすようにこみあげてきた。[A]内側から湧《わ》いてくる痛いほどの喜びに、チャオミンは自分の体を抱《かか》えこむように縮めた。この気持ちを外にもらしたくはなかった。（中略）※3

シューインは結婚式の日を迎《むか》えた。チャオミンとジュアヌが書いた手紙は、結婚のしきたりにしたがい、シューインの実家に預けられることになった。三朝書は、実家から送られる品物と一緒に大切に納められ、結婚式の三日目にシューインに届けられるのだ。

結婚式の前日、チャオミンは机に向かい自分の書いた三朝書をもう一度読み直した。

まだあまりうまくはない。けれどもせめて人一倍の願いだけはこめた。

封《ふう》をしようとしたところ、母さんがやってきた。

「チャオミン、この手紙も一緒《しょ》に入れてちょうだい」

母さんは、小さく折りたたんだ紙をさしだした。

「母さん、手紙を書いたの？」

チャオミンは目を［2］た。

「ええ。母さんもどうしても気持ちが送りたかったから」

母さんは恥《は》ずかしそうに笑った。

「読んでもいい？」

チャオミンは返事もきかないうちに紙を広げてしまった。そして、にっこり笑った。そこには、短いけれど大切な言葉が書いてあった。チャオミンも大好きな言葉だった。

あわただしく結婚準備を終え、シューインは住み慣れた愛《いと》おしい町から花駕籠《はなかご》に乗った。（中略）

新しい家では三日三晩祝宴《しゅくえん》が続いた。

はじめて会った夫とその両親、それから弟や妹たち。見知らぬ人たちの間で、シューインは自分がどこに座っているのかもわからなかった。強張《こわば》るシューインにみんなは意地悪をするようなことはなかったけれど、やはり不安でいっぱいだった。

これから知らない人たちと暮らすのだ。

そんな不安をしばし吹《ふ》きとばしてくれたのは、祝宴の途中《とちゅう》で届いた、実家からの荷物だった。

シューインは飛びつくように荷物を受け取り、焦《あせ》る手つきで結び目をほどいた。何はさておき三朝書だ。自分の愛しい人たちにつながる物がほしかった。

「まあ、こんなに」

入っていた三朝書を胸に抱《だ》く。[B]愛おしい重さを感じた。生み育《はぐ》んでくれた母や、慈《いつく》しみをかけてくれた叔母《おば》や兄嫁《あによめ》、そして長い付き合いだったユンエイ。

それぞれがくれた言葉の数々を、シューインは吸い取るように丹念《たんねん》に読んだ。

特にユンエイからの言葉には励《はげ》まされた。（中略）

飾《かざ》りのないまっすぐな言葉に、シューインの背筋はすっと伸《の》びた。日に焼けたユンエイの笑顔が見えるようだった。

三朝書を読みながら、シューインは心が落ち着いていくのを感じていた。さっきまでふわふわとして頼りなく、むなしく散ってしまいそうだった心に、芯が戻ったような気分だ。言葉に、自分のためにつづられた思いに、こんなにも力があるなんて。シューインは震える指先をおさえつつ、文字を追った。

もちろん二人の大切な姉妹からも三朝書をもらった。ジュアヌは誇《ほこ》り高く整った文章で結婚を祝《いの》ってくれた。そして、チャオミンは素直な思いを祈るようにつづってくれた。チャオミンらしいかわいらしい字だ。

〝わたしの小さなサンゴの筆で、シューインお姉さんに言葉を送ります
まずはありがとうと伝えます
本当に嬉しいご縁《えん》があって、わたしたちは姉妹になりました
わたしにとって、どんなに幸いなことだったでしょう
シューインお姉さんには、たくさんのことを教えていただきました
それなのにわたしには、あなたのためにできることがないのです
それが残念でなりません
だからせめて祈ります。この先のシューインお姉さんの幸せを祈ります
この手紙を書いている筆は、サンゴの飾りがついています
サンゴは海の底に眠《ねむ》っているのだそうです
深い深い海の底。その海のように深く深く、わたしは祈ります
刺しゅうもお裁縫《さいほう》も上手なシューインお姉さんは新しい家のみなさんにきっと大事にされることでしょう
シューインお姉さん、どうかお元気で
ずっと、ずっと、大好きです
チャオミン〟

シューインは言葉のひとつひとつをすくい取るように三朝書を読んだ。今から先の生活はきっとこれらの言葉が助けてくれる。そう確信できた。

「あら」

シューインが、その紙に気がついたのは三朝書を戻《もど》そうとしたときだった。チャオミンからの三朝書の中に、もう一枚紙が入っていたのだ。シューインはその小さく折りたたまれた紙を引っ張りだした。

そこには、こう書いてあった。

〝[C]辛《つら》いときは、書きましょう
苦しいときは、歌いましょう
ヤン・インシェン〟

（まはら三桃《みと》『思いはいのり、言葉はつばさ』）

注　※1　女性だけが書く文字。チャオミンが住む集落では、男たちが野や山で働いているときに、女たちがだれかの家に集まっていっしょに手仕事をしたりひそかに文字を習ったりする。チャオミンは十歳になったのでその集まりに参加できるようになった。

※2　集まりの中で仲良くなった人同士は〝姉妹〟となり、かたい絆《きずな》で結ばれる。

※3　チャオミンは、あこがれのシューインと結交姉妹になった。シューインは親の決めた相手と結婚し、遠くへ行くことになった。

問一　[1]・[2]にあてはまる言葉を次の中から選び記号で答えなさい。ただし、同じ記号を二度使ってはいけません。

【ア　輝かせ　**イ**　そらし　**ウ**　しばたたかせ　**エ**　むい　**オ**　丸くし**】**

問二　［　☆　］に、小鳥がしきりに鳴く様子を表す言葉を、文中にあてはまるようにして入れなさい。

問三　――線部[A]について、どのような喜びでしょうか。説明しなさい。

問四　――線部[B]について、「愛おしい重さ」とはどういうことですか。説明しなさい。

問五　――線部[C]について、チャオミンのお母さん（ヤン・インシェン）がこのように手紙を書いたのはなぜでしょうか。説明しなさい。

解答欄：四角い枠。以下目安。問三：120字　問四：80字　問五：170字

チャオミン、インシェン、イーレイ、ユンエイ、チャオチャオ、ジュアヌ、シューイン。今回の文章の登場人物の名だ。はっきり言って、見ただけでは男女の別も分からないし、似たような響きの名があって区別しにくかったりもする。この時点で、急いで読まなければならない入試問題には不向きである（もちろん、わざとそういうものを選んでいるのだろう）。

また、独特な世界観で話が展開していくので、理解に手間がかかる。本文のあとの「注」をまずきっちり頭に入れておかないと、理解は難しい。注釈を読まないと理解できない文章からの出題が果たして良問と言えるのか。かなり疑問である。

そして、設問で問うていることのレベルは高い。先に解説した同年の開成の問題よりもハイレベルなのは間違いない。できる子とできない子の差が大きく開く。そんなイメージだ。

総じて、私はこういうベクトルでの出題は好きではない（そもそも物語文を入試に出すことに反対している）。ほかにいくらでも、能力差を測る方法はあると思う。しかし、これが桜蔭の伝統なのだから、受け入れるしかない。

さて、具体的な設問を見てみよう。

問一

答えは、1が**ア**、2が**オ**。2を迷うことはないだろうが、1は若干迷うかもしれない。空欄直前の「わあ、きれい」や、次のセリフの「まるできれいなお花みたい」などをもとに素直に考えれば「目を輝かせた」となるが、空欄直後の「細くてこまかかった」をもとにすると、「しばたたかせた」（まばたきを繰り返す様子）も入りそうな気がする。とはいえ、文脈（話の前後関係）からしてどちらが自然かと考えたら、やはり「輝かせた」だろう。

問二

これは**さえずり**以外にない。設問に「しきりに鳴く様子」とあるので、「歌」ではちょっと不自然だ。

問三

「どのような喜びでしょうか」と問われている。

まずは、設問の読解（**鉄則5**）。言いかえる設問である。

「内側から湧いてくる痛いほどの喜び」という表現はやや比喩的なので、**鉄則15**に従い言いかえる（比喩を抽象化する）必要があるだろう、と考える。

ただ、**鉄則16**の解説（26ページ）にも書いたように、一語一語を単に言いかえるだけでは足りない。「理由」も当然求められているものと考えなければならない（解答欄の分量からしても）。

ここでは、「喜び」に至った理由となるできごとを書く。

喜びが湧いたというのだから、それは「変化」である。**鉄則8**の解説（21ページ）にも書いたように、**「変化の理由は変化である」**。だから、「できごと」も変化としてとらえるべきである。

すると、傍線部からさほど遠くない100行目に、次のように書かれていることに気づく。

「最初は歌に合わせてユンエイの字を見ながら真似していたのだが、少しずつ見なくても書けるようになった」

要するに、「他人の真似でなく自分で書けるようになった」ということであり、これは喜びの動機になりうるだろう。**自他の観点**（38ページ）を意識すれば、こういう部分にも気づきやすくなる。

しかし、これだけでは「痛いほどの喜び」の動機としては弱い。このストーリーにおいては「文字」が重要な存在であるのは言うまでもない。文字を書けることがどんな意味を持つのか。それは、18行目のユンエイの言葉に書かれている。

「言った言葉はそのときだけだけど、思いを文字にしておけば、チャオチャオは読むたびにみんなのことを思い出せるだろう」

これは、実はタイトルにも表現されている。

模試であれ入試であれ、ほとんどの試験では、文章の終わりに出典（書き手の名とタイトル）が書かれている。私は、**出典を見てから文章を読み始めるようにといつも指導している**。特に説明的文章の場合は、全体の主張がそのまま表現されていることもある。物語の場合は参考にならないケースも多いが、今回は参考になる。

思いはいのり、言葉はつばさ。

思いを言葉にすれば、遠い誰かのもとへと飛んでいけるんだよ。という意味を、無理なく感じ取ることができる。

これも実は**自他の観点**だ。自分の思いを、他人に届ける。それを可能にするのが、言葉（文字）なんだよ、ということだ。

つまりチャオミンは、「これで思いを届けられる！」という喜びを感じたわけだ。

「他人の真似でなく自分で書けるようになった」、それによって、「自分の思いを他人に届けられるようになった」。**これが全体の骨組みであり、これを押さえておけば、大幅な減点は避けることができるだろう◆**。

さて、このあたりで答えを見てみよう。

問三　ふくしま式の解答例

ユンエイの真似でなく自分自身で、意味を持った言葉を、あこがれの文字ニュウシュに書き表せるようになり、それによって自分の思いを相手に届けられるようになったことに対する、外にあふれ出そうな、でも自分の内に閉じ込めておきたいような喜び。

これで一一五字。長いので、本来は文を切りながら書くべきだが、一文にしたほうが読みやすい場合もある。ケースバイケースだ。

「意味を持った言葉」は、123行目にはっきり書かれている。「あこがれの」のような修飾語も含め、こうしたプラスの意味合いの言葉を加えることが、強烈な喜びの説明を補強することになる。

ところで、この解答例は、傍線部「内側から湧いてくる痛いほどの喜び」をどう言いかえているのか。

この傍線部の直後に、こう書かれている。「チャオミンは自分の体を抱え込むように縮めた。この

◆合格者最低点に乗せる技術！

気持ちを外にもらしたくはなかった」。熱い気持ちを自分の内側に閉じ込めようとすれば、それは「痛いほどの」感覚になるだろう。

「痛いほどの」という表現は比喩的なので、このまま答えに使ってはいけない。ただ、字面だけで言いかえようとしても、「激しい」とか「強い」とか、そんな言葉しか浮かばない。

一方、文脈に即して考えれば、「内からあふれ出るけれども外には出したくない」といった、**「内外」の図形的比喩**（21ページ）が浮かんでくる。

このあたりをもとに、解答例では、「外にあふれ出そうな、でも自分の内に閉じ込めておきたいような」としたわけだ。

この設問は、解答欄から推測して、小さめの字で書けば一三〇字くらい書けるかもしれないが、まあ一〇〇～一二〇字ほどと考えるのが妥当だろう。

いや、もっと少なくても、合格者最低点に乗せることはできる。

安心してほしい。一〇〇字レベルの記述で満点を取ることなど、実質不可能なのだ。

先に述べた「全体の骨組み」を押さえておけば、合格ラインに近づくことができる。

問四

これは解答欄が狭い。長くて八〇字といったところだ。

「どういうこと」と問われているので、これも問三と同様、言いかえる設問である。

突然だが、ここで次の会話の最後のセリフを考えてみてほしい。

「漢字テストはいつも満点だし、今回はもう勉強しなくてもいいのさ」

「そんな、うさぎみたいな態度でいると失敗するよ」

「え？　どういうこと？」

「（　　　　　　　　　　）ということだよ」


「どういうことか」という問いは、そもそもこうした会話の中で頻繁に出てくる。説明不足で分かりにくいから、分かりやすく言いかえてよ、ということだ。実はこの問いこそ、**中学入試から東大入試に至るまで幅広く頻繁に登場する**、必須の「問い」なのである◆。


さて、この空欄。勘のいい人は分かるかもしれないが、勘の悪い人は分からない。

次の会話ならば、どうだろうか。

長文読解に向き合わなくても今すぐできる基礎練習③

会話の最後のセリフを考えなさい。


「漢字テストはいつも満点だし、今回はもう勉強しなくてもいいのさ」

「そんな、『うさぎとかめ』のうさぎみたいな態度でいると失敗するよ」

「え？　どういうこと？」

「（　　　　　　　　　　）ということだよ」


基礎練習③の答え……能力が高くても努力を続けないとすぐに追い越される（かめならば、「能力が低くても努力を続ければいつかは追い越せる」など）

◆東大にも頻出するパターン！

先ほどの問いと、何が違うのか。

「うさぎ」単体ではなく、「うさぎとかめ」になった。

つまり、対比関係になった。

単体では言いかえられない比喩も、対比で登場した途端に、イメージが限定され、言いかえられるようになるのである。


さて、なぜこんな例を挙げたのか。

実は今回の「愛おしい重さ」も、同じように考えることによって、その意味を整理できるのだ。

171行目からの部分に、次のように書いてある。

「これから知らない人たちと暮らすのだ。／そんな不安をしばし吹きとばしてくれたのは、祝宴の途中で届いた、実家からの荷物だった」「何はさておき三朝書だ。自分の愛しい人たちにつながる物がほしかった」

ここに、二つの対比がある。

「知らない人たち・愛しい人たち」、そして、「不安・安心」だ。

「安心」は書かれていない。しかし、その意味合いを明確に読み取ることができる以上、それを対比の観点として想定してよい。それが「くらべる力」というものだ（**鉄則6**）。

同様に、傍線部の「重さ」についても、「軽さ」を想定できる。

そこで、次のような対比が浮かび上がる。

知らない人たち ↔ 愛しい人たち
不安 ↔ 安心
軽さ ↔ 重さ
動 ↔ 不動

「動・不動」は、「軽い・重い」という比喩的イメージを言いかえたものだ。**「動・静」「流動・固定」**などの反対語とともに、必ず覚えておきたい。これらの対比関係は、中学入試から大学入試まで、文章の骨組みとして幅広く登場する。

これらを用いると、こんな答えができあがる。

問四　ふくしま式の解答例

見知らぬ人たちの中で揺れ動く不安感を打ち消してくれるような、どっしりとした安心感を、愛しい人たちからの三朝書が与えてくれたということ。

「動・不動」は、そのままでは使いづらい。そこで、「不安・安心」とセットで用いた。

揺れ動く不安感 ↔ どっしりとした安心感

不動のイメージは、「どっしり」に言いかえた。

こんなふうにすることで、「軽さ・重さ」のイメージを表現することができる。「重さ」という言葉を言いかえる設問であると分かった時点で、これは対比で考えるんだな、と気づきたいものだ。

なお、「軽・重」は、既に開成の解説で登場した**図形的比喩（鉄則10）**に含めて覚えておきたい。正確には触覚であり視覚ではないが、「浮かぶ・沈む」というようなイメージもあるので、半ば視覚的だ。心理を表現する対比的な比喩としてよく用いられるので、意識を高めておく必要がある。

ともあれ、もし対比を意識せずに「単体で」言いかえようとしていたなら、「心からの」「ありがたい」「嬉しい」「大切な」などといった、説明にもなっていないような形容表現だけで終えることになっただろう。

これだけの長さの文章に対し、問いは実質三つ。その中の一つの答えとして、それでよいはずがない。解答欄が狭いとはいえ、大切に解きたいものだ。

ところで、この読解では注釈をよく読むことが欠かせないと述べた。

「※3」には、こう書かれている。「親の決めた相手と結婚し、遠くへ行くことになった」。現代日本ではちょっと考えにくいことだが、これを読めば、それがいかに不安に満ちたことなのかをイメージするのは簡単だ。そして、それがこの問四の骨組み（不安・安心）につながっている。

あわせて書くと、「※1」も重要である。男たちがいない間に女たちがひそかに文字を習ったりするという、これまた現代日本では考えにくいことが書かれている。どちらの注釈からも感じられるのは、人と人との距離の遠近の極端さである。平坦な人間関係は影を潜めている。要は、普通じゃない。

そんなイメージを抱いた上で読めば、記述すべきさまざまな要素にも気がつくというわけである。

問五

これは解答欄が広い。一五〇字前後（一三〇～一七〇字程度）で書くことになるだろう。よほど詳しく書かないといけないらしい。と、まずは見当をつけておく。

それでも**まずは短い骨組み**を作ること。この手順は変わらない。

例によって、前件肯定パターン（**鉄則20**）で考えてみる。

前件肯定パターン

（問い）「①は②であると言えるのはなぜか」

（答え）「①は③であり、③ならば②だから」

（問い）「インシェンが／このように手紙を書いた」のはなぜか。

（答え）インシェンは（　③　）であり、

（　③　）ならば、このように手紙を書くはずだから。

このように呼びかけるはずだから。

③を考えるには、「このように」の内容をはっきりさせなければならない。

「辛いときは、書きましょう／苦しいときは、歌いましょう」

辛く苦しいときには、書くとか歌うとかしよう。

これを、前半・後半、二つに分けて考えよう。

インシェンは（　③1　）であり、

（　③1　）ならば、「辛く苦しいときには」と呼びかけるはずだから。

③1は、まず、「シューインには辛く苦しいときがあると分かっていた」となるだろう。
では、それはなぜか。

愛する身内の人たちと離れて遠くへ行き、親の決めた見知らぬ男性と結婚生活を送ることになるからだろう。このあたりは、先にも述べたように、注釈の「※3」に明確に書かれている。

さて、次だ。

インシェンは（　③2　）であり、

（　③2　）ならば、「書くとか歌うとかしよう」と呼びかけるはずだから。

③2は、「書く・歌う、つまり文字にしたり言葉に出したりすることによって、辛さや苦しさを乗り越えられると思っている」などと入るだろう。
③1、③2を合体させると、こんなふうになる。

「愛する身内の人たちと離れて遠くへ行き、親の決めた見知らぬ男性と結婚生活を送ることになるシューインには、必ず辛く苦しいときが訪れるということを、インシェンは分かっていた。そんなときは、文字にしたり言葉に出したりすることによって、辛さや苦しさを乗り越えてほしい。そう思ったから」

これで一三六字。これだけ書ければ満点だ、と思うだろうか。

実は、決定的に足りない内容がある。これこそ、桜蔭らしい要求であるとも言える。

次の解答例を読み、何が足りなかったのかに気づいてほしい。

問五　ふくしま式の解答例

愛する身内の人たちと離れて遠くへ行き、親の決めた見知らぬ男性と結婚生活を送ることになるシューインには、必ず辛く苦しいときが訪れるということを、インシェンは、自らがかつて嫁いだときの経験を通して分かっていた。そんなときは、自らがかつてそうしてきたように、文字にしたり言葉に出したりすることによって、辛さや苦しさを乗り越えてほしい。そう思ったから。

「自らがかつて嫁いだときの経験を通して」

「自らがかつてそうしてきたように」

この二つの部分である。

え？　そんなこと、どこに書いてあったの？　と思うだろうか。

77～98行目である。この部分から、それを読み取らなければならないのだ。

ここを読むと、インシェンが、嫁いだ夫の母である義母イーレイと、かなり苦労して関わってきたであろうことが分かる。

そして、夫とイーレイはおそらく漢族であり、ハル族であるインシェンは肩身の狭い思いで暮らしてきたのだろうということも、推測できる。

だからこそ、「自らがかつて嫁いだときの経験を通して」と書くことが求められるわけだ。

そして、文字の読み書きができないハル族のインシェンが、なぜチャオミンに字を教えることができたのかと考えると、インシェン自身もおそらく、書くことを繰り返してきたのだろうと推測できる。

そこで、「自らがかつてそうしてきたように」と書くわけである。

たしかに、こうしたことは推測の域を出ない。絶対の答えというのは存在しない。

しかし、そもそも物語文の読解というのは、そんなものである。

「行間を読ませる」のが、物語文読解である。ならば、たとえ推測であってもそれが確からしいことであれば、書いたほうが高評価を得やすい。

まして、桜蔭であるならば。

ちなみに、解答例は一七二字。かなり小さな字で、いっぱいに書くことが求められる。

読むべき文章も長いが、書くべき文章も長い。

しかもこの年は、説明的文章も同じくらいの重厚さで出題されていた。

桜蔭がいかにハードなことを要求しているか、よく分かる問題であった。

桜蔭②

桜蔭中学校　2018年　説明的文章

『ひとまず、信じない　情報氾濫時代の生き方』※　押井守《おしいまもる》

30分／50

次の文章を読んで、後の問いに答えなさい。

自分が知覚しているこの現実と、本当に自分が生きている現実が同じものであるという保証はどこにもない。これは、科学的にも実証しようがないことなのだ。解剖《ぼう》学者の養老孟司《たけし》さんも話していたが、人間の脳自体が、この世界を注1バーチャルに理解しているので、何が現実なのかということは、人間には実証できないのだ。

確かに今、僕《ぼく》の目の前にコップがある。どうしても、そこにコップがあるとしか思えない。しかし、そのことも僕の手先に伝わるコップの感触《しょく》と、僕の目に映るコップの色形を感じただけのことで、その視覚と触覚自体がニセモノの情報だったとしても、知覚している僕にはそのことに気づけない。

もともと世界はこのように、バーチャルに存在しているものなのだ。

僕の目に映る若葉の緑が、あなたの見ている緑と同じものであると、どうして言えるのだろうか、ということだ。

「ローマ人は味と色については議論しない」と言われるが、それも（　X　）ということなのだろうと思う。

もちろん、緑という色を彩《さい》度や明度に分解することはできる。しかし、そのことと人間の脳が緑をどのように知覚しているかは、話が違《ちが》う。（中略）

犬や虫たちは、どうも人間とは違うようにこの世界を認識している。虫たちの注2複眼には花の色は違って見えている。彼らは僕らが見ているように、世界を認識していないかもしれない。同じものを見ても、違うように見ているのだとしたら、緑で覆《おお》われた美しい山並みという景色も、実は現実なのかどうかが疑わしくなってくる。

①その考えをさらに押《お》し進めれば、人間の脳にリアルなユメを見せることができたら、もはやそれがその人間にとっての現実となってしまうのではないか、ということだ。それこそ過去のSF作品が何度も描《えが》いてきた世界ではないか。（中略）

※2017年11月刊・中央公論新社（中公新書ラクレ）

本当はすべてユメを見ているだけなのかもしれない。そして仮にそうだったとしても、それを確かめることはできないのだ。ユメの中の知覚のみが僕らのすべてであるならば、ユメの外のリアルに触《さわ》ることができないからである。（中略）

つまり、ある意味では僕らの接する情報のすべては、脳が知覚しているだけという点でいうと、初めから[注3]フェイクなのだ。

もちろん僕は今のような話をもってして、インターネットがよくない方へ進んでいるかもしれないという業界の危機感をa［チャカス］つもりはない。だが、「情報なんてフェイク」くらいの[注4]ニヒリズムでも持っていなければ、フェイクニュースにb［　］をすくわれるということは、言いたい。それが今のネットの根本的な問題ではなかったか。

実は、リアルタイムで真実を追求するというインターネットの構造そのものが、フェイクニュースを生み出す仕組みになっている。今のように世界が衛星回線とインターネットでつながり、地球の裏側で起きたことを瞬時《しゅんじ》に知ることができるということは、一見、便利なことのような気もする。しかし、そこには大きな落とし穴がある。

戦争の映像をリアルタイムで見ることと、戦場で何が起きているかを知るということは、まるで違うことだからだ。特に映像として切り取られたものは、戦争という現実のごく一部にしかすぎない。

イラク戦争の映像は、軍が撮影《さつえい》を許した範《はん》囲しか映し出してはいないし、それは[注5]アルジャジーラ側の映像にしても同じことだ。彼らもまた、自分たちの基準に応じて、彼らのストーリーに合う映像を切り出している。

そのことと、イラクで何が起きているかを知ることは違う。だから、僕らはリアルタイムで本当は何が起きているかを知ることはできない。これは映像だけの話ではない。仮に現地にいる人間がツイッターで何かを発信していたとして、それは、その人物が知りえた情報でしかない。

情報発信している人間が、将軍なのか、一兵士なのか、民間人や難民なのか。それによっても情報の信頼《らい》度や中身は大きく変わってくる。あるいは、そのツイッター情報そのものが、何かの意図をもって流されたニセ情報である可能性も捨てきれない。

この章の冒頭《ぼう》で、脳を介在する情報がすべて[注6]改竄《ざん》されているかもしれないという問題c［テイキ］をしたが、外界と人間の脳の間で起きえる情報の改竄と同じようなことが、ツイッターの情報を受け取る我々と戦場の間で起きている、ということだ。

自分が目にしている現実が、実はまったくのニセモノでただ単に脳が騙《だま》されているだけかもしれないと書いたが、多くの読者は論理的にはその記述に納得《なっとく》しても、実際に自分の脳が騙されているとは思わなかったはずだ。それくらい人々は自分の知覚に相当の自信を持っているはずだ。

でも、注7荒唐無稽《こうとうむけい》に思えるそんな話が、実は脳の外で起きているかもしれない。考えてみれば、これは怖《こわ》いことである。

イラク戦争のとき、僕らは正確無比な多国籍《せき》軍のミサイル攻撃《こうげき》の映像を見た。敵の軍事施設《し》だけをピンポイントで狙《ねら》い、少しも標的を外すことはないように見えた。人々が死んでいくような悲惨《さん》な映像はなかった。②まるでテレビゲームのような映像が次々とテレビの画面に映し出された。

では、イラクでは本当は何が起こっていたのか。それがおぼろげにでも見えてきたのは、戦争から5年以上経《た》ってからのことだ。戦争のさなかには、膨《ぼう》大な量の情報が世界を飛び回った。当時はまだ、フェイクニュースなどという言葉が今日のように使われてはいなかったが、それでも、当事者の国や軍によって意図的に流された情報の類《たぐい》は相当の数に上っていた。

そして、そうしたニセ情報は年月が経つとともに少しずつ検証され、いずれは注8淘汰《とうた》されていく。しかし、戦争のさなかでは検証もされない情報の断片をいくらつなぎ合わせて、テレビのキャスターがd［ワケシリ］顔のコメントをしようが、少しも真実に近づくことはできない。そこでは、淘汰されない情報に、新たな主観が加わるだけの無意味な作業がなされただけのことなのだ。

しかし、淘汰されたのちに残った情報は、ようやく信用することができる。それはいつの時代でも、あてはまる真実だ。（中略）

そのほか、他国の選挙を自国の都合がいいように導くために、国家ぐるみでフェイクニュースが量産されるケースもあるという。つまり、ネットの中にはニセ情報を作るだけの十分な注9インセンティブが働いており、作られたニセのニュースはきわめて精巧《こう》にできていて、しかもそれは、「嘘《うそ》でもいいから、自分が見たいものが見たい」という人間の根本的な心理に基づいて発信されるという、恐るべき状態になっているのである。

ネットの登場によって、すべての人類が情報を共有することができるようになり、立場を超《こ》え、国境を越《こ》え、同じ土俵で問題に向き合うことができるようになった。そういう輝《かがや》かしい時代をインターネットが切り拓《ひら》いた、などと考えている人間がいるとしたら、それはかなり控《ひか》えめに言っても、無自覚に注10デマゴギーをまき散らす存在であり、要するにただの馬鹿《ばか》である。そんなことが本当に可能な世界が来ると考えていること自体が、③大いなるフェイクなのである。
　インターネットの出現は、個人が手にできる情報の精度を、それまでよりも格段に落としてしまった。一見、便利で使い勝手がよいネットは、情報から人々を遠ざけてしまった。そのことに早く気づくべきである。

注　1…いかにも現実の世界であるかのような空間の中にいる様子
　　2…小さな目がたくさん集まって、一つの目のように見えるもの
　　3…にせもの
　　4…すでに存在している全ての決まり、立派とされているものを否定する考え
　　5…カタールの衛星テレビ局
　　6…自分に有利なように書き直すこと
　　7…でたらめで現実味がないこと
　　8…不適なものが取り除かれること
　　9…ごほうびによって物事に取り組む意欲を高める作用
　　10…もととなる理由のないうわさ話

（押井守『ひとまず、信じない　情報氾濫《はんらん》時代の生き方』）

問一　□a～dについて、カタカナは漢字に直し（送りがながあればふくめて書くこと）、空らんには当てはまる漢字一文字を答えなさい。

問二　（　X　）に入る内容を考えて書きなさい。

問三　――線部①とはどのような考えか、本文中のたとえを用いて具体的に説明しなさい。

問四　――線部②について、どんな映像がどのような意図で流されたのか、具体的に説明しなさい。

問五　――線部③とありますが、どのようなことが「大いなるフェイク」なのでしょうか、説明しなさい。

問六　インターネットにおいて、フェイクニュースができあがってしまうこと、そして、広がってしまうことの理由について、本文をふまえてくわしく説明しなさい。

解答欄：四角い枠。以下目安。問二：30字　問三：150字　問四：150字
問五：80字　問六：270字

押井守氏と言えば、言わずと知れた映画監督・クリエイターなのだが、当塾の生徒は、高校生であってもほとんど知らなかった。読解問題というのは、書き手との出会いの場である。私はいつも、「知らないなら、今この場で覚えなさい、あとでググっておきなさい」と話す。

ただ、今回の文章はネットの世界の危険性を伝える文章だから、ググる（グーグルなどで検索する）こと自体、氏の本望ではないかもしれない。

それはさておき、この文章の展開には、やや違和感を覚える部分があった。

コップを認識することと戦争を認識することとは、だいぶ異なるからだ。

前者は「事実・現実」だが、後者は「真実」である。

コップはモノ（有形）だが、戦争は概念（無形）である。

コップはあくまで知覚レベルだが、戦争は評価のレベルである。後者には価値判断の有無が出てくるということだ。

この文章は、その両者をあまり区別しないで進んでいくので、賢い受験生ほど混乱する可能性もある。

さて、前置きはこの程度にして、設問を見ていこう。

問二

みくに出版の銀本（２０２１年度受験用）を見ても、声の教育社のオレンジ本を見ても、四谷大塚ドットコムの中学入試過去問データベースを見ても、答えは一字一句同じである。

問一　a 茶化す　b 足　c 提起　d 訳知り

「主観にすぎないものを議論しても仕方がない」が答えだ。

なぜ同じになるのか。言うまでもない。原典（元の本）の記述を確認しているからである（実際、一致している）。筆者がそう書いているのだから文句はないだろう、と言わんばかりである。こういう解答例の作り方に、私は苦言を呈したい。

テクスト論というものをご存じだろうか。

簡単に言えば、文章の書き手の視点からではなく、読み手の視点からその文章を創造的に読むことの意義を論ずるものである。

テクスト論に従えば、ただでさえテクスト（文章）は書き手を離れていくものなのだが、こういう穴埋め設問では普段以上に、言葉を織り込む作業は読み手に委ねられる。テクスト論を提唱したロラン・バルトが言うところの「作者の死」が際立つことになるわけだ。

にもかかわらず、書き手が書いたものが答えだぞ、文句あるか、というのはいただけない。そもそも安直すぎる。自社独自の答えを用意しようと思わないのだろうか。

ということで、私の答えは次のとおり。

問二　ふくしま式の解答例

味と色は知覚する人間によって感じ方が異なるので議論の意味がない

直前に、「僕の目に映る若葉の緑が、あなたの見ている緑と同じものであると、どうして言えるのだろうか」とある。これを受けて「それも（　X　）」と述べているのだから、この文を抽象化すればよいことになる。直後の段落に、「人間の脳が緑をどのように知覚しているか」とあるのも参考にして、「（色は）知覚する人間によって異なる」と抽象化する。

あくまで知覚レベルの問題であって、価値判断とはちょっと違う。だから、筆者が原典の中で使っている「主観」という言葉は、自ら書いた文脈を自ら逸脱している（主観という言葉は一般に、その人なりの「価値判断」、という意味で用いられることが多いと思われる）。たしかに「味と色」のうち味は色よりも価値判断に近いけれども、直前の「コップ」の例からすると、やはり知覚レベル（事実認知のレベル）で考えるべきだ。

桜蔭の先生はもちろん、原典と同じでなければバツなどという採点はしていないはずだが、市販されている過去問集を使うときは答えを鵜呑みにしないよう、注意したいものだ。

問三

小さな字で書けば一五〇字くらい書けるかもしれないが、正直、この設問はそこまでの字数をかけて（つまりそこまでの時間をかけて）書くほどの問いではない。基本的には、単なる指示語問題である。

こういう問いで重要なことは、設問の指示を見逃さないことである。

「本文中のたとえを用いて具体的に」とある。

そのとおりにしなければ〇点にされても文句は言えない。

「具体的」とは、「絵が浮かぶような」ということだ。若葉、花、山並みなどの言葉によって、絵が浮かぶようにする。

問三　ふくしま式の解答例

たとえば同じ若葉や花、山並みの緑色を見ても、その色をどう知覚するかは、他の動物との間ではもちろん、人間どうしでも異なっている。このように、「唯一の現実」は存在せず、人それぞれに異なる「いくつもの現実」が存在するという考え。

この解答例を読んで、気づくことはないだろうか。

「本文中のたとえを用いて具体的に」書いている――だけではない。

抽象化した文（「このように」で始まる文）を併記しているというところが重要だ。

「具体的に」とか「たとえを用いて」などと指示されても、どこかで必ず抽象化する。これが、「説明する」ということである。〈具体〉と〈抽象〉をセットで書くのである※。

「唯一の現実」は存在せず、人それぞれに異なる「いくつもの現実」が存在する。

この〈抽象〉は、どこから導き出したのか。

それは、指示語（今回の傍線部）の前と後である。

直前の「同じものを見ても、違うように見ている」と、直後の「それがその人間にとっての現実となってしまう」をもとに考える。

これが、「骨組み」すなわち〈抽象〉になる。

同じものを見ても違うように見ている。つまり、一つだけでなくいくつもある。何が？　現実が。

※シンプルな例で示そう。「みかん、りんご、バナナを食べた」。これは〈具体〉。「果物を食べた」。これは〈抽象〉。「みかん、りんご、バナナなどの果物を食べた」。これが、〈具体〉と〈抽象〉がセットになっているということである。「何を食べたのか、具体例を挙げて説明せよ」と言われたら、セットで答えるのだ。

……といった程度の考え方で、相応の内容は書けるだろう。
そして、そこに「肉づけ」すなわち〈具体〉を加えていけばよい。

おさらいしよう。この設問のポイントは、二つ。

① **具体的に説明せよと指示されても、必ずどこかで抽象化する。**
② **前を受けて後につながる指示語は、前後を必ず確認すること**（指示語問題だからといって前だけ見ればよいというわけではない）。

②をちょっと練習してみよう。

長文読解に向き合わなくても今すぐできる基礎練習④

次の文章を読み、あとの問いに答えなさい。

以前スキーを習ったとき、安全な場所でわざと転んで起き上がるという練習をしたことがある。そういう対策によって、もし急斜面に挑戦している本番の最中に転んでも、同じように落ち着いて対処できるようになるということだった。

（問い）「そういう対策」とはどういう対策か、説明しなさい。

基礎練習④の答え……安全な場所でわざと転んで起き上がることで、本番でも落ち着いて対処できるようにするという対策。

この問いで、「安全な場所でわざと転んで起き上がるという対策」では答えとして不十分と判定されることがある。ではどうすればいいのか、考えてみてほしい。

そういう対策に「よって」と言っているのだから、それによって「どうなるのか」まで確認してから答えを考えたい。「同じように」とあるから、安全な場所でも急斜面でも同じ目的をもって行動していると言える。だから、指示語の後に出てくるその「目的」を、指示語の前の内容にも同じように入れることができる。

もちろん、指示語の後の内容を使う必要がないことも当然ある。「後の内容を必ず使え」ではなく、「後の内容も必ず確認せよ」である。ご注意を。

問四

今回も、問三と同様である。「具体的に」と指示されている。

だから、具体的に書かないと大幅に減点されうる。

そして、問三の解説で述べたように、**〈具体〉のみでなく〈抽象〉も入れないと、説明したことにならない。**

〈具体〉と〈抽象〉、どちらから見つければ（考えれば）よいのか。それはケースバイケースだ。

今回は、傍線部の前に一定量の〈具体〉が書かれているが、これを読んだだけで抽象化できるかどうか。「悲惨な映像はなかった」ということの抽象的意味が、ぱっと分かるかどうか。ちょっと難しいだろう。だから今回は、先に〈抽象〉を見つけたほうが答えを作りやすいはずだ。

直後にこう書かれている。「では、イラクでは本当は何が起こっていたのか」。そしてその段落の最後に、こうも書かれている。「当事者の国や軍によって意図的に流された情報の類」。

つまり、国や軍が誰かをだます意図で流した映像、ということになる。

我々は正しい、間違っていない、と。

そこで、傍線部の直前の〈具体〉を次のように抽象化できる。

「正確無比な多国籍軍のミサイル攻撃」………………攻撃側の正当性を強調する

「人々が死んでいくような悲惨な映像はなかった」………攻撃側の不当性を隠す

正当・不当などは、必須の反対語である。

反対語を用いて、**くらべながら言いかえる**わけだ（**鉄則6**参照）。

ところで、先ほど「国や軍が誰かをだます意図」と書いた。

誰かとは、誰か。たとえば国民、一般市民である。

どんな世でも、権力側が情報をコントロールし、権力を行使される側はコントロールされてしまう。

これは一種の常識である（本文を緻密に読めば分からないこともないが）。

「常識」を持っているかどうかで、理解の速度には差が出る。これが国語の一つの壁であるとも言えるし、逆に言えば武器になるとも言える。

知識・常識を持つことを軽視してはいけない。

さて、そろそろ答えを見ておこう。

問四　ふくしま式の解答例

正確無比な多国籍軍のミサイル攻撃の映像だけを流し、攻撃側の正当性を強調する。実際にはミサイルが外れて民間人も被害を受け悲惨な状況なのかもしれないが、その映像は流さず、不当性は隠す。こうして、伝える側に都合のよい「現実」「真実」を自ら生み出す意図で、映像が流された。

最も重要な抽象化は、三文目だ。

自らの正当性を強調し、不当性を隠す。それはつまり、自らに都合のよい「現実」「真実」を生み出すということなのである。

今回の文章はずっと、「現実・事実」あるいは「真実」の話をしている。このことを忘れてはいけない。ともすると、問われている「映像」の話を具体的に書くことばかりに気をとられて、こうした**一貫した「テーマ」あるいは「筆者の主張」**◆を忘れてしまう。しかし、**具体例というのは、あくまでも抽象的な主張を補強するための材料にすぎない**のだ。このことを、常に意識しておきたい。ちなみに、この入試問題もかなり（中略）が含まれている。原典ではそこに、さらに具体的な話がいろいろと書かれていたことを付記しておく。

さて、解答例に話を戻すが、「民間人」なんて言葉はどこから出てきたのかと思うかもしれない。74行目に、「将軍なのか、一兵士なのか、民間人や難民なのか。それによっても情報の信頼度や中身は大きく変わってくる」とある。ここを参考にする。ただ、解答例の「実際にはミサイルが外れて民間人も被害を受け悲惨な状況なのかもしれないが」という部分は、確かに小学生には書けそうで書けない。これも正直なところ、「常識」で補強するのが最も手っ取り早い。どんな戦争でも、民間人の不当な死は隠されるのが常識だ。

◆テーマとなる言葉を常に意識することが得点につながる！

そしてそれが、傍線部の「テレビゲームのような」という比喩にもつながっている。たとえばゾンビを撃ち殺していくゲーム。いわゆる「ザコキャラ」のゾンビも、本当は一人ひとりがまっとうな人間だったはず。でもそんな背景は描かれない。殺された死体は「都合よく」消されてしまう。戦争ゲームでも同様だし、さらに言えば映画などでも同様だ。中には、ヒーローのかっこいい戦いの陰で犠牲になった個人の遺族がクローズアップされた映画などもあるが（『シビル・ウォー／キャプテン・アメリカ』）、それは例外的だ。

本当は、そういう**「知識・常識」**をふまえ、「テレビゲームのような」という比喩をしっかり言いかえたいところだが、今回は字数が多くなりすぎてしまうかもしれない。そもそも、どちらかと言うと映像の「意図」を中心に書くべきなので、解答例では控えめにした。

問五

桜蔭とはいえ問いの難易度には軽重をつけるんだな、と思わせる問いである。要は、簡単だ。ほとんど、直前をまとめるだけだ。とりあえず、答えを見ておこう。

問五　ふくしま式の解答例

すべての人類が情報を共有し、立場を超え、国境を越え、同じ土俵で問題に向き合うことができる世界が本当にやって来ると思うような、現実離れした考え。

傍線部の直前に、「そんなことが本当に可能な世界が来ると考えていること自体が」とあるので、これを利用する以外にない。そして、「そんなこと」の指示内容を明らかにする。基本的には、それだけだ。

126行目の文は、具体的すぎることも抽象的すぎることもない。だから、特に言いかえる必要もない。そのまま利用できる。

ただ、「ネットの登場によって」という部分は、正確には不要である。次の文に、「そういう輝かしい時代をインターネットが切り拓いた」とある。この「そういう輝かしい時代」と、傍線部「そんなことが本当に可能な世界」とは、ほぼイコールだろう。読みやすくするため「本当に」を省いて並べてみる。

そういう輝かしい時代　をインターネットが切り拓いた
そんなことが可能な世界　をインターネットが切り拓いた

「インターネットの登場によって」という内容が、右の傍線部に入るのはおかしい（インターネットという言葉が重複してしまう）。ならば、答えにも入れないほうが自然である。

筆者はおそらく、「ネット云々以前に、そんな夢のような世界が来ると思うほうが馬鹿だ」と言っているのだ。

今、「夢のような」と書いた。そういう修飾語を、ひとことだけ添えて、答えを仕上げたい。

ただ、最も適しているのは「現実離れ」である。

なぜか。問四でも述べたので、もうお気づきだろう。

この文章は、ずっと「現実・事実」あるいは「真実」の話をしているからだ。

現実・事実・真実を離れた考え方。だからこそ、「大いなるフェイク」なのである。

こうしてみると、この問いは、次のように問うべきだったと思えてくる。

「大いなるフェイク」とは、どういう意味ですか——と。

要は、単純に言いかえさせるべきだったのではないかということだ。

フェイクニュースを発信することの問題点を論じる前に、そんな現実離れした考えを持っていること自体が「フェイク」であり、それがそもそも問題なんだよ、というレトリカルなメッセージにこそ気づかせるべきだったのだ。しかし、「どのようなことが」などと問うてしまったがために、ただの指示語問題に成り下がってしまった。もったいない。

問六

理由を問う設問だ。**鉄則20**を使うために問いを整理することがスタートラインになる。

「フェイクニュースがネットにおいて拡散するのはなぜか」と、型に沿って語順を変換する。

前件肯定パターン
（問い）「①は②であると言えるのはなぜか」
（答え）「①は③であり、③ならば②だから」

（問い）「フェイクニュースが／ネットにおいて拡散する」のはなぜか。

（答え）フェイクニュースとは（　③　）であり、
（　③　）ならば、ネットにおいて拡散するから。

この問いの解答欄は、面食らうほど広い。ちょうどこの年以降、桜蔭恒例の「二〇〇字記述」からマス目（字数指定）が消えているのだが、まあこの問六は「二〇〇字記述」に該当する問いであると考えてよいだろう。少なくとも二〇〇字は書かなければならない。

それでも、だ。

それでも、とりあえずは、短く書くのだ。

まず骨組み、次に肉づけ。いついかなるときも、このことを忘れないようにしよう。「理解」における本質的プロセスである。それに、もし時間がなくなっても、骨組みが正しければ、相応の点数をもらえる。**いわば、時間との闘いにおける一つの戦略でもある。**

さて、先の型の③を埋めてみると、こんなふうになるだろう。

「フェイクニュースとは、自分に都合のよいニセの真実であり、自分に都合のよいニセの真実は、インターネットにおいて拡散するから」

読み手の常識によってはこれで通じるだろう。たとえば筆者であれば、「そうそう、そういうことだよ」と言ってくれるかもしれない。

しかし、採点者は常識をまっさらにして（知らないふりをして）読むので、通じない。

「ソクラテスは死ぬと言えるのはなぜか」（29ページ参照）と問われ、「ソクラテスは人間であり、人間は死ぬから」と答えても、「え？　なぜ人間は死ぬの？　根拠は？」とさらに問いただす人もいる。

採点者は、それである。食い下がってくるわけだ。

だから、フェイク（ニュース）とはどういうものかだけでなく、インターネットとはどういうものかも含め、その両方を関連づけて説明しないと、答えにならない。そこで、答えとなる内容を示しつつ、その因果関係を、表にして整理してみよう（矢印は、「結論←理由」の関係を意味する）。

①フェイクとは自分に都合のよいニセの真実。←③「唯一の真実」が存在しないからこそ生まれる。
②ネットとは騙されやすい／騙しやすい場。←④「リアルタイム性」が、信じやすさを生む。
←⑤受信者の過剰な自信が、騙される要因になる。
←⑥見たいものを見たい心理につけこむ発信者。
⑦これらの結果として、淘汰されないままのフェイクニュースがネットにあふれることになる。←

このように、大きく分けて七つのパーツで解答は作られる（それぞれの根拠は後述）。

真っ先に固定すべき「骨組み」は、先に書いたように、①。この文章で冒頭から述べられている内容である。次に、②。「自分に都合のよいニセの真実は、インターネットにおいて拡散するから」だけでは理由として不十分なので、「自分に都合のよいニセの真実は、騙し騙されやすいインターネットにおいては拡散するから」などと、骨組みを強化していくわけだ。なお、文末の「拡散する」は、⑦に該当する（「淘汰されないままの」という表現は、やや肉づけだが）。

これではまだ圧倒的に二〇〇字に遠いので、あとは本文に従って、より詳しい理由づけ（肉づけ）

を行っていくことになる（③～⑥）。

実際の入試本番に臨みながら年端もゆかぬ小学六年生ができることは、本文を急いで目で追いながら、抽象的で主張の強い部分、理由になりそうな部分を探し、線を引いていくことくらいだろう（本来は一読した段階でそれを行っておく必要がある）。

③～⑥に該当する内容に線を引いていれば、しめたものだ。

いきなり二〇〇字を書き始めてはいけない。こうした「パーツ」を取りそろえることが先決だ。使えそうないくつかのパーツに線を引いてみたとして、次なる問題は、その組み合わせ方だ。

因果関係を頭の中で確かめながら組み合わせていくわけだから、確かにさほど簡単なことではない。

しかし、比較的シンプルに書き終える方法がある。

それは、パーツをそれぞれ一文にしてしまうという方法だ。

「組み合わせる」のではなく、「並べ替える」と思えばラクかもしれない。

完全体の長い文を構築するのではなく、部品をそのまま並べ替えてつなげる。

これなら、さほど複雑ではない。

先にも述べたことだが、進学塾などではやたらと「長い一文」で答えを作らせたがる。一〇〇字を超えていても一文、などというのはざらだ。しかし、トークのうまい人は、おしなべて一文が短い。そのほうが聞きやすいし、話しやすい。文字にする場合も同じだ。たびたび文を切ったほうが、読みやすいし、書きやすいのである。

だから、無理に組み合わせて一文にしようとしなくていい。

こんなふうに書いてみよう。

問六　ふくしま式の解答例

根本的には、「唯一の真実」が存在しないからである。そこに「人それぞれに都合のよい真実」、つまりフェイクが生まれる。一方、ネットは勘違いを生みやすい。遠く離れた場所の映像をリアルタイムで見られるなど、それがフェイクであっても真実だと信じやすい場である。情報の受信者は自分の知覚に相当の自信を持っているから、余計に騙されやすい。そもそも「嘘でもいいから自分が見たいものを見たい」と思う人が多い以上、それを利用しようとする発信者が増えるのも無理はない。その結果、淘汰されないままのフェイクニュースがネットにあふれるわけである。

これを先の番号で示すと、次の順になる。

③①②④⑤⑥⑦

内容で整理すると、下図のようになる。

先の表と照らし合わせて確認してほしい。

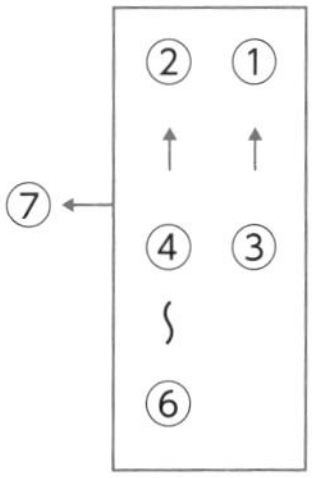

実際のところは、こんな図を作ってから書く時間的余裕はほとんどない。

しかし、骨組み（①・②・⑦）と肉づけ（③〜⑥）の区別くらいはイメージしておかなければ、書きようがない。思いつきで書けば、ぐちゃぐちゃの文章になるだけだ。

論理の理は、整理の理。あわてず、整理してから取りかかるのだ。

それでも子どもたちには、まだ壁がある。

解答例の中の、「一方」「そもそも」「その結果」などという接続表現である。こういう部分は、読みやすさを生むカギである。慣れないとなかなか書けないものだが、「短い一文」を並べていく書き方を繰り返すうちに、必然的に少しずつできるようになるだろう。なにしろ、並べられた文と文を接続表現でつなげることは不可欠なのだから。

記述答案だけではない。**日記だろうと、作文だろうと、おしゃべりだろうと、短い一文を並べてつなげるという発想を持つことだ。**

さて、最後に、各パーツが本文のどこを根拠にしているかを、示しておこう。

③・①「唯一の真実」が存在しない・「人それぞれに都合のよい真実」
……「同じものを見ても、違うように見ている」（28行目／問3で答えた内容）

②・④ネットは勘違いを生みやすい。遠く離れた場所の映像をリアルタイムで見られるなど、それがフェイクであっても真実だと信じやすい場である。
……「実は、リアルタイムで真実を追求するというインターネットの構造そのものが、フェイクニュースを生み出す仕組みになっている」（52行目）／「大きな落とし穴がある。／戦争の映像をリアルタイムで見ることと、戦場で何が起きているかを知るということは、まるで違うこと」（57行目）

⑤情報の受信者は自分の知覚に相当の自信を持っているから、余計に騙されやすい。
……「人々は自分の知覚に相当の自信を持っているはずだ」（88行目）

⑥　そもそも「嘘でもいいから自分が見たいものを見たい」と思う人が多い以上、それを利用しようとする人が出てくるのも無理はない。

……「「嘘でもいいから自分が見たいものを見たい」という人間の根本的な心理に基づいて発信される」（122行目）

⑦　その結果、淘汰されないままのフェイクニュースがネットにあふれるわけである。

……「淘汰されたのちに残った情報は、ようやく信用することができる」（114行目）

こうして、根拠になっている本文の箇所をあらためて並べてみると、共通点が見えてくる。

それは、多くが「逆説的メッセージ」（常識の逆をゆくメッセージ）である、ということだ。

たとえば、「同じものを見ても、違うように見ている」「嘘でもいいから自分が見たいものを見たい」など、逆説性が顕著である。

先ほど「主張の強い部分に線を引く」と書いたが、それはすなわち、逆説的メッセージに線を引くということなのである。

鉄則12（22ページ）をチェックしてほしい。

世の主張という主張は、逆説の構造を持っている。

逆説的メッセージというのは、一読しただけで心に響く。

自然とそこに線を引いておけるようになれば、「パーツ」を逃さないで済むわけである。

麻布

麻布中学校
2020年　文学的文章
「まだまだ、」（『つぼみ』※ 所収）　宮下奈都《みやしたなつ》

60分／60

次の文章を読み、設問に答えなさい。

まだまだ、と思う。まだまだ、この花はほんとうの姿を見せていない。葉の向きを考え、茎《くき》を大きく切って※①剣山《けんざん》の上で角度を確かめる。花菖蒲《はなしょうぶ》のやわらかな紫《むらさき》がふっと霞《かす》む。花びらの向こう、ずっと前の列で一心に花を活《い》けている朝倉くんの背中が目に入る。

朝倉くんが花を活けているとき、まわりの空気がぴんと張る。冷たいような、澄《す》んだような空気の層ができて、そこに触《ふ》れるのが畏《おそ》れ多《おお》い感じがする。遠くから見つめているだけでじゅうぶんだと思う。

朝倉くんは中学の同級生だった。勉強ができて、野球部では一塁手《いちるいしゅ》だった。友達も多そうだったし、女子にもわりと人気があったはずだ。この辺でいちばんの進学校に進んだことも知っている。でも、特に親しかったわけではなく、知っているのはそれくらいだった。野球部らしく丸刈《まるが》りだった髪《かみ》が伸《の》びかけていた。野球は辞《や》めたのかなと思った。

最初に見かけたときは驚《おどろ》きもしなかった。誰《だれ》か、たとえばガールフレンドだとか妹だとかの付き添《つそ》いに来てるんだろうと思った。教室の後、花材を一式持ち帰るのがいつもけっこう大変だったからだ。

朝倉くん、と声をかけると、朝倉くんのほうはちょっとびっくりしたみたいだった。久しぶり、と笑った顔は野草がほころぶときみたいな青さを漂《ただよ》わせた。

「誰を待ってるの？」私は辺りを窺《うかが》いながら訊《き》いた。

「待ってないよ」

誰かを送ってきただけで待っているわけではないということだろうか。それ以上詮索《せんさく》するつもりはなかった。

だから、時間になっても朝倉くんが教室にいて、帰るどころか用具を揃《そろ》えはじめるのを見てようやく驚いた。男子が活け花を習いに来ること自体はめずらしいことじゃない。この教室にも何人かは男の子がいるし、朝倉くんが活け花にふさわしくないということでもない。そうではなくて、どうして①最初に見たときに気づかなかったのか、自分は朝倉くんを全然見ていなかったのか、ということを今さらながら知らされたの

※2017年8月刊・光文社

だ。朝倉くんは、クラスで勉強していた姿より、校庭でボールを追いかけていた姿より、ここで花を活けている背中がいちばん凛々《りり》しい。

視界の隅《すみ》で朝倉くんが動くたびに、私も揺《ゆ》れた。朝倉くんは今、どの花を見て、どの花に触れているだろう、と思いながら手元の花を活ける。うまくはいかなかった。いつもと変わらず、思うようには活けられない。

教室が終わりに近づいて、生徒の作品を鑑賞《かんしょう》しあう時間になると、私は前のほうへ移動し、朝倉くんの席に近づいて彼《かれ》の花を覗《のぞ》いた。

美しかった。私はその花に釘付《くぎづ》けになった。私だけではない。みんな朝倉くんの花を遠巻きにして息をひそめていた。思うように活けられない、と私がいつも思っている、その「思うように」をはるかに超《こ》えた花だった。私が思うことなんか、たかが知れている、と思った。

教室の帰りに朝倉くんを追った。花材と華道具《かどうぐ》を籠《かご》にツんで自転車に跨《また》ろうとしているところに駆《か》けていき、後ろから声をかけた。「待って」

朝倉くんが振《ふ》り返《かえ》る。

「朝倉くんの花、すごくよかった」

はにかんだような目が、まぶしい。こんな表情もできるひとだったんだ。

「いや、まだまだだよ」日に焼けた顔でそういって片手を挙げると、朝倉くんは自転車で走っていってしまった。

陽射《ひざ》しの中を自転車で走る。今年は春の勢いがいい。汗《あせ》ばむような陽気だ。大きな川のカーブする外側の小さな町の、役場や公民館や商店街のある一角から自転車で十五分。古くからの住宅地に、ぽつんぽつんと店が混じる。そこに、うちがある。通りに面して骨董品《こっとうひん》店。その奥《おく》が住居になっている。

家に入ると、急いで瞬《まばた》きをしなくちゃならないくらい薄暗《うすぐら》い。窓が高くて小さいせいだ。ぼんやりした光に、※②漆喰《しっくい》の壁《かべ》と黒光りする廊下《ろうか》が白黒写真みたいに浮《う》かびあがる。裸足《はだし》で上がると廊下は磨《みが》き込《こ》まれてひんやりしている。

「あら、帰ってたの」台所で母が振り返る。「やだ、また裸足」

肩《かた》をすくめて通り過ぎると、奥の部屋から出てきた祖母に呼びとめられた。「今日の花、さっそく活けてごらんよ」

「待って、あとでね」そそくさと自分の部屋に逃《に》げる。

「あとで、はないよ、あとになったらチャンスはもうないんだよ」祖母の声が追いかけてくる。何をいわれても同じだ。今はぜんぜん活けたくない。朝倉くんのあんな花を見ちゃった後に、自分で活ける気にはなれない。

二階の部屋は庭を挟《はさ》んで土手に面している。部屋の窓を開けて、外を見る。庭に雛芥子《ひなげし》が咲《さ》いている。その向こうに土手の緑が続く。土手の上は桜並木で、向こう側は川原だ。広場や散歩道があって、大きな川がゆるやかに流れる。

幼い頃《ころ》、よく姉妹《しまい》三人でこの土手にすわってお弁当を食べた。そのときの、姉たちの蝶々《ちょうちょう》みたいにひらひら飛びまわる笑い声と、おひさまの光と、川の流れる音とが、今でもこの土手のどこかに残っている感じがする。紗英《さえ》、紗英、と呼んでいた。②紗英はお豆さんだからね、と笑う姉たちの声。

晴れた日の午後には土手の白詰草《しろつめくさ》を編んで冠《かんむり》をこしらえた。花の冠をお互《たが》いの頭に載《の》せあってうっとりする姉たちを覚えている。やがて姉たちは私の頭にも冠を重ねてくれた。お姫《ひめ》さまみたいだよ、紗英、可愛《かわい》いね。冠はやわらかな土と若草の匂《にお》いがした。可愛いね、と姉たちに微笑《ほほえ》まれると、夢見心地《ゆめみごこち》になった。自分はお姫さまなのだと信じて疑いもしなかったあの頃を思うと、つい口許《くちもと》がほころぶ。いずれ現実に直面するときは来る。幼いひととき、自分を可愛いと思《おも》い込《こ》むことができて私はしあわせだった。

昔たしかにあったものは、消えてなくならない、だろうか。上の姉は遠くの大学へ通うために家を出てしまい、下の姉ももう土手にすわってお弁当を広げたりはしない。私だけが土手を見ている。それでも、そのあたりにまだあの頃の光や風がさざめいている気がする。

「紗英はお豆さんだからね」

窓から外に向かっていってみる。お豆さんというのは、お豆みたいに小さい子、という意味らしい。小さくて、面倒《めんどう》を見てあげなきゃいけない子。それは単に三姉妹の一番下だからということだけでなく、いつまでも下の立場に喜んでいる子だったということだろう。姉たちがふたりでなんでも引き受けてくれて、私はのほほんと楽しかった。まだまだお豆さんでいられる、と意識していたわけではないけれど、少なくとも、「まだまだ」を厳しい意味で使ったことはなかった。朝倉くんの花を見るまでは、たぶん一度も。

活け花教室で次に朝倉くんと会ったときに私は訊いた。

「まだまだ、って、どうしてわかるの」

え、と朝倉くんが顔を上げる。

「こないだ、まだまだだっていったよね。どうしてそう思うの。どうしてわかるの。どうしたらまだまだじゃなくなるの」

まだまだ届かない、思うようには活けられない。朝倉くんは自分の花をそう評した。

「ちょっと、紗英」千尋《ちひろ》が私の左肘《ひだりひじ》をつついて止めようとしている。千尋は親切だから私が突《つ》っ走《ぱし》り気味になると上手に制御《せいぎょ》してくれる。この活け花教室を紹介《しょうかい》してくれたのも千尋だった。

「わかるときはわかるんじゃないかな」真面目な声で朝倉くんはいった。それからちょっと笑った。

「謙遜《けんそん》だとは考えなかったんだね」

「え、謙遜だったの?」私が驚くと、冗談《じょうだん》だよ、という。

「花を活けてると気持ちがいいだろ。思った通りに活けられると、気持ちのよさが持続する。そのやり方をここに習いに来てるんだ。みんなもそうなんじゃないの」

「なるほど」私は感心して何度もうなずいた。「気持ちのよさが持続する。なるほどね」

朝倉くんは、やめて、恥《は》ずかしいから、といった。

「なるほど。気持ちのよさを持続するために」うなずきながらもう一度私がいうと、朝倉くんはしっしっと追《お》い払《はら》う真似《まね》をした。

思った通りに活ける、と朝倉くんはいったけれど、私の「思った通り」じゃだめなんだと思う。私なんかの思ったところを超えてあるのが花だ。そう朝倉くんの花が教えてくれている。

じゃあ、なるべくなんにも考えないようにして活けてみよう。

その考えは、しかし間違《まちが》いだったらしい。

「津川《つがわ》さん、真面目におやりなさい」先生は巡回《じゅんかい》してきて私の花を見るなりそういった。「しょうがないわねえ」

いつもなら、注意されることはあっても先生の目はあたたかい。しょうがないわねえ、と笑っている。でも、今日は違《ちが》った。③基本形を逸脱《いつだつ》※③したためちゃくちゃな花がよほど腹に据《す》えかねたらしく、剣山から私の花をぐさぐさ抜《ぬ》いた。

「どういうつもりなの」声は怒《いか》りを抑《おさ》えている。周囲の目がこちらに集まっている。

「いつもの津川さんじゃないわね。遊び半分で活けるのは、花を裏切ったことになるの」

すみません、と私は謝《あやま》った。遊び半分なんかじゃなく、④真剣《しんけん》に考えたらこうなったんだけど、普段《ふだん》は穏《おだ》やかな先生の剣幕《けんまく》を見たらやっぱりそれはいえなかった。先生は花を全部抜くと大きくため息をついて、ふいと立ち去ってしまった。

千尋と目が合う。どんまい、と目だけで笑ってくれる。もう一度水切り※④をしなおして、少し茎の短くなってしまった花を見る。またいつもみたいに、習った型の通り順番に差していくんだろうか。型通りなら誰が活けても同じじゃないか。私はこっそり辺りを見まわす。みんな、おとなしく従っているのはなぜなんだろう。——そんなふうに思うなんて不遜《ふそん》だし傲慢《ごうまん》だ。だけど急に、目の前の花が色褪《いろあ》せて見える。もしかしたら⑤活け花はどうしても私がやらなきゃならないことじゃないのかもしれない。

このまま塾《じゅく》に行くという千尋と別れて帰ろうとしたら、市民センターの出口のところに朝倉くんがいた。自然にふたり並んで歩き出す。

「どうして私を待ってたの、とか訊かないか普通《ふつう》」朝倉くんがいうので初めて気がついた。

「そっか、朝倉くん、あたしのこと待っててくれたんだ」

「……いいよなあ、さえこは」

A【さえこ、さえこ。懐《なつ》かしい呼び名だ。久しぶりに聞いた。さえこ、さえこ、と中学のクラスメイトは呼んだ。ほんとうの名前は紗英なのに、そこになぜか子をつけて、紗英子、それが私の愛称《あいしょう》だった。紗英、と呼び捨てにするほど親しくない同級生たちにとって、子をつけるだけで※⑤フェイクになる。紗英子なら呼べる。そういうことらしい。彼らは私を呼びたかったのだ。さえこ、さえこ、と気軽に愛称で呼べて、さえこはいいよなあ、なんていえる存在が欲しかったんだと思う。事実、私は一日に何度も名前を呼ばれ、さえこ、さえこ、と手招きされる。さえこはいいね、さえこはいいよなあ。何がいいのかよくわからないけど、みんなにそういわれるのが※⑥こそばゆくて、うふふ、と笑う。そうすると彼らはいよいよもって、いいよなあ、と繰《く》り返《かえ》す。】

「さっきの、先生に注意されてた花、見たよ。びっくりした。あれ、遊んでたんじゃないよな、※⑦確信犯だよな」

うーん、と私は言葉を濁《にご》す。

「自分でもどうしたいんだかわからなくなっちゃった」

「それもわかった、あの花見たら」朝倉くんはそういって笑う。「やりたいことはなんとなく伝わってきた。面白《おもしろ》いと思ったよ。でも、何百年もかけて磨かれてきた技《わざ》に立ち向かおうと思ったら、足場が必要だろ。いきなり自己流じゃ太刀打《たちう》ちできない」

市民センターを出ると陽射しが強い。自転車置き場まで並んで歩く。

（中略）

後ろから肩を叩《たた》かれて、ひゃっと飛び上がる。古典の細谷《ほそや》先生だった。

「そんなにびっくりしないでよ」彼女《かのじょ》は笑って、私が見ていたものに視線を戻《もど》す。図書室の前の廊下に飾《かざ》られた花だ。華道部《かどうぶ》の作品らしく、生徒のクラスと名前の書かれた紙が置いてある。

「お花に興味ある？」

いえ、と私はいう。

「あなた心得《こころえ》があるでしょ。華道部はどう。今、部員募集《ぼしゅう》中なのよ」

いえ、いえ、と私はさらに後ずさる。

「あなたみたいなひとが入部してくれたら、さぞかしひとが集まるんじゃないかと思うの」先生は、ふ、と笑った。笑っているのに口《くち》の端《はし》が下がって見えた。

「わかるでしょう、そんなに真剣にならなくていいの。部活の間、楽しく笑って過ごしてくれればそれでいいの。その代わり、男子なんかも勧誘《かんゆう》してくれるとうれしいんだけどな。そういうの、得意よね」

ああ、こういうことをいおうとする直前にひとの目はいきいきするんだな、と私は先生の光を帯びた目を見て思う。光って、べたべたしている。

「どうかな。考えてみてくれるかな」

いつものあなたみたいに、ふわふわと、気持ちのいいところだけ掬《すく》って。そういわれた気がした。私は壁に凭《もた》れていた背を起こす。

「その花、顧問《こもん》の先生のご指導ですか」

「そうだけど——顧問は私よ」

「それでしたら、けっこうです」

「どういうこと」

「その花、面白くありません」

細谷先生は胸の前で腕《うで》を組んだ。

「それはまた津川さんらしくない感想ね」

「あたしらしくない感想、ですか。もしも普段のあたしらしかったら」いいながら、なぜか笑い出したくなった。

「わあ、このお花、上手ですねぇ、きれいですねぇ、なんてbテキトウに誉《ほ》めて逃げるだろうってことですか」

「あらま」細谷先生は私の目の前まで一足に踏《ふ》み込《こ》んできた。

「自分でよくわかってるんじゃない」

「あたしらしくない、ですよね」

そうなのだ、私らしくないのだ。たぶん、⑥ひとが思う私らしさとは違うところでぐんぐんと根を張っていたものが、今、ひょいと地面から顔を覗かせたんだろう。

B【「あなたの普段の姿は演技ってわけ」細谷先生の眉間《みけん》にくっきりと皺《しわ》が刻まれている。私はできる限りにこやかに笑う。いいなあ、さえこのその※⑧屈託《くったく》のない笑顔《えがお》、つられて笑いたくなっちゃうよ。いつもみんなにそういわれる。その笑顔で、今、笑えているだろうか。】

「演じてなんかいないんですよ」さえこの笑顔のまま

で、私はいった。「面白くない花は面白くない、それくらい、あたしだっていうんです」

「……ねえ、調子に乗ってるんじゃないわよね」

「ぜんぜん乗ってませんよ、普段通りです」私は平気な顔で※⑨踵《きびす》を返す。先生がまだあの光る目で私を見ている。背中に痛いほど視線を感じる。なんでこんなことになっちゃったんだろ、と思いながら私は階段を下りた。


（中略）


「あたしの花ってどんな花なんだろう」濡《ぬ》れた髪を拭《ふ》き、ほうじ茶を飲みながら漏《も》らした言葉を、祖母も母も姉も聞き逃《のが》さなかった。

「紗英の花？」

　私らしい、といういい方は避《さ》けようと思う。自分でも何が私らしいのか、今はよくわからないから。

「あたしが活ける花」

「紗英が活ければぜんぶ紗英の花じゃないの」母がいう。私は首を振《ふ》る。

「型ばかり教わってるでしょう、誰が活けても同じ型。あたしはもっとあたしの好きなように」といいかけて、私の「好き」なんて曖昧《あいまい》で、形がなくて、天気や気分にも左右される、実体のないものだと思う。そのときそのときの「好き」をどうやって表せばいいんだろう。

　母は察したように穏やかな声になる。「そうねえ、決まりきったことをきちんきちんとこなすっていうのは紗英に向いてないかもしれないわねえ」

　そうかな、と返しながら、そうだった、と思っている。すぐに面倒になってしまう。みんながやることなら自分がやらなくてもいいと思ってしまう。

「でもね、そこであきらめちゃだめなのよ。そこはすごく大事なところなの。しっかり身につけておかなきゃならない基礎《きそ》って、あるのよ」

「根気がないからね、紗英は」即座《そくざ》に姉が指摘《してき》する。

「ラジオ体操、いまだにぜんぶは覚えてないし」

「将棋《しょうぎ》だってぜんぜん※⑩定跡《じょうせき》通りに指さないし」

「囲碁《いご》でもおんなじ。※⑪定石無視してるから強くなれないのよ。いっつもあっという間に負かされてるじゃない。長い歴史の中で※⑫切磋琢磨《せっさたくま》してきてるわけだからね、定石を覚えるのがいちばん早いの」

「早くなくてもいい」ただ楽しく打てればいい。そう思って、※⑬棋譜《きふ》を覚えてこなかった。数え切れないほどの先人たちの間で考え尽《つ》くされた定石がある。それを無視して※⑭一朝一夕《いっちょういっせき》に上手になれるはずもなかった。

「それがいちばん近いの」

「近くなくてもいい」

　姉は根気よく言葉を探す。「いちばん美しいの」

美しくなくてもいい、とはいえなかった。美しくない囲碁なら打たないほうがいい。美しくないなら花を活ける意味がない。

「紗英はなんにもわかってないね」祖母が呆《あき》れたようにため息をつく。「型があるから自由になれるんだ」自分の言葉に一度自分でうなずいて、もう一度繰り返した。「型があんたを助けてくれるんだよ」

　はっとした。型が助けてくれる。そうか、と思う。そうだったのか。毎朝毎朝、判※⑮で押《お》したように祖母がラジオ体操から一日を始めることに、飽《あ》きることはないのかとcフシギに思っていた。そうじゃなかったんだ。毎朝のラジオ体操が祖母を助ける。つらい朝も、苦しい朝も、決まった体操から型通りに始めることで、一日をなんとかまわしていくことができたのかもしれない。楽しいことばかりじゃなかった祖母の人生が型によって救われる。そういうことだろうか。

「いちばんを突《つ》き詰《つ》めていくと、これしかない、というところに行きあたる。それが型というものだと私は思ってるよ」

　今、何か、ぞくぞくした。新しくて、古い、とても大事なことを聞いた気がした。それはしばらく耳朶※⑯《じだ》の辺りをぐるぐるまわり、ようやく私の中に滑《すべ》り込《こ》んでくる。

　型って、もしかするとすごいものなんじゃないか。たくさんの知恵《ちえ》に育まれてきた果実みたいなもの。齧《かじ》ってもみないなんて、あまりにももったいないもの。今は型を身につけるときなのかもしれない。いつか、私自身の花を活けるために。

　今は修業《しゅぎょう》のときだ。そう思ったら楽しくなった。型を意識して、集中して活ける。型を身体に叩《たた》き込《こ》むよう、何度も練習する。さえこも紗英も今はいらない。⑦型を自分のものにしたい。いつかその型を破るときのために。

「本気になったんだ」私の花を見て、朝倉くんがつぶやいた。

　桜並木の土手の上を、自転車を押していく。朝倉くんが川のほうを見ながら前輪ひとつ分だけ前を行く。茴香※⑰《ういきょう》が無造作に新聞紙に包まれて籠にある。車輪からの振動《しんどう》で黄色い花が上下に細かく揺れている。

「それで今日の花なんだね。さえこが本気になると、ああいう花になるんだ」ちょっと振り返るように私を見て、朝倉くんがいう。「なんだか、意外だ」

　意外だなんてよくいう。私のことなんか知らないくせに。ふわふわのところしか見てなかったくせに。

　でもさ、といって朝倉くんは自転車と一緒《いっしょ》に足を止める。川原のほうを指さして、下りる？　と目で訊く。

「意外だったけど、面白くなりそうだ」

　土手から斜《なな》めに続く細い土の道を、勢いよく下りはじめる。私は後ろからそろそろと下りる。自転車のハンドルを握《にぎ》って、勢いがつかないよう力を込《こ》める。一歩一歩踏《ふ》みしめて、それでも最後は駆《か》け足《あし》になる。自転車が跳《は》ね、籠から茴香が飛び上がった。

　下りきったところに朝倉くんはスタンドを立てる。私が隣《となり》に自転車を停《と》めるのを待って、川縁《かわべり》のほうへ歩き出す。

「さえこが本気になるなんて」

「さえこ、って呼ばないで。ほんとうの名前はさえこじゃないの」

　朝倉くんがゆっくりとこちらを向くのがわかる。私は川面《かわも》が新しくなったり古くなったりしながら流れていくのを眺《なが》めている。

「知ってるよ」

「じゃあ、ちゃんと名前で呼んで。これがあたし、っていえるような花を活けたいと思ってるの。さえこじゃないの」

「うん」

「⑧さえこじゃなくて、紗英の花。まだまだ、遠いけど」

　さえこの花は、といいかけた朝倉くんが、小さく咳《せき》払《ばら》いをして、いい直す。

「⑨紗英の花は、じっとしていない。今は型を守って動かないけど、これからどこかに向かおうとする勢いがある」

「型通りに活けたのに？」聞くと、大きくうなずいた。

「俺《おれ》、ちょっとどきどきした」

　どきどきした、と朝倉くんがいう、その声だけでどきどきした。朝倉くんがまた川のほうを見る。太陽が水面に反射してまぶしい。

　なんとなく別れがたくて自転車を押したまま桜並木の下を歩く。土手は紫陽花《あじさい》の盛《さか》りだ。水色や淡《あわ》い紫の※⑱ぽんぽんみたいに大きな花が、午前中の雨を残していきいきと咲《さ》き誇《ほこ》っている。

　そろそろ引き返さなくては、家に着いてしまう。朝倉くんの家からは遠ざかるばかりだ。でも、ここから、どこへ行こう。どこへも行く宛《あ》てはない。じゃあ、ここで、といわれるのが惜《お》しくて、立ち止まることもできない。朝倉くんも何もいわない。ただずっと歩いている。

　紗英、と呼ばれて振《ふ》り向《む》くと、通りの向こうに姉がいた。買い物帰りらしく、紙袋《かみぶくろ》を提《さ》げてこちらに手を振っている。隣の朝倉くんがにわかに緊張《きんちょう》するのが伝わってくる。そんなことはおかまいなしに、姉が近づく。妹がお世話になりまして、とにこにこしている。

「朝倉くん、姉の七葉《なのは》」

　振り向いてびっくりした。朝倉くんが顔を真っ赤にしている。ああ。こういうことは何度もあった。まったく、なのちゃんはこれだからだめだ。いや、だめなのは朝倉くんだ。

「お花の帰りだから。もうすぐ帰るから」それだけいって、強引《ごういん》に朝倉くんを回れ右させた。自転車を押してずんずん歩く。何もいわずにずんずん歩く。少し遅《おく》れて朝倉くんがついてくる。ずいぶん歩いて商店街の角まで戻ってから、ようやく思いついたことを口にした。

「自慢《じまん》じゃないけど」私が口を開いて、朝倉くんはほっとした顔になる。

「なに」

「なのちゃんは何かに夢中になると三日ぐらい平気でお風呂《ふろ》に入らないよ」

朝倉くんが声を落とす。「それはほんとに自慢じゃないね」そうして、はは、という。笑ったんじゃない。困って、笑ったふりをしている。

「出かけない日は顔だって洗わないよ」

「そう」

「大食いだし」

「うん」

「それに」

「まだあるの」

「まだまだ、まだまだ」

他に何があったか、姉の弱点を私は必死に思い出そうとしている。まだまだ、⑩私もまだまだだ。いつか私だけの花を活けて、朝倉くんをはっとさせたい。姉のことなんか目にも入らないくらい私の花を見つめてくれたらいい。そっと盗《ぬす》み見たら、朝倉くんはまだ困っているみたいな横顔で籠の中の花を見ていた。

（宮下奈都《みやしたなつ》「まだまだ、」（『つぼみ』所収）より）

〈語注〉※①剣山…活《い》け花《ばな》で使う、花をさして根元を固定する道具。
※②漆喰…石灰《せっかい》などから作る、壁を塗《ぬ》る材料。
※③逸脱…外れること。それること。
※④水切り…花を長持ちさせるために、茎を水の中で切ること。
※⑤フェイク…にせもの。代わりのもの。
※⑥こそばゆい…照れくさい。
※⑦確信犯…問題を引き起こすことがわかっていながら、それを行う人。
※⑧屈託のない…なやみがない。
※⑨踵を返す…来た方向へ引き返す。
※⑩定跡…将棋で、昔からの研究により、もっとも有利とされている駒《こま》の動かし方。
※⑪定石…囲碁で、昔からの研究により、もっとも有利とされている石の打ち方。
※⑫切磋琢磨…学問や芸などにはげみ、向上させること。

※⑬棋譜…将棋や囲碁の対局の手順を表した記録。
※⑭一朝一夕…わずかな月日のたとえ。
※⑮判で押したように…いつも同じようなさま。
※⑯耳朶…耳。
※⑰茴香…セリ科の花の一種。
※⑱ぽんぽん…毛糸などで作った丸い玉。

〔設問〕解答はすべて、解答らんにおさまるように書きなさい。句読点なども一字分とします。

一　==線a「ツ」(55行目)、b「テキトウ」(261行目)、c「フシギ」(335行目)のカタカナを、漢字で書きなさい。

二　――線①「最初に見たときに気づかなかった」(34～35行目)とありますが、「私」はどのようなことに「気づかなかった」のですか。説明しなさい。

三　――線②「紗英はお豆さんだからね、と笑う姉たちの声」(95～96行目)とありますが、ここから「私」と姉たちとの関係がどのようなものであったことがわかりますか。説明しなさい。

四　――線③「基本形を逸脱しためちゃくちゃな花」(164～165行目)、――線④「真剣に考えたらこうなった」(172行目)とありますが、「私」がこのような花を活けたのはなぜですか。説明しなさい。

五　――線⑤「活け花はどうしても私がやらなきゃならないことじゃないのかもしれない」(184～185行目)とありますが、「私」がこのように考えたのはなぜですか。説明しなさい。

六　――線⑥「ひとが思う私らしさとは～地面から顔を覗かせたんだろう」(267～270行目)とありますが、これはどのようなことを表していますか。次の中からふさわしいものを一つ選んで記号で答えなさい。

ア　いままで無理をしておさえこんできた、「ひとが思う私らしさ」とは異なる「私」の姿が、華道部が活けた花に対する皮肉な言動として現れた、ということ。

イ　いままで無理をしておさえこんできた、「ひとが思う私らしさ」とは異なる「私」の姿が、華道部への勧誘に対するあからさまな拒否《きょひ》として現れた、ということ。

ウ　知らないうちに自分の中で育っていた、「ひとが思う私らしさ」とは異なる「私」の姿が、先生が指導した花に対する否定的な感想として現れた、ということ。

エ　知らないうちに自分の中で育っていた、「ひと

解答欄：罫線あり（1行35字目安）。問二：35字（1行）
問三：70字（2行）問四：100字（3行）問五：70字（2行）

が思う私らしさ」とは異なる「私」の姿が、先生のふるまいに対する反抗的《はんこうてき》な表情として現れた、ということ。

七　——線⑦「型を自分のものにしたい」(356行目)とありますが、「型を自分のものに」するとはどういうことですか。「型」がどのようなものかを明らかにしながら、説明しなさい。

八　——線⑧「さえこじゃなくて、紗英の花」(391行目)とありますが、ここで「私」は、「さえこ」をどのような自分だととらえていることがわかりますか。A【　】の部分(195〜208行目)とB【　】の部分(271〜275行目)に注目して、説明しなさい。

九　——線⑨「紗英の花は〜勢いがある」(395〜397行目)とありますが、ここで「朝倉くん」は、「私」の活け花についてどのように思っていますか。次の中からふさわしいものを一つ選んで記号で答えなさい。

ア　「私」の花を活ける才能を初めて理解し、その作品のすばらしさに恐《おそ》れをいだいている。
イ　「私」の花を活ける技術が向上したことを理解し、その作品のできばえに満足している。
ウ　「私」の活け花に対する熱意の高まりを理解し、その作品の完成度にあせりを感じている。
エ　「私」の活け花に対する姿勢の変化を理解し、その作品の持つ可能性に魅力《みりょく》を感じている。

十　——線⑩「私もまだまだ。〜私の花を見つめてくれたらいい」(444〜447行目)について、本文全体をふまえて、以下の問いに答えなさい。

(1)　〜〜部「まだまだお豆さんでいられる」(120〜121行目)の「まだまだ」と、「私もまだまだ」の「まだまだ」の使い方のちがいから、自分に対する「私」の考え方がどのように変化していることがわかりますか。説明しなさい。

(2)　「私だけの花を活けて、朝倉くんをはっとさせたい」とありますが、どういうことですか。288〜402行目をよく読んで、「私だけの花」がどのようなものを表しているかを明らかにしながら、説明しなさい。

(3)　「姉のことなんか目にも入らないくらい私の花を見つめてくれたらいい」とありますが、ここで「私」は、姉たちとの関係をどのように変えていきたいと思っていることがわかりますか。説明しなさい。

問七：70字（2行）　問八：70字（2行）
問十（1）：70字（2行）（2）：140字（4行）（3）：70字（2行）

読むべき分量は、設問も含めざっと一万字。書くべき記述答案は、約六〇〇字。

そして、制限時間は六〇分。

中高生、大人、いや国語教師であっても、そう簡単なものではない。

まして小学生には、はなから無理な分量である。

だから、満点を目指そうとしないことだ。それも、はなから無理なことである。

しつこいようだが、骨組みを重視して書く。まずは、短く考える。

力わざで文章を長々と抜き書きして答えを作ったつもりになっても、〇点になることはよくある。

周りの受験生がカタカタ鉛筆を動かしていても焦らずに、少し踏みとどまって冷静に考え、効率よく骨組みを構築し、適度な字数で正解に近い答案を作っていく。消しゴムを使うのも最小限に抑える。

それを可能にするのが、「ふくしま式」である。

さて、今回の文章は、少女が主人公。ほのかな恋心が描写されている。それが男子校麻布の入試国語に出ているというのは、違和感がないでもない。しかし、自他の言動や心情を客観視し、それを表現する能力を確かめるという意味では、まあどんな主人公であってもよいわけだ。

華道について少しでも知っていると有利であるとはいえ、無知な小学生でも十分理解できるストーリーであり、問いも素直なものばかりである。

あとは、小説ならではの具体的な描写をいかにして抽象化し、表現するか。ここにかかっていると言えるだろう。

では、設問を見ていこう。

問一　a 積　b 適当　c 不思議

麻布では番号に「問」と書かれていないが、読みやすくするため、次ページ以降の解説でも「問」を付記している。

問二

読解問題というのは、基本的に「分かりにくい文章」あるいは「理解しにくい箇所」について出される。この傍線部も、二とおりに読めるまぎらわしい部分である。答えは、次の二とおりが考えられる。

①　朝倉くん自身が活け花を習いに来ているということ。

②　朝倉くんは花を活けている姿が一番凛々しいということ。

銀本（2021年度受験用）は①に近く（「朝倉くんが活け花を習いに来ていること。」）、オレンジ本・四谷大塚・インターエデュは②に近い答えだった。17行目から傍線部までの文脈を重視すると①になる。一方、傍線部の後の文脈を重視すると②になる。①を不正解とするのは、難しいと思う。しかし、私は②を答えにしておきたい。

問二　ふくしま式の解答例
朝倉くんは花を活けている姿が一番凛々しいということ。

37行目、「朝倉くんは～いちばん凛々しい」の文の最後を、「いちばん凛々しいということを」としてみてほしい。これで、②がやはり正解に近いだろうことが分かる。もし①が答えなら、文脈上、この文が浮いてしまう。唐突な印象を受けてしまう。

なお、傍線部の直前に「そうではなくて」とあるのもヒントになる。これは、「驚いたのは、実は朝倉くんが今ここにいて活け花を習っているという事実に対してではなくて」という意味だと解釈できる。驚いた理由が、ここで急に変化してしまうわけである。人間、話しているうちに別の理由、もっとふさわしい理由が思い浮かぶことなど、よくある。ここは、紗英のそんな心情の変遷を描いたのだと好意的に読めなくもないが、やはり作者の文章にもちょっと問題があると私は思う。

問三

これは正直なところ、問い方が雑である。

「ここから「私」と姉たちとの関係がどのようなものであったことがわかりますか」と問うているが、「ここ」すなわち傍線部から分かるのは、「姉たちが紗英にどう関わったか」だけである。紗英がそれに対してどう関わったかは、この傍線部からは推測しかできない。綿密に字義どおりにとらえて答えようとしている優秀な受験生ほど、ここで戸惑うかもしれない。

むろん、113行目に「紗英はお豆さんだからね」というセリフがあり、そのあとの解説を読めば、紗英からの関わり方もよく分かる。しかしそれでは、「ここから」分かることではない。ここも答えに使わせたいのであれば、「ここから」ではなく「こういった姉の言葉から」分かること、などと、対象を広げて問うべきである。

とはいえここは、相互の関わり合いを答えさせたいんだろうと出題者に寄り添って考えるのが賢明だろう。ならば、姉たちがそんなふうに笑うということは紗英も楽しそうにしていたんだろう、と推測するしかない。すると、こんな答えになる。

問三　ふくしま式の解答例

姉たちは「私」の未熟さを可愛がってなんでも面倒を見てやり、「私」は姉たちの下の立場にいることをのんきに楽しんでいたという関係。

問四

因果関係整理の問い（たどる設問）だが、型を持ち出すまでもない。

「真剣に考えたらこうなった」、すなわち「真剣に考えた結果、基本形を逸脱した花になった」と、既に書かれている。だからこの問いの答えは、端的に言えば「真剣に考えたから」である。

ゆえにこの問いは、「真剣に考えた」の意味を説明する（言いかえる）設問である。

その内容も、文中にほとんど書いてある。152～157行目である。

「思った通りに活ける、と朝倉くんはいったけれど、（中略）私なんかの思ったところを超えてあるのが花だ。（中略）じゃあ、なるべくなんにも考えないようにして活けてみよう」

これを整理するだけのことである。

問四　ふくしま式の解答例

朝倉くんは「思った通り」に活けることが大切だと言うが、私なんかの「思った」ところを超えてあるのが花であり、じゃあ逆に何も考えないで活けてみようと本気で思ったから。

「真剣に」の言いかえとして、「本気で」くらいは足しておきたい。

なお、この問いも、問い方が雑である。あくまで「結果的に基本形を逸脱した」だけであり、意図的に「基本形を逸脱させよう」としたわけではない。しかし問いを読むと、まるで「意図的にこういう花にした理由は何か」と問われているように思える。「『私』が花を活けた結果、このような花になったのはなぜか」などと問うべきである。

問五

因果関係整理の問いだが、これまた、型を持ち出さなくても答えられる平易な問いだ。

「どうしても私がやらなきゃならないことじゃない」というのは、すぐ前、179行目の「誰が活けても同じじゃないか」とほとんど同じ意味である。

「型通りなら誰が活けても同じじゃないか」。そして、直前に「習った型の通り順番に指していくんだろうか」とある。これを組み合わせて考えれば、答えはすぐ書ける。

「活け花が、習った型の通りに順番に差していくものならば、私が活けても誰が活けても同じものだと言えるから」

「誰が活けても」だけでなく「私が活けても誰が活けても」とすることで、「どうしても私がやらなきゃいけないことじゃない」という結論に結びつきやすくなる。

これでほとんど正解だ。ただ、最後にダメ押しを加えて、次を答えとしておく。

問五　ふくしま式の解答例

活け花が、習った型の通りに順番に差していくものならば、私が活けても誰が活けても同じものであり、それでは自分が活ける意味がないから。

「自分らしさを発揮する余地がないから」などと最後につけ加えたくもなるが、少なくともこの場面で紗英はそこまで積極的に「独自性を発揮したい」と思っているわけではない（299行目に至ってもまだ、私の「好き」なんて曖昧で実体がない、と自覚している）。だから、単に「型どおりなんていやだ」と拒否しているだけだと考えるべきであろう。

なお、文脈上こんなふうに答えてしまう子がいるかもしれない。

「真剣に考えてやったことなのに、先生に怒られたから」

これは遠い理由であり、結びつかない。

「怒られた。だから、私がやらなきゃならないことじゃない」「私がやらなきゃならないことじゃない。なぜなら、怒られたからだ」と因果関係をたどってみれば、はっきりする。**この「たどって確かめる」という簡単な作業をするだけでも、ミスを未然に防ぐことができる**◆。

実は、「遠い理由」を書いてしまうミスというのは、非常に多い。だからこそ**鉄則19**がある（28ページ参照）。今回の「(ア)なら(イ)」も、問四の「(ア)したら(イ)」も、**鉄則19**の基本の型「(ア)のため(イ)」と同様の構造である。

問四でも問五でも「型を持ち出すまでもない」と述べたが、これは前件肯定・後件否定に当てはめ

◆理由問題でミスを防ぐ技術！

るまでもないという意味であり、正確には、よりシンプルな型を使っているわけだ。

紗英が気づいたように、やはり「型」は重要なのである。

問六

選択肢はパーツに区切って部分的に消去するのが基本である。

ぼんやりと選択肢の文全体で判定しようとすれば、途端に罠にはまってしまう。

まず、各選択肢の前半パーツをチェックする。**ア**・**イ**は「おさえこんできた」、**ウ**・**エ**は「育っていた」となっている。本文は「根を張っていた」とあるのだから、植物の生育をイメージすれば、「育っていた」のほうが適切だとすぐに分かる。**ア**・**イ**は消去できる。

次に、後半パーツ。**ウ**は「花に対する否定的な感想」、**エ**は「先生のふるまいに対する反抗的な表情」とある。要は、花か、先生か。もちろん、花である。根拠はいくつかあるが、たとえば277行目に、「面白くない花は面白くない、それくらい、あたしだっていうんです」とある。あくまで花を問題にしている。よって、答えは **ウ** 。

問七

288行目からの「型」をめぐるやりとりは、説明的文章を読んでいるのかと思ってしまうほど説教くさい。まあこういう会話もありうるとは思うが、作者宮下奈都さんの主張がにじみ出ているんだろうと受け取らざるを得ず、ちょっと興ざめだ。そして、そういうお説教めいた部分が中学教師にウケて入試に使われているというところまで、透けて見えてしまう。むろん、私は常々「型」の重要性を訴えている人間であって、内容には大賛成なのだが。

それはさておき、答えを示そう。

問七　ふくしま式の解答例

多くの他者、多くの先人の知恵によって形作られ、自由と助けを与えてくれる「型」を吸収し、それを自分の血肉にするということ。

とにかく欠かせないのは、自他の観点である。

自他の観点は、この本の中で既に何度も登場してきた。ふくしま式「七つの観点」（38ページ）の中でも重要度の極めて高い観点である。

この文章の「型」をめぐるやりとりを読んで、「守破離」の言葉が頭に浮かぶ子がいれば、よく勉強している子だ。意味は脚注※に示した（デジタル大辞泉（小学館）より）。

守破離の段階は、あらゆる武道あるいは技芸において成立する。この文章に出てくる華道も、当然同じである。

一般に、「離」に至るには相当な年数がかかる。イメージとしては、「この道三〇年」といったレベルである。

しかし、「守」の段階もままならない時期から、自らの独自性や新しさを主張する人間は多い。特

※「守」……師や流派の教え、型、技を忠実に守り、確実に身につける段階
「破」……他の師や流派の教えについても考え、良いものを取り入れ、心技を発展させる段階
「離」……一つの流派から離れ、独自の新しいものを生み出し確立させる段階

に若者に多い。この話の主人公・紗英は、幸か不幸か、そこまで主張の強い人物ではないようだが、登場する祖母らの言葉は、やんわりとそういう若者をいましめているように思える。

自分を高めたければ、まず他人から学べ。

こういう自他の観点が、露骨に表現されている文章である。だから、この設問でもそれを必ず表現しなければならない。

本文には、次のような記述がある。いわば型の定義である。これらを利用しながら自他の観点を骨組みとして書けば、どうということのない問いである。

・数え切れないほどの先人たちの間で考え尽くされた定石（319行目）
・型があるから自由になれる（329行目）
・型があんたを助けてくれるんだよ（331行目）

あとは、解答例のように「血肉とする」「体得する」などの表現を使えればなおよいだろう。

問八

まずは、答えを紹介しよう。

問八　ふくしま式の解答例

屈託のない無邪気な子として、半ば軽んじられるように愛称で呼ばれていたが、それを拒むでもなく流されていた、自分らしさを持たない自分。

ちょっとハイレベルな解答例だが、このとおりである必要はない。

大事なのは、プラス・マイナスの方向性を間違わないことだ◆。

考え方の手順、及びミスしがちなポイントを、確認しておこう。

「どのような自分」と問うている。

鉄則5（設問の読解）に従い、これは「言いかえる設問」であるとまずは考える。

指定されたA【　】・B【　】の内容は明らかに具体的なので、抽象化することを意識する。

その際、「紗英」との対比を忘れずに。「さえこじゃなくて、紗英の花」を目指したいというわけだから、まず、「さえこ」の意味はマイナスに傾いていなければならない、と考える。

Bに書かれている「屈託のない」は比喩的でもなく抽象度が高いので、言いかえずにそのまま利用できる。ただ、これは基本的にはプラスの表現である。まず考えられるミスは、「屈託のない笑顔の、明るい自分」などと、プラスのまま終わらせてしまうケースである。

また、「いいよなあ」をどう抽象化するかが、難しい。これも「屈託のない」と同様、一見プラスだが、実は四割ほめながら六割は否定している。馬鹿にしている。

そういう微妙なマイナスイメージをつかめるかどうかである。

つまり、「さえこ」は周囲に軽く見られているということだ。

軽く見られたら、普通は違和感・反感を覚えるものだ。でも、「さえこ」は「何がいいのかよくわからない」まま、「うふふ」と笑う程度（Aにそう書かれている）。

つまりは、拒まなかった。流されていた。

◆正反対の誤答を防ぐ意識！

実は周囲からマイナスに見られていたのだが、それを拒まなかった「さえこ」は、「紗英」から見れば、マイナスだ――ということだ。これが全体の骨組みである。

ここでさらにミスしやすいのは、あくまで「拒まなかった」「流されていた」だけであり、自ら望んで意図的に「さえこ」を演じていたわけでもないということだ。Bの直後、「演じてなんかいないんですよ」と言った紗英の言葉は、本心だと思われる。

Bに「その笑顔で、今、笑えているだろうか」とあるが、この「笑えているだろうか」は、「演技がうまくいってるかな？」などと前向きに確認しているわけではない。演技をしていたというのなら、「本当の自分」の姿をある程度知っているはずだが、それは傍線⑥などと矛盾する。「ひょいと顔を覗かせたんだろう」などという表現にはならない。問六の正解であるウには、「知らないうちに自分の中で育ってきた」とある。「知らないうち」と書かれており、やはり矛盾する。

この「笑えているだろうか」は、徐々に自分を客観視できるようになってきていることを表現している部分ととらえればよい。「今の私は、他人の期待に応えちゃってるのかな？」と、自分を客観視し始めているわけだ。幼い「さえこ」ではない「紗英」、自分を客観視できる紗英が顔を出しつつあるのは、傍線⑥でも分かることだ。

そういった意味で、各社（8ページ）の答えはちょっと気になる部分がある。引用しておこう。

四谷大塚データベースの答えは、「屈託がなく気軽につき合える存在という周りの期待に応えるために作り上げてきた自分」となっているが、「応えるために作り上げてきた」は、言いすぎだろう。

オレンジ本の答えは、「本心を見せず、周囲が期待する反応を演じながら、ものごとを人に引き受けてもらうなどして、その場を適当にやりすごそうとする自分」となっているが、「本心を見せず、周囲が期待する反応を演じながら」は、やはり言いすぎだろう。紗英が、意図的に本心を隠して積極的に演じていたという根拠があるとは言えないのではないか。

一方、銀本（2021年度受験用）の答えは、「自分らしさを隠し、周囲の希望に応え、求められるままにふるまい、できあがった、誰からも愛される自分」となっている。前半はオレンジ本と似ているが、「求められるままにふるまい、できあがった」がうまい。ここに、「流された」感が出ている。ともあれ、微妙な心理状態のプラス・マイナスを読み、表現するこの問いは、難易度が高かった。麻布の先生も、果たしてどこまで周到に考え、明確な基準をもって採点したのだろうかと、心配になるくらいである。

問九

打って変わって非常に簡単。選択肢の述語（述部）がプラスになっていなければおかしいので、**ア**「恐れをいだいている」、**ウ**「あせりを感じている」は全くの間違い。**イ**の「満足」はプラスとはいえ言いすぎだし、「技術が向上したことを理解し」も言いすぎだ。言うまでもなく、答えは **エ** 。

問十（1）

はっきり言って、この問いは要らない。なぜなら、（3）でも同様に「変化」を問うているからだ。しかも、どちらも姉たちとの関係の中で考えることになる。

そもそも、問い方が複雑だ（問三、四は「雑」だったが、こっちは「複雑」だ）。

「自分に対する「私」の考え方」

この時点で、大半の子は頭に「?」が浮かぶ。

要は、紗英の自己認識を問うているのだろうが、こんな問い方をするまでもない。

「まだまだ」の使い方の違いから分かる紗英の変化を説明しなさい――でよいだろう。

ともあれ、問いに即して考えておこう。

「変化」であるから、無条件に対比の型を意識する（**鉄則8**）。

「当初は自分を（　Ａ　）と見ていたが、今は自分を（　Ｂ　）と見ている」

「当初は（　Ａ　）な自分だと思っていたが、今は（　Ｂ　）な自分だと思っている」

といったところだろう。

そして、Ａ・Ｂの内容を考える。

波線部の「まだまだ」→（Ａ）他者依存／甘い／下の立場に甘んじている／現状に満足
ここでの「まだまだ」→（Ｂ）自己信頼／厳しい／下の立場に甘んじない／未来志向・成長志向

他者依存・自己信頼なんて言葉は浮かばないよと思うかもしれないが、「自他の観点」でさえあれば、表現は変わってもかまわない。

また、現状に満足・未来志向は「時間の観点」である。

このようなイメージをもとに、答えを組み立てる。

問十（1）　ふくしま式の解答例
当初は、周囲に依存し下の立場に甘んじた自分の現状に満足していたが、今は、自分を信じ下の立場に甘んじず成長していきたいという意識がある。

波線部もこの部分も、どちらも姉たちとの関係の中での描写なので、姉について触れてもよいと思うが、問十の冒頭には「本文全体をふまえて」とあるので、あえて「姉」という言葉は除外したほうが無難である。先にも述べたように（3）とも重なることだし、ここでは不要であろう。

問十（2）

「どういうことですか」と問われているので、言いかえる設問である（**鉄則5**）。
そして、解答欄が四行もある。計画的に行かないと、消しゴムラッシュでタイムオーバーである。
「私だけの花を活けて」で二行、「朝倉くんをはっとさせたい」で二行かな、と考え、パーツごとに言いかえていく（**鉄則16**）。

問十（2）　ふくしま式の解答例
先人の知恵である型を体得し、いつかはその型も破り、自分らしさを自由に表現した「私だけの花」を活けたい。それをとおして、無邪気なだけの幼い「さえこ」とは違う成長した女性としての「紗英」を、朝倉くんに認めさせたいということ。


「私だけの花」は「紗英の花」のことであり、「さえこの花」との対比で考えることになる。

問七、問八と内容的に重なっているので、両設問でちゃんと頭を使っていれば、そこまで時間をかけずに答えられるだろう。両設問と重なる部分は、ここでは解説しないでおく。

なお、「いつかはその型も破り」は、傍線⑦の直後「いつかその型を破るときのために」や、傍線⑧の直後「まだまだ、遠いけど」といったあたりをもとにしている。

「女性としての」といったひとことを書けるかどうかは、ちょっとしたポイントである。

なにしろ、解説冒頭でも述べたように、これは淡い恋心を描いた文章でもあるのだから。

ただ、小六受験生の中には、そういったことに理解が及ばない子もいるかもしれない。

実はこの入試問題、中略となっている部分がネックで、姉の七葉の理解が難しくなっている。

傍線部には「姉のことなんか目にも入らないくらい」とあるが、これは、「朝倉くんが顔を真っ赤にしている。ああ、こういうことは何度もあった」（419行目）からその意味を推測できなくもない。

要は、姉の七葉は、男子の誰もが一目惚れしてしまうレベルの容姿だったということだ。

そして、紗英は七葉に軽い嫉妬心を抱き「姉のことなんか」と思っている、というわけだ（これは、次の（3）とも当然関連してくる）。

でも、疎い男子小学生には、そのあたりの意味が分からないかもしれない。

だから、次の部分※を中略とした麻布は、不親切というほかない。

※223行目の中略部分に書かれている内容。

姉の七葉は薔薇のようにきれいで、やさしくて、誰からも好かれていた。男の子も女の子も、みんな姉のまわりにいたがった。私も友達は多いほうだけど、そんなのとはわけが違う。手をつないで横並びの輪にいる私と、その中央で崇められている姉。すごいなあ、なのちゃん。いつも私は憧れていた。

これを読んでいるといないとでは、次の（3）の答えもちょっと変わってくるだろう。

問十（3）

（1）よりは、（3）のほうが答える価値がある問いだ。
これも対比的変化（**鉄則8**）なので、対比関係整理が欠かせない。

これまで……姉たちが上、私が下／姉たちに依存
これから……姉たちと対等　　／姉たちから独立・自立

「上下関係↔対等関係」という反対語は人間関係の理解・説明に不可欠なので、きっちり覚えておきたい。ただ、ここでは「上下関係」は大げさなので、ちょっと表現を軟らかくする。
「依存↔自立」も、同様に重要な反対語である。覚えておかなければならない。ここで「独立」を使うのも大げさではあるが、意味は通じるからそのまま使ってみよう。

問十（3）ふくしま式の解答例

姉が上、私が下ではなく姉と対等になりたい。姉に依存せず独立したい。そんな思いが、ここで芽生えた前向きな嫉妬心から感じられる。

「前向きな嫉妬心」などというこじゃれた逆説的表現は、なくてもよい。しかし、こんなひとことが書ければ、他の受験生と差をつけることができるのは間違いない。

（2）で述べたように、姉に嫉妬しているのは間違いない。しかし、それは暗い嫉妬心ではなく、明るい嫉妬心だ。文章を通じて、姉たちへの暗い思いはどこにも描写されていない。「なのちゃんはこれだからだめだ」（421行目）という表現にも、相手が姉であるからこその親しみが表れている。

そもそも、（1）で確かめたように、これは未来志向のエンディングである。「前向き」なのは間違いない。

ということで、「前向きな嫉妬心」などという表現を小学生が書けないとも言い切れない。

なお、こういうレトリカルな表現が価値を持つのは、中学入試までである。少なくとも大学入試の現代文読解では、嫌われるだろう（ただし小論文では別である）。

最後に、（1）（3）で登場した対比的変化（**鉄則8**）の型を素早くイメージできるようにするために、ちょっとだけ練習をしておこう。**鉄則8**に示した型の大枠は、「Aだった主人公が、CによってBに変わる話」である。ただし今回の基礎練習では、「主人公はAだったが、CによってBに変わった」

という形でまとめたほうが書きやすい。

長文読解に向き合わなくても今すぐできる基礎練習⑤

次の文章を五〇字以内で要約しなさい。

新しいクラスでいっしょになったシンジは、背が低くて、背の順で並ぶとクラスで一番前だった。だから、サッカーチームのキャプテンをつとめるリョウタは、きっと自分よりもサッカーがへたなんじゃないかとばかにしていた。でも、体育の時間にサッカーをしたとき、自分より速く走ってドリブルをし、自分よりずっとうまいシュートを決めたシンジを見て、リョウタは言った。
「すげぇ！シンジくんにサッカー教わりたいな」

本文は『ふくしま式「本当の国語力」が身につく問題集［小学生版ベーシック］』（福嶋隆史著・大和出版）より

まず、「でも」が変化の境界線になることを押さえる。その前は、「ばかにしていた」。その後は、「教わりたいな」と言った。この対比的変化を抽象化すると、「下に見ていた」「上に見るようになった」となるだろう。

人間関係についてのこうした図形的比喩（**鉄則10**）による解釈は、問十（3）で見たように、大いに役立つ。覚えて、活用したいものだ。

基礎練習⑤の答え……リョウタはシンジを下に見ていたが、サッカーが自分よりうまいと知ったことで、上に見るようになった。

女子学院

女子学院中学校
2020年　説明的文章
『「迷子」のすすめ』※　阿純章《おかじゅんしょう》

20分／40

次の文章を読んで後の問いに答えなさい。筆者は幼稚《ち》園の園長です。

子どもの世界にいると、いつも驚《おどろ》きや発見でいっぱいだ。私が幼稚園に入園、いや就《しゅう》任した入園式の時、こんなことがあった。年少児は初めての幼稚園に慣れず、そこら中で「ママー！」とか「やだー！」という叫《さけ》び声や泣き声が聞こえていた。そういう私自身も園児たちとの触《ふ》れ合いはほぼ初めてで内心はどう接してよいか①ドギマギしていた。

そんな時、入園したばかりの女の子が②何かを拾って私のところに駆《か》け寄り、③目をまん丸にして「これ、何？」といって見せてくれた。それは一枚の桜の花びらだった。園庭の桜が満開だったので、花びらが落ちていても珍《めずら》しくもないと思ったが、その子があまりに目を輝《かがや》かせて驚いているので、「きれい、なんだろね」と一緒《しょ》に驚いていると、他の園児たちも集まってきて、「きれいな色！」「かわいい！」などと騒《さわ》ぎはじめた。なかには「これは桜の花びらだよ」と分かっている子もいたが、はじめて桜の花びらを見る子どもにとっては、きっと宝物でも見つけたような気分だったのだろう。すると桜の花びらを持ってきてくれた子が、「これすごくきれいだから先生にあげるね」と言って、私にプレゼントしてくれたのだ。

桜の花は確かに美しいが、毎年当たり前に咲くと思っている大人の見方と、初めてその美しさを発見する子どもとで、その美しさはどう違《ちが》って見えるのだろう。

また、こんなこともあった。ある時、数人の園児が私の耳元に何かを持ってきて、「先生、ほら」と、カサカサと音をたてたのである。何かと思ったら、葉っぱや小枝をクルクルと回し、耳元でその音を聞いてケラケラと笑っているのだ。

大人である私なら、葉っぱは葉っぱ、枝は枝にしか見えないが、子どもはそれを一瞬《しゅん》にして［④］にしてしまう。

またある時、園庭の真ん中で園児が一人でピョンピョンと飛び跳《は》ねていた。それも時折リズムが違うの

※2014年6月刊・春秋社

で不思議に思っていたら、幼稚園近くの建築中の家から聞こえてくるトンカチの「トン・ト・ト・トーン……」という音にあわせて飛び跳ねていたのである。

子どもが音楽を聴《き》く時は、決して耳だけでは聴いていないのである。音に合わせて跳ねるかもしれない。手足をバタバタさせて地べたに転がるかもしれない。奇声《きせい》を発するかもしれない。頭のてっぺんから足のつま先まで、全身で自由に表現する。聴いた音を聴いたままに受け入れる。全身が音楽になりきってしまうのである。だから音楽の上手《うま》い下手もない。

大人の場合、音楽というのは、先《ま》ずそれが誰《だれ》の演奏か、何の楽器を使っているのか、技術はどうか、今流《は》行《や》っているのか、などの知識的な理解から入ろうとするが、子どもはそんなことは一切気にしない。彼らにとって音楽とは、大人がつくった既成《きせい》の楽器を演奏したり、童謡《どうよう》を歌ったりするだけではなく、身の周りで奏《かな》でられる音すべてが音楽であり、大人の音楽世界よりもずっとスケールが大きい。子どもの音楽世界は宇宙そのものであるといっても大げさではないように思う。

坐《すわ》って腕《うで》組みしながら聴いて、隣席《りんせき》の人が拍手《はくしゅ》したのを見てあわてて拍手をするような大人と比べたら、⑤どちらのほうが音楽の楽しみを知っているだろう？子どもは文字通り「音」を「楽」しむという音楽の本質を理解しているのだ。

（中略）

登園する前の私は、「今日はあれやんなきゃ、これやんなきゃ」と積み重なった仕事が心配で憂鬱《ゆううつ》な気分になることもあるが、⑥子どもたちと遊ぶだけで頭がカラッポになり、自宅に戻《もど》るときには「なんにも……」といった心境になる。すると、なんだか無条件に人生が満たされているような気分になるから不思議だ。

どうやって計測したか知らないが、幼児期の子どもは一日に平均三〇〇回笑うらしい。それに対して大人は一日に平均一五回だという。ちなみに私はこれを書いている本日午後三時の時点でまだ一回だけ……。平均値まであと一四回かと思うと、ますます笑えなくなる。

それはともかく、三〇〇対一五というのが子どもと大人の世界を分ける差だ。この大きな開きは一体何だろう。大人の世界はそんなにも楽しみが少ないのだろうか。それとも大人になると感受性が鈍《にぶ》くなるのか。

いや、大人だって子ども以上に人生の楽しみはあるし、感受性だって枯《か》れてはいない。むしろ子ども以上に人生を深く味わって生きているじゃないか。でも、笑う回数となると、確かに大敗を認めざるを得ない。

その差の理由はいろいろ考えられるのかもしれないが、⑦一番大きな理由は、「いまここ」を生きる子どもと「いまここ」に生きられない大人の差からくるのだろう。幼児心理学では、子どもには時間という概念《がいねん》が希薄《きはく》で、常に「今」だけを生きていると言われている。確かに自分の子どもの頃《ころ》を思い出すと、過去や未来を考えず、とにかく一日が永遠のように長く感じられた。だから笑う時には他のことは一切考えず、今楽しければ今笑う。

ところが、大人になるにつれて思考力が身につくと、「次はこれしなきゃ」「こうしてはいられない」と時間にとらわれて、今必要ではない別のことをあれこれ考えて深刻になってしまう。身体は「いまここ」にあっても、頭の中は先のことばかり。楽しいことがあっても笑えなくなってしまう。

（中略）

A次の絵をご覧いただきたい。私が幼稚園教員免許《めんきょ》を取得するために学んだ教科書に載《の》っていたものだ。今でも子どもと接するときには、常に念頭に置いている座右の書ならぬ、座右の絵になっている。

一体どんな絵かと言うと、ある幼稚園で三歳《さい》の子どもが書いた自画像だという。もし皆さんのご家庭に三歳の子供がいたとして、「これボクだよ」「ワタシだよ」と持ってきたらどんな反応を示すだろうか。

表面上は「うまく描《か》けたね」と言うかもしれないが、内心は、「なぜ白目なの？」「顔はもっと丸いでしょ」「はやく絵画教室に通わせなきゃ」などと思うかもしれない。

でも、担任の先生は、この子どもは何を伝えようとしているのかと思い、直接尋《たず》ねてみたところ、「ぼく、おひるねしたよ」という思いがけない言葉が返ってきたという。つまり、昼寝《ね》をしているのだから、当然、目の玉はなくていいのである。さらにこの子どもは、「寝ているときは横向きになっているよ」と言ったそうだ。それだから体が横に伸《の》びている。そしてまた「寝ているときはおしゃべりしないから口を閉じてるよ」「口は閉じていても鼻でちゃんと息をしてるから大丈夫だよ」と事細かく説明してくれたそうだ。

そう言われれば、一見稚拙《ちせつ》に見えるこの絵も、［　⑧　］様子をありありと描いた絵に見えてくる。もし大人の立場から「こう描きなさい」などと指導したら、いかに的外れなことだろうか。せっかくの表現力を大人の理解不足で台無しにしてしまいかねない。

教科書には、「この幼児は、顔という『もの』を描こうとしているのではなく、寝ていたという『こと』

を表そうとして様々な工夫をしているのである」と説明がされている。

　それでは逆に大人にはこのような絵は描けるだろうか？　大人の絵はつい知識や概念が先行してしまう。もし大人同士が集まって自分の似顔絵を描きましょうということになったら、みな真っ先に鏡を見たり、写真を見たりして、似てるか似てないか、上手く描けるか描けないかということを気にしだすだろう。そういう意識で描かれた絵は、それがいかに自分に似せて描けたとしても所詮《しょせん》はコピー、ニセモノでしかない。

　その一方で、この子どもが描いた絵は、似てる似てない、上手い下手という次元を超《こ》えて、ありのままの真実である。ここに大人と子どもの世界の越《こ》えられない大きな壁《かべ》がある。

　⑨ピカソは「子どものように描くのに一生涯《しょうがい》かかった」と言ったそうだ。ピカソの絵画活動とは、生涯をかけて子どもの世界を取り戻すことだったのかもしれない。

（阿《おか》　純章『「迷子」のすすめ』）

問一　――①とありますが、「ドギマギする」の意味を次から選びなさい。

ア　はじめてのことで照れている
イ　心配でおそれおののいている
ウ　落ち着きを失ってあわてている
エ　不安と期待で胸が高鳴っている

問二　――②「何か」とありますが、それは何ですか。文中の語を用いて十五字以上二十字以内で答えなさい。

問三　――③「目をまん丸にして」とありますが、このときの女の子についての説明として最も適切なものを次から選びなさい。

ア　あまりの楽しさにいきいきしている
イ　あまりの美しさに驚いている
ウ　あまりの不思議さに用心している
エ　あまりの騒がしさに緊張している
オ　あまりの珍しさに見入っている

問四　［④］に二字の熟語を入れなさい。

問五　――⑤「どちらのほうが音楽の楽しみを知っているだろう？」とありますが、子どもはどのように音楽を楽しみますか。子どもの音楽の楽しみ方を二種類、それぞれ本文中の具体例をあげて説明しなさい。

問五・問九解答欄：四角い枠。以下目安。問五：1つにつき60字（×2枠）
問九：大人、子どもそれぞれ50字（×2枠）

問六 ――⑥とありますが、「頭がカラッポになる」とはどういうことですか。最も適切なものを次から選びなさい。

ア 子どもの遊び方にあまり慣れていないので、体が疲《つか》れて気も抜《ぬ》けてしまう。

イ 子どもが実に楽しそうに遊ぶので、自分がつまらなく思えて情けなくなる。

ウ 子どもの遊び方が本当に自由なので、驚いて何のアイデアも浮かばなくなる。

エ 子どもがとても夢中になって遊ぶので、日々の心配事を忘れてしまう。

問七 ――⑦とありますが、「「いまここ」を生きる子ども」の様子として、最も適切なものを次から選びなさい。

ア 明日素敵なペンを買ってもらうのを待てずに、棒きれでもよいので今地面に絵を描きたがる。

イ 大人になったらとても忙《いそが》しくなるので、今のうちに心ゆくまで遊んでおこうとする。

ウ 運動会で一等賞をとるために、本当はやりたくない練習でも毎日一生懸《けん》命がんばる。

エ 昨日弟におやつをあげてほめられたことがうれしかったので、今日は妹におやつをあげる。

問八 [⑧]に、子どもの絵について説明する文を入れるとしたら、どのような文が入りますか。二十五字以上三十五字以内で書きなさい。

問九 ――⑨「子どものように描く」とありますが、大人と子どもはそれぞれどのように絵を描きますか。説明しなさい。

問十 ===A「次の絵」にあたるものを選びなさい。（出題の都合上、一部加工してあります。）

ア

イ

ウ

エ

（著者注）解答用紙に、「句読点は字数に入れること」との記載あり。

筆者の阿純章氏について、問題冒頭に「筆者は幼稚園の園長です」と書かれている。しかし調べてみると、「住職、兼園長」ということのようだ。

言われてみれば、住職さんらしい文章であると思えなくもない。一貫した思想がにじみ出ている。もちろん、筆者の職業がなんであれ読解に直接影響することはない。

それでも、私はいつもこうした筆者の情報は必ず生徒たちに伝えながら授業をしている。テクスト論（109ページ参照）の観点からも、それによって偏見が生じてはいけないが、書き手に興味を持たずに文章を読むというのは非常にもったいないことである。

さて、それでは設問を見ていこう。

問一

辞書的意味を答えるだけの問題。答えは**ウ**。知らなくても文脈である程度は分かるが、知っているほうが早い。知っているほうが早い――これは読解全般にも言えることである。極端な話、書かれているテーマを熟知した専門家ならば、読まなくても展開が読めるということだ。

問二

こんな単純なことを問いにするのも疑問だし、二〇字も必要なのかという疑念もわく。「一枚の桜の花びら」で何か問題でもあるのか。

問二 ふくしま式の解答例

女の子がはじめて見た、一枚の桜の花びら。（二〇字）

「一枚の桜の花びら。」では九字になってしまう。一五字以上と指定しているのは、修飾語が欲しいからだろう。ならば、このあとに続く文章の内容を考慮して「はじめて」という情報を入れるか、単純に「園庭の満開の桜から落ちた、一枚の花びら。」とするか、である。「何か」の箇所に代入して通じやすいのは後者だが、文脈上は前者のほうがよい。さてどうしたものか。と、こんなどうでもいい問題で時間を費やさせるのは、受験生の国語力を測るために有益な他の設問に費やす時間を減らすだけであり害にしかならないと思うのだが。どうだろうか、作問者の先生。

問三

すぐあとに「目を輝かせて驚いている」とあるので、答えは **イ** しかない。

問四

60行目に、「子どもは文字通り「音」を「楽」しむという音楽の本質を理解しているのだ」とあり、その部分までずっと音楽の話が続く。よって、ここは **楽器** しかない。もちろん、「道具」「宝物」

など、いろいろな答えが考えうるが、バツにされても致し方ない。最も客観的な、つまり多くの人が納得する答えは、どう見ても「楽器」である。

まああとは採点者の裁量だろう。模試ではそれが許されないが、入試本番では許される。どんな問いでも同じである。**入試とは、あくまでその学校が欲しい生徒と欲しくない生徒を分ける目的で行われる。**この問いで「宝物」と書いた子を「面白い、うちに入って欲しい」と思えば、それでマルになるわけだ。結局、自由度の高い設問であればあるほど、客観性と独自性を両立させる（**鉄則22**）ことが必要になるのである。ただ、この問いはやっぱり「楽器」しかないと思うが。

問五

「具体例をあげて」と指示されている。

「具体的に」「具体例を」などと指示された記述では、「とことん具体的に」書くというのが原則。

おさらいするが、「具体的」とは、絵が浮かぶ様子である。

大事なのはここからだ。

「具体例をあげて」と言われても、具体的に書いた「だけ」で終わらせてはいけないということである。**〈具体〉と〈抽象〉をセットで書くこと**が必要だ（桜蔭の解説でも述べた：111ページ）。

まずは、解答例を。

問五　ふくしま式の解答例

・葉っぱや小枝をクルクルと回し、耳元でカサカサ鳴らすなど、聴いた音を聴いたままに受け入れて楽しむ。
・幼稚園近くの建築中の家から聞こえてくるトンカチの音にあわせて飛び跳ねるなど、全身が音楽になりきっているかのように自由に楽しむ。

「二種類」と指定されているからには、文章中でも具体例がはっきり二つに分けられているはずだ。すると、「また」に目が向く。26行目の「また」の前は、音の話ではない（桜の美しさ、つまり視覚の話だ）。そのあとの「葉っぱや小枝」が一つ目の具体例。続く「また」（34行目）のあとの「トンカチ」が二つ目。

解答例の二つの文には、それぞれ「など」を入れた。これは、**抽象化の文中接続語**である。

「コーヒー、紅茶、ミルクなど、いろいろな飲み物を飲んだ」といった具合に、抽象化される。

「など」の前は〈具体〉、後は〈抽象〉◆。

解答例の場合、「聴いた音を聴いたままに受け入れて楽しむ」「全身が音楽になりきっているかのように自由に楽しむ」が、〈抽象〉である。この二つは文脈上似た意味で用いられており、明確に二つに分けられるものでもないが、「全身が音楽になりきって」を「葉っぱや小枝」のほうに使うのは難しいので、このように分けた。

「葉っぱや小枝をクルクルと回し、耳元でカサカサ鳴らす」「幼稚園近くの建築中の家から聞こえてくるトンカチの音にあわせて飛び跳ねる」という〈具体〉だけでは、それを「二種類の楽しみ方」と表現するのははばかられる。やはり、〈抽象〉が欲しいところである。

◆読むにも書くにも不可欠な接続語！

問六

直前に、「憂鬱な気分になることもあるが」とある。マイナスの心情だ。これが、子どもたちと遊ぶとプラスになるということである。だから、マイナスのままになっているア「体が疲れて気も抜けてしまう」、イ「つまらなく思えて情けなくなる」は、明確に間違い。ウ「何のアイデアも浮かばなくなる」も、ほぼマイナスである。エ「心配事を忘れてしまう」のみが明確にプラスであり、かつ「憂鬱な気分」と「心配事」で対比の観点がほぼ統一されているので、エが正解。「夢中になって遊ぶので」という理由づけだけが若干引っかかるが、誤答である根拠とまでは言えない。

選択肢は、述語（述部）のプラス・マイナスを真っ先にチェックするのが基本◆。

問七

明日を待てないアが正解。イは「大人になったら」と未来を考えている。ウは「とるために」などと意識が未来に向いている。エは「昨日」の心情をもとに行動しており、意識が過去に向いている。ウで間違うことがあるかもしれない。**目的を意味する「ため」**に注目したい。

問八

１１６行目からの三つの接続語、「つまり」「さらに」「そしてまた」にマルをつけ、**並列関係を整理**

◆選択肢を絞り込むための基本技術！

することが前提。指定された字数はおよそ三〇字であり、内容的には三つ（一〇字×三）ほどだろうと予測できるため、ちょうどこの三つの接続語を目印にして内容を見定めればよい。

問八　ふくしま式の解答例
子どもが体を横に伸ばし、目と口を閉じて鼻で息をしながら昼寝をしている（三四字）

「目を閉じて、口も閉じて」などと書くと字数がオーバーするかもしれないので、「目と口を閉じて」とすればよい。その他、文章に出てくる説明の順序を入れ替えるなどして、読みやすくするだけである。「だけである」と書いたが、一文にまとめる際に苦戦する子も一定数いるはずだ。難易度はかなり低い問いだが、気は抜けない。

問九

全体に難易度の低い問いが多かったが、この問いは少しだけ難易度高めかもしれない。チェックすべき本文の箇所は明確だが、対比関係をしっかり意識して整理しないと減点されやすいだろう。「どう違いますか」と問われているわけではないが、本文では明確に大人と子どもの違いを説明しているわけであり、対比関係で整理するのは当然である。

まずは答えを示そう。

問九　ふくしま式の解答例

（大　人）知識や概念が先行することで上手いか下手かなどを気にしてしまい、結果的にニセモノの絵に終わる。

（子ども）知識や概念に左右されないため上手いか下手かなどを気にすることもなく、ありのままの真実を絵に表現する。

傍線部の前、「その一方で」でつながれた二つの段落を読めば、答えは書ける。前半は大人、後半は子どもの説明になっている。対比関係を整理してみよう（**鉄則6**）。

「大人」	↔対比関係↔	「子ども」
知識や概念が先行	↕	……
似てるか似てないか、上手く描けるか描けないか	↕	似てる似てない、上手い下手
ニセモノ	↕	真実

本文中、子どものほうには「知識や概念」についての観点が書かれていないので、答えを書く際はそこを補い、**観点のバランス（パーツの数のバランス）をとる必要がある（鉄則7）**。

なお、筆者は「似ているかどうか」と「上手いか下手か」を並列しているので、片方だけ書くのは本来は避けたいところだが、「似ているかどうか」よりも「上手いか下手か」のほうがやや抽象的（包括的）であると考え、解答例では後者のみ利用し「上手いか下手かなど」とした。解答欄はさほど広くないので、字数を減らすためである。

問十

これはもちろん、ウである。問八の内容とともに確認すれば簡単だ。

以上、これが御三家の問題なのかと思ってしまうほど平易な印象の強い問題だった。まあ、易しいときは受験生全員にとって易しいので（つまり平均点は高いので）、一つ落とせば致命傷ということになる。

入試はあくまで相対評価だから、易しく感じたとしても何ら油断できないわけだ。

武蔵

武蔵中学校
2018年　説明的文章
『アンドロイドは人間になれるか』※　石黒浩《いしぐろひろし》

50分／50

次の文章を読んであとの質問に答えなさい。

（注）筆者は、世界最先端のアンドロイド（ヒト型ロボット）を開発し、世に送り出している研究者である。

ロボットは人間の活動を助け、人を感動させ、人よりも優《すぐ》れた能力をハッキする。

では人間は不要になっていくのか。

「ロボットが人間の仕事を奪《うば》う」「人間はロボットに支配される」といったタイトルの本や記事が、近年では少なくない。近い将来、ロボットに、とくにヒト型ロボットに仕事が取って代わられることに対して、ひとびとは強い恐怖を感じているように思う。

しかし考えてみてほしい。

これまでもさまざまな機械が、人の仕事に取って代わってきたではないか。

たとえば荷物を運ぶ仕事は、電車や飛行機、フォークリフトやダンプカーを使って行われるのが当たり前になった。計算は電卓《でんたく》や＊Excel《エクセル》にやらせるものになったし、世の中の家電の大半は、おおむかしなら奴隷《どれい》が行っていた仕事を代わりにやらせているようなものだ。

であれば、なぜひとはロボットが人間の領域に踏《ふ》みこんでくることに、おそれを抱《いだ》くのか。

その前に考えなければいけないのは、そもそも「技術」とは何か、ということである。人間の能力、ひとがやってきた仕事を機械に置き換《か》えるのが「技術」、テクノロジーの本質である。人間の手でやるにはめんどうくさいこと、時間がかかること、努力しなければいけないことを代わりに機械にやらせているわけだ。つまり、人間の能力から発想を得て技術や機械はつくられている。たとえ自動車やスマートフォンであっても、それらが人間のしてきた仕事を置き換えていることには違《ちが》いない。

では、それらの技術とアンドロイドは何が違うのか。どうして人はアンドロイドに「負ける」などと抵抗《ていこう》を感じるのか。

※ 2015年12月刊・文藝春秋（文春新書）

ロボットが、人間の姿かたちをしているからだ。自動車や電化製品は形状から言っても「人間を助けるもの」であって「人間の役割を置き換えてしまうもの」には見えにくい。人間と姿かたちが近いがゆえに、ひとびとは、自分の価値とロボットの価値を暗黙的《あんもくてき》に比べてしまう。

僕《ぼく》のチームが開発してきたジェミノイドや、接客をするアンドロイド「ミナミ」などは、この度合いが顕《けん》著《ちょ》である。さらには、人間にしか不可能であると思われていた知的活動――思考や心のありよう、言葉を使ったコミュニケーション、芸術活動までがもはや実現しかけている。ゆえにロボットを見た者は、ⓐ直接的に「ロボットが人間に置き換わる」ことを連想し、人間からなにかが奪われるような感覚をおぼえるのだろう。

では人間の価値について、われわれの社会はどのように捉《とら》えているか。

日本の交通事故死者数は二〇一四年は四一一三人、一三年は四三七三人、一二年は四四一一人である。毎年およそ四〇〇〇人から五〇〇〇人が亡くなっているにもかかわらず、ひとびとは自動車を使い続ける。

つまり日本では、自動車社会の利便性は、一年あたり五〇〇〇人ていどの命とひきかえにもたらされていることになる。このように、技術と人命とは、天秤《てんびん》にかけられているのだ。道徳の教科書やテレビの安いドキュメンタリーで語られているように「ひとの命には無限の価値がある」わけではない。

たとえば原子力発電所は、東日本大震災《だいしんさい》で約二万人が亡くなったことによって停止した。実際には東北での死者の大半は津波によるものであり、原発事故で亡くなった方は限りなく少ないが、いずれにしても人の命と利便性を比較して、技術を使うかどうか検討していることには変わりない。世界中で、そういった実例は見いだせる。南アフリカのある国では、自動車事故でひとを殺してしまっても、日本円に換算《かんさん》しておおよそ二〇万円払《はら》えば、その場で手を打てる。懲役刑《ちょうえきけい》になることもない。これが現実である。

「人間の命にはⓑ絶対的な価値がある」という建前と**ウラハラ**に、実際には、ひとびとは技術がもたらす恩《おん》恵《けい》と人間の命を*トレードしている。技術の価値も、人間の生命の価値も有限であり、定量的に測ることもできる。

そして技術は、どんどん進歩していく。これは「技術がもたらす価値はⓒ上昇《じょうしょう》し続ける」ということを意味する。地球上に存在するすべての技術が生み出す価値は、全人類が生み出す価値を上回る可能性もある――現にそうなっているかもしれない。

人間の価値は定量的に表せる、と言ったが、しかしここでもやはり本当は「人とは何か」という人間の定義が問題となることを、忘れてはならない。

たとえばアメリカの発明家レイ・カーツワイルは「二〇四五年には人工知能は*シンギュラリティを超《こ》える」――技術的特異点を超えて人類以上の知性になると言っている。僕にも「あれは本当なのか」と聞いてくるひとがいる。僕に言わせれば「人間」の定義がはっきりしていないのに、シンギュラリティもへったくれもない。

「人間の知能」と言っても、その幅《はば》は広い。すでに人工知能によって超えられている部分もあるだろう。もちろん現段階では超えていないのがほとんどだ。「人間の定義をしてください。ならばその価値について答えます。それがロボットに実現可能でありそうか答えます」としか僕は言えない。カーツワイルが言うような定義不能な曖昧《あいまい》な問題に対して「あと何年で到達《とうたつ》する」などとは言えないのだ。

「ロボットは、人間よりも価値のある存在である」

こんなふうに言うと、技術とひとの命を比べるのはけしからん、機能や貨幣《かへい》に置き換えられる価値で人間の価値を測るな、と思うかもしれない。

であれば、人間と別の動物と比べてみてはどうか。

「命を大事にしましょう」と言うのなら、人間の命を何よりも**尊**いものだとする理由はなんだろうか。犬やネコの命も大事にすべきではないか。何の根拠《こんきょ》があって、命に色をつけているのか。命を大事にするのであれば、人間とそれ以外の動物、あるいはそういったものを区別する理由はどこにあるのか。僕には、犬や猫《ねこ》の価値や生きる権利と、人間が生きる権利の差は、現代社会においては**チヂ**まっているように思える。

なぜなら人間が行う仕事の大半は、技術に置き換えられてしまっている。その流れは止まらない。技術ができること以外に人間がしていることの多く――食事や睡眠《すいみん》、生殖《せいしょく》活動などは、ほかの動物もしていることにすぎない。

こんどは、ロボットと動物を比べてみよう。犬や猫とロボットでは、どちらが優れているだろうか。「役に立つ」という意味では、お掃除《そうじ》ロボットの「ルンバ」の方が犬や猫より優秀《ゆうしゅう》だろう。人間と比べても優秀だ。**アイチャク**を抱くかどうかで言っても、ルンバが壊《こわ》れるとペットが死んだかのようにひどく悲しむ人間がすでにいることを思えば、ロボットと動物には差がない。

ロボットの存在は、ロボットと人間の境界とは何なのかという問いのみならず、人間と動物との違いとはなんなのかという問いも、われわれに突きつけている。

技術とは人間にとって何なのか、を別の視点から考えてみよう。

技術とは、動物と人間との違いである。古来、火を使うようになったことで、人間は動物から人間になった。人間から技術を抜《ぬ》き去ってしまったら、人間は人間でいられるか。人間社会から完全に技術を排除《はいじょ》したら、おそらく人間はサル同然になる。人間は、道具を使うことで急速に文明を進歩させてきた。本来、技術とは切り離せないのが人間なのである。技術こそが、ひとと動物との差を明確にしている。

技術とは、人間独自の進化の方法だとも言える。動物は道具が使えない。そのかわり、遺伝子《いでんし》を変化させることで環境《かんきょう》に対応する。ウイルスや単細胞《たんさいぼう》生物であればなおさら簡単に遺伝子を変え、すばやく環境に適応していく。しかし複雑な生物ほど、遺伝子を変える変化の速度は遅《おそ》くなる。

そこで人間は、技術を使った。機械や道具を用いることで、生物としての肉体の限界を取りはらい、進化することに成功したのだ。飛行機に乗れば、ひとは、鳥にも不可能な速度で空を飛べる。肉体的な限界をのりこえただけではない。情報処理やコミュニケーションの能力も同様である。たとえば、遠く離《はな》れた誰《だれ》かと電話で瞬時《しゅんじ》にしゃべれる動物など、人間以外にはいない。人間は鳥や動物より速く移動できるし、何者よりも早くコミュニケーションできる。

すぐれた技術を作るには、客観視する能力が必要である。主観だけでは、まともな機械は作れない。機械の設計をし、部品を組み上げるには、その前提として、ものごとを客観的に観察しながら、そこにある法則を見つけ出す能力がなければいけない。科学とは、簡単にいえば世の中で起こっている客観的な現象に法則を見つけ出すことであり、技術とは、そこから再現性のあるものを作る**イトナ**みである。人間は、自分のことも、世の中のことも客観視できる。それが科学を生む大きな原動力になってきた。科学技術を進化させるためにもっとも重要なことは、物理現象の法則を見つけ、それを組み合わせることだ。それが可能になったのは、人間にこの大きな脳があったからである。脳が技術を進歩させてきた。

そして人間を進化させる技術のもっとも極端《きょくたん》なかたちが、ロボットなのだ。人間の能力を置き換え、能力の限界を乗り越《こ》えるための手段が技術であり、機械である。人間と機械とは、その成り立ちから言って、切り離せない関係なのである。にもかかわらず、もっとも進化した機械であるロボットと自分を比べ、取って代わられることにおびえる。奇妙《きみょう》な感じがしないだろうか？

ひとは、なぜロボットと人間を比べるのか。僕の考えはこうだ。もはやロボットが人間そのものに近づきつつあるから――言いかえれば、人の定義が見え隠《かく》れしだしているからである。「人とは何か」の本質がそこにあるという直感が、否応《いやおう》なくひとをロボットに惹《ひ》きつけ、また逆に、脅威《きょうい》として畏《おそ》れさせる理由の根源にあるのだ。

僕たちはこれまで「人間の下に機械がある」という階層構造を信じてきた。だがここまで機械が発達し、ロボットが進化してくると、本当にそうなのかが、あやしくなってくる。

多くの人は「人間という*カテゴリに自分を入れてください」「人間はロボットより偉《えら》いことにしておいてください」と潜在的《せんざいてき》に思っている。そうやって「そもそも人間がロボットより優位である」ということにしておかなければ、個別の*タスクで比べられると、人間はすでに機械に勝てない。［A］、どれだけ速く計算できるか、たくさん記憶《きおく》できるか、正確にものを組み立てられるか、どれだけクイズに強いか、どれだけ早く株をトレードできるか、どれだけチェスが強いか……。やるべき作業が明確に定義できる仕事は、ほぼすべて機械が勝つ。

二〇〇九年にアメリカの巨大メーカー、ＩＢＭのコンピュータプログラムである「ワトソン」がクイズ番組に出演し、人間のクイズチャンピオンに勝った。ふつう、クイズでは答えを「考える」と言うし、見ている側も一緒《いっしょ》に「考えている」はずである。ところが、クイズで人類はコンピュータに負けた。「考える」という行為《こうい》が人間にしかできない、人間だからこそできることだとすると、プログラムのワトソンは人間になったのか。［B］クイズにおける「考える」という行為は、「考える」ということではないのか。

人間がしている「考える」という行為を細かく定義し、個別の作業に分解していくと、ほとんどのことは簡単にコンピュータに置き換えられる。おそらく「考える」という言葉が差し示している作業の大半は、それ自体はさほど人間らしいことではない。むしろ人間らしいのは、「考える」という言葉の中身を理解しないままに、その曖昧な言葉を使うこと、使えてしまうことである。

曖昧なまま作業をしている例として、複雑な文章を構成したり、言葉をやりとりしたり、解釈《かいしゃく》をするといった仕事がある。こうした曖昧で、タスクの定義がきれいにできていない領域では、ロボットはまだ人間に勝てない。タスクの定義ができないものを、プログラムすることはできない（＝コンピュータに行わせることはできない）のだ。ほかにもたとえば、医者の仕事のなかでも、最先端《さいせんたん》で複雑すぎるもの、まだ研究途上《とじょう》であって何が正しいのか明確に言い切れないものは作業の定義のしようがないから、コンピュータが代替《だいたい》することは難しいだろう。「風邪《かぜ》を治す」こともそうだ。人間が風邪をひくメカニズムは明確にはわかっておらず、どうやって治るのかもはっきりとはわかっていない。[C]いまは人間が適当に薬を出し、「これで様子を見ましょう」と言っているだけだ。コンピュータにもそれぐらいのことはできるかもしれないが、医者と違ってロボットに「責任を取らせる」しくみがないことも、また問題である。

[D]、定義可能な作業においては、ほとんどすべてロボットが勝つ。加工食品に対する異物混入が問題になったことは記憶に新しいが、本当はロボットに作らせたほうが生産性は高く、ミスも起こらない。しかし現状では日本産の高級なロボットよりも中国やタイで人間が*ラインに立ってつくった方が安い。コストを考えた結果、異物混入やいい加減な作業をする可能性があっても、人間の手によって海外の工場で生産しましょう、と意思決定しているだけなのである。

ここまで言っても「自分たち人間はロボット以下である」、少なくとも「ロボット以下である場合がある」と認めたくないひともいるかもしれない。

[E]問いを逆転させてみてはどうか。

「なぜ人間はロボットより優れていなければいけないのか？」

僕にはこの答えがわからない。

★ 人間は、技術によって進化してきた。つまり本来、人間とは、自らがつくってきた機械やロボットも含《ふく》めて人間なのだ。それでも、あとからやってきたロボットよりも自分の能力が劣っていると言われると、拒絶《きょぜつ》したくなる。人間の方が優れているのだと言ってほしいと思う。われわれは「人を差別するな」と言われるし、「動物を大事にしよう」とも言われる。だから基本理念としては「世の中に存在するすべての生き物は平等に生きる権利を持つ」というのがもっともわかりやすいはずだ。しかし人間は、人間だけが特別であってほしい、ロボットより優秀だとどこかで思っている。実際には人間は、今や大半の仕事で、ロボットよりも能力的に劣《おと》った存在である。だが、人間が動物に対して必ずしも能力でその価値を判断していないように、人間もペットの犬や猫と同じように生きてもかまわないはずなのだ。能力がロボットに及ばずとも、生きられるにきまっている。しかし、「人間こそが最高の存在である」という*ロイヤリティを失ってしまうことに、多くの人は恐怖《きょうふ》を感じる。

僕は人間とロボット、人間と動物の区別はなくなっていっていいと思っている。区別がなくなればなくなるほどに、人間はロボットと本質的に何が違うのか、人間とは何か？　これらについて、退路を断った深い考察が進められるからだ。そうして人間は進化していくものなのだと、僕は考えている。

（石黒浩《いしぐろひろし》の文章による。なお、本文には一部省略したところがある。）

（注）＊Excel《エクセル》……表計算ソフトウェアの名称。
＊トレード……取り引き。
＊シンギュラリティ…技術的特異点。
＊カテゴリ……分類。
＊タスク……やるべき仕事。
＊ライン……工場の流れ作業の現場。
＊ロイヤリティ……特権。

問一　「それらの技術とアンドロイドは何が違うのか」とあるが、

（1）「それらの技術」と「アンドロイド」とはどのようなところが共通していますか。

（2）「それらの技術」と「アンドロイド」とはどのようなところが違うのですか。

問二　本文中のⓐ～ⓒの言葉について、それぞれ対義語を漢字で書きなさい。

ⓐ　直接的↔□□的　ⓑ　絶対的↔□□的

ⓒ　上昇《じょうしょう》↔□□

問三　「命に色をつけている」とあるが、ここではどのようなことをいうのですか。わかりやすく説明しなさい。

問四　「技術とは、人間独自の進化の方法だとも言える」とあるが、「人間独自の進化の方法」とは、どのようなものですか。三行以内で説明しなさい。ただし、一行の枠内《わくない》に二行以上書いたり、枠をはみ出して書いたりしてはいけません。

問五　本文中の空欄《くうらん》A～Eを埋《う》めるのに最もふさわしい言葉を次の（ア）～（オ）の中から一つずつ選び、記号で答えなさい。ただし、各記号は一度しか使えないものとします。

（ア）では　（イ）しかし　（ウ）だから

（エ）それとも　（オ）たとえば

問六　「人間はロボットと本質的に何が違うのか、人間とは何か？　これらについて、退路を断った深い考察が進められるからだ」とあるが、

（1）「退路を断つ」とは、この場合どういうことで

すか。それを説明した次の文の空欄を埋めるのに最もふさわしい一節を★印の段落（「人間は、技術によって進化してきた。……多くの人は恐《きょう》怖《ふ》を感じる。」）の中から十三字で抜き出しなさい。（句読点なども一字に数えます。）

□□□□□□□□□□□□□という考えを捨てること。

（2）（1）の答えのような態度をとると、なぜ人間が進化していくことになると筆者は考えているのですか。

問七　文章中の**カタカナ**を漢字に、**漢字**をひらがなに直しなさい。

★【問一（1）：70字（2）：140字　問三：50字　問六（2）：150字】
問四は罫線あり（1行30字目安）：90字（3行）

中学入試において、「ロボットと人間」「機械技術と人間」といった対比で書かれた文章に出あう場合、その多くはお決まりの結論になっていることが多い。すなわち、ロボットや機械の限界と人間の無限の可能性について主張するような内容、要はロボットよりも人間をプラス評価する内容になっているということだ。

ところがこの文章は、そうではない。人間が上で機械が下、というような「常識」に疑問を呈する文章である。だから、先入観を持って読むと混乱してしまう。

ただ、親切にも冒頭に、筆者はアンドロイドの開発者・研究者であるという注釈が明記されている。そのおかげで、先入観を排して読むことができる。

さて、それでは設問を見ていこう。

問一

まず、「それらの技術」の内容を確認する。ロボット（アンドロイド）以外の技術のことである。電車、飛行機、フォークリフト、ダンプカー、電卓、エクセル、大半の家電、自動車、スマホなどが例示されている。

基本的に、傍線部の前に共通点が、後に相違点が書かれている。

傍線部の直前には、「～には違いない」とあり、それが共通点だと分かる。この段落をまとめれば（1）の答えになる。

相違点については、対比関係を意識的に整理しながら書かなければならない（**鉄則7**）。ポイントは、

問七　発揮　裏腹　とうと（い）（たっと（い））　縮（まって）　愛着　営（み）

（　）内の送りがなは解答欄にもともと印刷されている。

一、バランス。二、観点の統一。

一つ目の観点は、傍線部の直後にある「人間の姿かたちをしているかどうか」である。

二つ目の観点は、その次に「　」でくくって書かれている。「人間を助けるもの」か、「人間の役割を置き換えてしまうもの」か、である。ただ、これらは**反対語・否定表現になっていない。つまり、観点が統一されていない。そこで、抽象化する必要がある。**

人間を助けるもの　↓　人間の下の存在

人間の役割を置き換えてしまうもの　↓　人間と対等またはその上の存在

このようにすればこそ、「違い」が明確になる。

「違い」というのは、常に「観点の統一」を必要とする。観点を統一すればこそ、「分ける」ことができ、それが「分かる」ことにつながる（鉄則4）。

ここで、解答例を示そう。

問一　ふくしま式の解答例

（1）どちらも、人間の能力、ひとがやってきた仕事を機械に置き換えるものであり、人間の能力から発想を得てつくられたものであるという点。

（2）前者は人間と姿かたちが異なり、人間を助けるもの（人間の下の存在）に見えるが、後者は人間と姿かたちが似ており、人間の役割を置き換えてしまうもの（人間と対等またはその上の存在）に見える。特に後者は、人間にしかできないと思われていた知的活動を実現しかけているため、そのように見える。

（1）は、次の箇所を入れるかどうか迷うが、やめておいた。
「人間の手でやるにはめんどうくさいこと、時間がかかること、努力しなければいけないことを代わりに機械にやらせているわけだ」の部分だ。

この文は、三つの類似表現が並列されており、やや具体的な印象がある。ここを直接使うのは、なるべく避けるべきである※。言いかえた文があれば、それを使うべきだ。

すると、前の文と後の文が、ちょうどここを抽象的に言いかえていることに気づく。


文末接続語「わけだ」は、言いかえ（同等関係）、あるいは理由づけ（因果関係）の機能を持つ。


ここでは、前の文を言いかえていると考えられる。

また、直後の「つまり」は、もちろん言いかえる機能を持つ。

だから、「めんどうくさい云々」の箇所を使わなくても、その前後でまとめればよい。
（2）は、先に整理した二つの観点とともに、次の内容を加えた。44行目の「ゆえに」の前に、「ロボットが人間に置き換わる」と思ってしまう理由として述べられた、「人間にしかできないと思われていた知的活動を実現しかけている」という部分である。
なお、解答例のように（　）を挿入するという書き方は、模試などでは避けるべきだろうが、難関校というのは形式より内容を重視することが多いはずだから、本番では許容範囲だろう。とりわけ、解答用紙に枠組みがなかったりする武蔵では、全く問題ないと思われる。

この（1）（2）は、要するに、「どちらも同じく人間から発想したものなのに（共通点）、アンドロイドのほうだけ、人間の上に立ってるように見えちゃうんだよね（相違点）」ということを表現できていればよいということだ。

※「具体的に答えなさい」と指示されない問いは、原則として抽象的に答えるべきである。私の実感として、問いの８割は抽象化設問である。具体化だと答えがバラバラになり採点しづらいという事情もある。

問二

私の塾ほど、対義語・反対語というものを重視している塾がほかにあるなら教えてほしい。わが塾では、入塾審査で出会った初日に、生徒・保護者に向けて宣言する。「うちの塾に入ったら、覚えてほしいことが二つあります。一に鉄則、二に反対語です」と。そして、必須教材として『高校受験［必携］ハンドブック　国語読解［完全攻略］22の鉄則』と『ふくしま式「本当の語彙力」が身につく問題集［小学生版］』（いずれも大和出版）を示し（入塾後に配付）、この二冊が最も重要な教材であると伝える。後者は、反対語だけをまとめた本である。いずれも、小四から高三まで、学年・校種を問わず、同じものを使用する。

ともあれ、**反対語は「意味の骨組み」である。ただの断片的知識ではない。**

そんなわけなので、こんな問題はあっという間にできなければならない。

それぞれの答えは、a 間接　b 相対　c 下降 である。

問三

本文をテキトーに眺めて思いつきで抜粋してつなげたような答えを書いてはいけない。どんな問いでもそうだが、どうしても子どもたちはそうしたがる。

何度も述べてきたことだが、まずは設問の読解、次に鉄則を使って**機械的に考えていく**のだ。

「どのようなことをいうのですか」。これは、言いかえる設問である（**鉄則5**）。

傍線部は比喩的であるから、比喩の言いかえである（**鉄則15**）。

「色をつける」とは、たとえば信号で赤青黄と三色にするように、「分ける」ことがその本質である。だから、ひとことで言いかえると、「区別する」ことである。

そして、次のステップで考えていく。

「命に色をつけている」
←「命を区別しているということ」（何の命を？）
←「人間とそれ以外の動物の命を区別しているということ」（命の何を？）
←「人間とそれ以外の動物の命の価値を区別しているということ」

価値の区別とは、要するに上下の差をつけるということだから、そのあたりを含めて答案に入れていく。すると、次のようになるだろう。

問三　ふくしま式の解答例
人間とそれ以外の動物の命の価値に差をつけ、区別しているということ。

本文では、「犬や猫の価値や生きる権利と」とあり、「価値」と「生きる権利」を並列している。だから、「生きる権利」を書き加えてもよいだろう。ただ、一般的には「価値」のほうが抽象的な上位概念だから、それだけ使えばよいと思われる。

ともあれ、**まず短く考え、それを長くしていく。まず骨組み、次に肉づけ。**

こうしたステップで進めれば、間違いなく得点源にできる問いである。

問四

傍線部についての説明は、どこまで続くと見るべきか。

結論は、傍線部の段落を含めて四段落分（175行目まで）だろう※。かなり長い。158行目から、「科学とは」「技術とは」という定義が書かれており、その先には、「人間は、自分のことも、世の中のことも客観視できる」「脳が技術を進歩させてきた」などとある。これらは、動物との違いをふまえ、技術や進化を説明したものである。

そこで、次のような答えになるだろう。

> **問四　ふくしま式の解答例**
> 生物としての肉体的限界、あるいは時間・空間的限界を超えるべく、客観的な現象に法則を見つけ出すことで生み出した科学技術を用いて進化していくような、人間ならではの方法。

内容は大きく二つ。

まず、限界を超える話。肉体的限界については、145行目にこう書かれている。「機械や道具を用いることで、生物としての肉体の限界を取りはらい、進化することに成功したのだ」。そのあとには、

※本書のレイアウトの都合上気づきにくいが、176行目が空いており、そこが境目になっていることもヒントになる。ちなみに、同様に気づきにくいが128行目も1行空いている。

こうある。「肉体的な限界をのりこえただけではない」。ということは、並列する形でもう一つ書く必要がある。「情報処理やコミュニケーションの能力」が何を「超えた」かと言えば、時間・空間だろう。「瞬時にしゃべれる」「速く移動できる」をもとに、そう考える。「時間・空間」という概念は、**ふくしま式「七つの観点」**ではおなじみである。日頃意識していれば、簡単に出てくる言葉だ。

次に、客観視の話。158行目を見る。「科学とは、簡単にいえば世の中で起こっている客観的な現象に法則を見つけ出すことであり、技術とは、そこから再現性のあるものを作る営みである」と、定義されている。**「○○とは」と書かれた定義は、見逃すことなく必ずマークしながら読む必要がある。マークするだけでなく、答案にそれを使う意識が欠かせない（鉄則13）。**傍線部にはそもそも、「技術とは、人間独自の進化の方法である」と書かれているわけで、「技術」の意味を述べないことには不十分になる。169行目の、「人間の能力を置き換え、能力の限界を乗り越えるための手段が技術であり、機械である」というのも、定義である。**鉄則13では、述語タイプの定義と呼んでいる。**「技術とは、～である」というのが主語タイプ。「～、それが技術である」というのが述語タイプだ。ともあれ、ここにも限界を超える話が書かれていることに注目したい。

なお、158行目からの定義について補足しておく。「法則を見つけ出す」ことと「再現性のあるものを作る」ことは、つながっている。Aという手順を踏めば、必ずBという結果が出る。それが法則である。手順Aを繰り返すたびに、毎回、同じBが新たに得られる。それが再現性ということである※。だから答案では、再現性についてことさら書かなくても、「法則」について触れればよいだろう。

こうした内容的理解は、小学生にはかなりハードルが高い。まして、一読しただけでそんな理解ができるはずもない。ただ、今まさにこの過去問によって「技術とは何ぞや」という話に触れているわ

※ 13ページなどで「技術とは真似できるものである」と私が定義しているのも、ここに根拠がある。同じプロセスを真似すれば、同じ結果を再現できる。それが技術である。

けだから、**一つの知識として、それを今身につけておくべきだろう**。

科学とは、技術とは、といったテーマは、人が人として生きていく上で不可欠なテーマであり、ゆえに当然ながら、国語のみならずあらゆる学習分野で思考を支えるものになる。

ところでこの問いは、なぜ解答欄が限定されているのか（限定されていない問いも多いのに）。

おそらくは、本文中の該当箇所全部を力わざでコピペすれば答えになってしまうから、短く要約させようという意図だろう。

ゆえに、もとになる説明の範囲は（先に述べたように）長いと見るべきである。

なお、この問いは「どのようなものですか」と問われているので、基本的には「言いかえる設問」である（**鉄則5**）。

「人間独自の／進化の方法」というように、二つのパーツに分けて考えるのが原則である（**鉄則16**）。

独自とは、他と「違う」ということだ。ここでは動物との違いを考えればよい。答案では、「動物とは違って」などと書きたいところだが、解答例では、生物の限界を超えるという意味合いが既に入っているので、ことさらその表現は入れていない。念のため、「人間ならではの」と書いておいたが。

問五

接続語挿入問題。答えは、A オ　B エ　C ウ　D イ　E ア である。

この手の問題では、たとえば「一方」と「ところが」のように、関係性の類似した表現を判別しなければならないものに出くわすこともあるが、今回はそうではない。つまり簡単だ。だから、個別の空所についての解説は省く。原則としては、**鉄則17**に従って解くパターンである。26ページを参照してほしい。

問六（1）

これは簡単だ。答えは、**人間こそが最高の存在である**。

★の段落、と指定されており、該当箇所は最初から「　」で強調されている（268行目）。本文全体の意味を理解できていれば、迷うことはない。

なお、知っている人は知っているだろうが、この（1）には出題ミスがあったため、関連する（2）とあわせて、どちらも「受験者全員満点」という扱いになった経緯がある。

解答欄の下の「という考えを捨てること」の表記が書かれていなかったのだ。

これがないと、設問中に書かれた「それを説明した次の文」とはどれを指しているのか全く分からない。また、（2）は（1）と密接に関連するため、こちらも答えようがなくなる。本番の教室における受験生の心情が思いやられる。

この本では、次の（2）も含め、学校発表の訂正内容を反映して解説していることをお断りしておく。

問六（2）

「人間こそが最高の存在である」という考えを捨てると、なぜ人間は進化できるのか。これが問いである。難しい問いだが、だからこそあれこれ自分で考えず、まずは型どおりに進めること。**鉄則20**を使う。

前件肯定パターン
（問い）「①は②であると言えるのはなぜか」
（答え）「①は③であり、③ならば②だから」

（問い）「人間こそが最高という考えを捨てると／人間は進化できる」と言えるのはなぜか。
（答え）人間こそが最高という考えを捨てれば（③）であり、
（③）であるならば、人間は進化できるから。

本文には、「『人間こそが最高の存在である』というロイヤリティを失ってしまうことに、多くの人は恐怖を感じる」と書かれている（268行目）。

ならば、「人間こそが最高の存在である」という特権意識を自ら捨てれば、恐怖も消えるはずだ。ロボットに奪われる、と考えず、自ら捨てる。そうすれば、「ロボットに支配される」というような恐怖から解放されるだろう。

そして、恐怖という「感情」が消えれば、「理性」でものを考えられるようになる。人間とロボットは何が違うのか？　実は違いなどほとんどないのではないか？　区別する必要はないのではないか？　――などと。

区別する必要などないというメッセージは、本文中、あちこちに書かれている。たとえば、171行目。「人間と機械とは、その成り立ちから言って、切り離せない関係なのである」。

さらに、そうしたことに気づく「理性」とは、筆者の言うところの「客観視」に通じる。

感情は主観につながり、理性は客観につながる。

感情 ↕ 理性

主観 ↕ 客観

問二でも触れたように、こうした反対語とその関連語については、知識として定着させておくのが基本である。定着していれば、こうした思考プロセスに至るのは決して不可能なことではない。

話を戻す。理性は客観視に通じる。

ここで、人間の進化について整理した問四の内容を思い出してほしい。

技術とは進化の方法である。傍線部にそう書かれていた（139行目）。

ならば逆に、進化とは、技術そのものであるとも言える。そして技術とは、能力の限界を超えるべく、現象を客観視して法則を見つけ出すことであった（154行目からの段落）。

つまり、客観視こそが進化の条件である。

これで、先の型における③の空所がつながった。整理すると、こうなる。

人間こそが最高という考えを捨てれば（③）であり、
（③）であるならば、人間は進化できるから。
人間こそが最高という考えを捨てれば、恐怖の感情が消える。
感情が消えれば、理性が働き出す。
理性が働けば、客観視できるようになる。
客観視できるならば、人間は進化できる（から）。

これらの**パーツを列挙**◆すると、こんな答えになるだろう。

問六（2）ふくしま式の解答例

「人間こそが最高の存在である」という考えを捨てれば、「ロボットに支配される」といった恐怖の感情が消える。感情が消えたところには、理性が働き出す。理性が働けば、人間は現象を客観視できるようになる。この、現象を客観視する能力こそが、人間の進化の条件であると言えるから。

まあ、仰々しく書いてはいるが、結局のところは、「恐れることなんてない。冷静になれば、進化できるよ」と言っているにすぎない。

客観視という言葉を難しく感じるかもしれない。

しかし私は授業の場で、これまで数え切れないほど、この言葉を小中高校生に指導してきた。

◆長い記述は短文の連続でクリアする！

それだけ、さまざまな価値の本質につながった言葉なのだ。

物語文でも登場する。主人公が成長するというのは、どういうことか。ひとことで言うなら、ものごとを客観視できるようになるということだ。それまで、少ない経験の上で感情に揺さぶられ、主観的にものごとをとらえることで失敗してきた主人公。それが、さまざまな経験をとおして、「大人」になっていく。大人とは、客観視できる人間のことを言う。

と、こんなふうに書けば、**「客観視」とは、中学入試に出てくるあらゆる物語に通じるキーワードである**ことが分かるだろう。決して、説明文にだけ出てくる言葉ではない。本質的な言葉である。

最後に、問いを一つ解いておこう。

長文読解に向き合わなくても今すぐできる基礎練習⑥

次のア～エのうち、「客観視している」と言えるものを二つ選びなさい。

ア　週に二回忘れ物をしただけでしょ。何がいけないの？

イ　週に二回忘れ物をするというのは、先生から見れば多いほうなんだろうと思った。

ウ　前髪を切りすぎたけど、おそらく誰も私の前髪なんて気にしないはずだ。

エ　前髪を切りすぎてしまった。恥ずかしくて、学校に行けない。

基礎練習⑥の答え……イ・ウ

理性的に見るというのは客観的に見るということであり、感情的に見るというのは主観的に見るということである。その意味が、こうした例によってよりよく分かるはずである。

雙葉

雙葉中学校
2020年　説明的文章
『二つの環境　いのちは続いている』※　武田邦彦《たけだくにひこ》
45分／50

次の文章を読み、問いに答えなさい。

「風《ふ》が吹けば桶屋《おけや》が儲《もう》かる」という昔からのことわざがある。まず、何か事が起こる……つまり風が吹くということだが、そうすると［　A　］という意味だ。黒部峡谷《くろべきょうこく》にダムをつくり、発電所を建設して電気を作り始める。人間は電気をつかった文化的な生活ができるようになり、＊後藤絹さんは喜んだが、黒部川の魚は死に、富山湾《とやまわん》はダメージを受けた。でも、そのおかげで人間の家庭ではテレビや冷蔵庫、洗濯機《せんたくき》が使えるようになり、①それで命が救われた赤ちゃんがいる。

②赤ちゃんの命は［　B　］の生まれ変わりだ。

赤ちゃんの死ぬ数が減るほど環境《かんきょう》が良くなれば、大人の寿命《じゅみょう》も長くなるだろう。そしてその通り、日本人の寿命はどんどん伸《の》びて八〇才になった。八〇年前は平均寿命は四〇才だったから、三〇才にもなると「私の人生は、あと一〇年」と計算しなければならなかった。五〇年前は五〇才だった。それからみると寿命は本当に長くなった。そして、日本は世界一の長寿国《ちょうじゅこく》だ。オリンピックで金メダルを取るのは大変。それほど世界一というのは大変だが、実に平均寿命が世界一。

陸上競技の一〇〇メートルの金メダルも嬉《うれ》しいし、マラソンのメダルもすごい。でも、やはり「③命の金メダル」が素晴《すば》らしい！

日本の環境は素晴しい。だから、環境が悪くなっている話を聞いてあまり暗く考えることはない。それでも「環境を守れ！」とか、「環境を守るために朝起きたらゴミを分別しよう」「リサイクルしよう」としているのはなぜだろうか？　空気がきれいになり、川や湖も少しずつ澄《す》んできて、病気も減っているのだから、環境は良くなっている。

何を錯覚《さっかく》しているのだろうか？

実は「環境」には二つある。一つは「人間社会だけの環境」で、もう一つが「自然と共にある環境」だ。

実は、「人間だけの環境」は年々、良くなってきて、環境が悪いと言えないまでになっている。それはそうだ。空気がきれいで、水もきれい。薬品は心配ないし、

※2002年11月刊・大日本図書

衛生状態も良い。赤ちゃんは死なないし、平均寿命は長い。害獣《がいじゅう》や害虫も駆除《くじょ》し、野良犬《のらいぬ》もいない。蚊《か》に刺《さ》されることも少なくなったし、夜道は明るく十一時でも安心して歩くことができる。

④素晴しい「環境」の中に住んでいるのだ。

川はコンクリートで護岸してあるので、すこし味気ないが氾濫《はんらん》の恐《おそ》れは格段に減った。小さな川は*暗渠《あんきょ》にした。少し潤《うるお》いがなくなったが水たまりがなくなったのでボウフラもわかず、アメンボウもいない。道路は全て舗装《ほそう》してあるので、少し味気ないが泥《どろ》とは縁《えん》がなくなった。家もビルも車も電車も全てにエアコンがついているので、少し贅沢《ぜいたく》な感じもするが、夏は疲《つか》れないし冷房《れいぼう》病にもならない。

このように現代の科学を利用すれば、「人間だけの環境」を良くすることはできるのだ。

もう一つは「自然と共にある環境」だ。それを描写《びょうしゃ》してみよう。

『川は水草と泥で護岸するので、大雨のときには溢《あふ》れることもあるが、何十年に一度のことはがまんする。小さな川にはボウフラが沸《わ》くが、メダカが泳いでいるのが見える。道路は舗装していないので土ぼこりがたち、雨が降ると水たまりができ、寒い日には氷がはる。クーラーは使わないので、風通しに気をつけているし、夏は背広《せびろ》を着たことはない。時には風邪《かぜ》をひくこともあるけれどあまり*抗生《こうせい》物質に頼《たよ》らずに、そのときは学校も仕事も休む。

自然と共にある環境では、生活は少し不便になる。寿命も一人の個人としての寿命はもしかすると少し短くなるかもしれない。でも、庭にはイヌが走っていて、朝になると⑤ニワトリが時をつくる。時々、裏庭のベンチを使って仲間とバーベキューをすると、リスが遠くから見ている。林は整然とした杉《すぎ》林からクリになったので、毛虫はいるし、イガは痛いけれどクリの実も楽しめる。最近、柿《かき》の木が多くなったので、⑥それをしっけいするのも楽しみだ。

それでも下水や水洗トイレ、そしてゴミの収集などはほとんど気にしなくても良い。キチンと市役所がやってくれる。昔は「ゴミは自分で出したのだから自分で始末しなさい！」と言われてこまったものだが、大切なことは公共でやってくれるので安心だ。』

『　』でくくった文の描写は想像したもので、現実の日本とはちがう。日本は科学が進んでいろいろなものを取り入れてきたけれど、このような「⑦自然と共にある環境」は作らなかった。

科学は人間に豊かな人生を提供するために発達してきた。もちろん、人間を罰《ばっ》したり、破滅《はめつ》に導いたりするものではない。もし、科学が人間の役に立たないとか、環境を悪くしているように感じられるとしたら、

⑧それは［C］がそうなのではなく、［D］がそうするのだ。科学は、川の護岸にコンクリートで固める技術も、水草と泥で護岸する方法も提供してくれる。どちらが良いかを決めて実際に護岸するのは科学ではなく、そこに住んでいる「人」たちだ。

フレミングのペニシリン合成の努力も、ローランドのオゾン層の研究もみんな「自然と共にある環境」に利用することができる。

使い方がまちがっているのは、科学ばかりではない。ある時、東京の奥多摩《おくたま》の方からサルが一頭、東京の真ん中に迷いこんできたことがある。小さなニホンザルだった。そこには人間は何万人と住んでいるのに、小さなサル一匹《いっぴき》で大さわぎになった。捕獲《ほかく》隊が出動し、数日間にわたって作戦を展開、ついにその小さなサルを捕《つか》まえた。

人間が数万人いるところにサルが一匹いたからといって、なにか不都合があるのだろうか？「ある！」たとえば、サルが餌《えさ》を採ろうと子どものお菓子《かし》に手を出すとか、夜、歩いているときに急に叫《さけ》び声を出されてはビックリするとか、それはいろいろあるだろう。そして、市役所の方がそのままにしておいたら、マスコミが「何をしている！　サルぐらい早く捕まえないのか！」と非難するのでしかたなく市役所や警察も出動せざるを得ない。

ある夏の暑い日、多摩川にアザラシの子どもが一頭、波間に浮《う》いているのが発見され、そこにちょうどいあわせた人がビデオでとった映像がテレビで流れた。「多摩川にアザラシ?!」「なぜだ?!」と大さわぎになる。今の多摩川には小さな魚はいるだろうが、アザラシのような大型の動物がいるはずがない。そんなものはとっくの昔にいなくなったと思いこんでいた人たちは、⑨驚《おどろ》くやら嬉しいやらで大変だ。

でも、多摩川は長さ一三八キロメートルもある大きな川で、川幅《かわはば》は最大で五〇〇メートル。あのエジプト文明をつくったナイル川と同じくらいの川幅をもつ堂々たる川だ。その川に少しくらい大きな動物がいないのも変だ。もちろん、ボラなどの淡水《たんすい》魚やユリカモメ、シロチドリなどの鳥はいるが、やはり多摩川も⑩人の手の中にある。

昔、日本は銅の輸出国だった。国内には足尾《あしお》銅山、別子《べっし》銅山などの有名な銅山が活躍《かつやく》していた。でも、もう銅山はない。

外国の銅鉱山に行ってみると、地下から掘《ほ》り出される銅鉱石にイオウやヒ素が混じっている。それが銅鉱石から離《はな》れて大気に放出されるので、付近の山ははげ山になっている。でも、その風景こそ長続きする姿なのだ。最初から、私たちが見るようなピカピカした銅が出てくる方がおかしい。田園調布にサルがいて、多摩川をアザラシが泳ぎ、銅鉱山のまわりがきたない……それが環境だ。

そういえば、日本では動物を見ることができなくなったばかりではなく、鉱物も珍《めずら》しくなった。少し前までは、秋田や青森には「黒鉱《くろこう》」といって黒光りした優《すぐ》れた銅、鉛《なまり》、亜鉛《あえん》などがとれる硫化鉱《りゅうかこう》の鉱山がたくさんあった。最近でも有望な黒鉱の鉱脈が発見されているが、でも日本人は自然とは離れてしまったので誰《だれ》も興味を示さない。

本当は、日本は自然と共にある環境を作り出すことのできる珍しい国だ。

世界地図をじっと見ると奇妙《きみょう》なことに気がつく。地球は北半球と南半球に分かれていて、不思議なことに北半球にほとんどの国が集まっている。陸地も同じだ。南半球の太平洋やインド洋は本当に広い。そこに陸地が点々としている。

そればかりではない。さらに不思議なことに、北半球の温帯には島が少ない。日本だけが北半球の温帯の大きな島国だ。温帯と言えば人間が住むのに一番、居心地が良い。寒さで凍死《とうし》もしないし、暑さで焼け死にもしない。冬はコタツでもあれば何とかなるし、夏は風鈴《ふうりん》を下げてウチワと扇子《せんす》が活躍する。その温帯に浮かんでいる島だから気候は良い。海は温度の変化が少なく、昼間は海風がそよそよと吹いてくる。

第一、日本では昔から安心して水が飲める。そんな国は世界広しといってもめずらしい。

日本に住んでいるとそんなことは当《あた》り前だが、あまりに当り前なので忘れてしまう。そして、寒い風が⑪吹き[す　　]、灼熱《しゃくねつ》の太陽が照りつけ、カラカラに乾《かわ》いた大地に住む人たちが身を守るために作る環境と同じ環境を作っている。気候の厳しい国では窓を開けられないが、日本では窓を開けた方が気持ちが良い。

世界でもめずらしい良い環境が与《あた》えられているのだから、日本の環境は日本人が考えなければならない。生産の時代は生活の方法や技術までアメリカやヨーロッパに学べば良かったが、⑫環境はそうはいかない。

もう一度、別の見方から二つの環境を整理してみよう。

「人間だけの環境」は⑬「孤独《こどく》環境」と言ってもいいだろう。人間だけに快適な環境を意味していて、現在、そちらの方向に全力で進んでいる。人間が目に見えない境界をつくって囲いこみ、その中に住宅や学校、ビル、道路などをつくり、そこには人間と人間が認めた生物や自然しか入れない。家畜《かちく》でも人間に背《そむ》いたり、野良犬になったものは駆除するし、植物でも自然に生えた林は切り取り、街路樹にする。昆虫《こんちゅう》も人間に少しでも害を及《およ》ぼすものは取り除く。だから、環境は極《きわ》めて快適で、道路は舗装され、部屋はすべて冷暖房完備だ。台風が来ても風に怯《おび》えることはない。自然の水がおいしくても、ペットボトルの水を飲む。

「孤独環境」では救急車や病院も全て完備し、また他の人との争いも裁判所がかたづけてくれる。一人静かに人生を送るのに、最適な環境が用意される。個人の尊厳、個人の自由、そして個人の権利を認めてくれるが、その代わり孤独だ。

だから「たった一度の人生」を求められるので、できるだけ長く生きなければならないし、⑭死ぬのが怖《こわ》い。

もう一つは「自然と共にある環境」で「共生環境」と言える。人間が他の動物や植物、そして鉱物と共に生きるための環境で、舗装されている道路は少なく、木々は自由に生えている。時にはイタチが道路を横切り、ビックリして急ブレーキをかけることもある。動物は臭《くさ》いし、勝手に生えている木々からは毛虫が落ちてくる。その代わり、小さな丘《おか》の藪《やぶ》からはキジの鋭《するど》い鳴き声が聞こえてくる。金や銅も小さな近くの鉱山を復活させて、生まれて初めて「鉱石」というものに触《ふ》れる。

「共生環境」では、病気になってもギリギリまで薬は使わない。科学は「細菌《さいきん》を皆殺《みなごろ》しにする」という研究をするのではなく、病気になったら二、三日休んでも困らない仕事のしくみや、薬を使わなければならない時期を見分ける診断《しんだん》法などの研究を進める。一人静かに生活することもできるが、多くの人は仲間と動物たち、そして植物に取り囲まれた人生を送る。自分の命と他人の命、そして自然の命は一体となって感じられ、自分の死は毎日の連続のうちに埋《う》もれていく。

冬、孤島のガケに繁殖《はんしょく》のために集まっている海鳥は、自分たちを狙《ねら》う大きな鳥が上空から襲《おそ》ってくると、いっせいに飛び立って狩《かり》のかく乱をする。「孤独環境」なら⑮ガケの巣にいる海鳥は敵から逃《のが》れるために洞穴《ほらあな》に隠《かく》れるが、「共生環境」の海鳥は仲間を助けるために自ら飛び立つ。狙われた一羽が助かり、飛び立ったうちの一羽が犠牲《ぎせい》になることもある。それでも仲間の命と自分の命が近いから不満はない。

イワシは回遊魚だ。円形のプールにイワシを入れるとグルグルと回るように泳ぐ。大きな円形のプールにイワシをドンドンいれると満員になってくる。そのうち「イワシ密度」が高くなりすぎると、奇妙なことが起こる。イワシがおたがいに体をこすりあわせてウロコに傷をつけ、死ぬ。あまりにイワシ濃度《のうど》が増えると「全体の迷惑《めいわく》になるから」ということだ。

⑯イワシはえらい！　と感心してはいけない。なぜみんなのために自分が死ななければならないのか！　と憤慨《ふんがい》してもいけない。イワシにとっては「自分の命はみんなの命」であり、「みんなが生きていれば自分

が生きていること」ということなのだ。

共生環境の日常生活は少し不便だ。そのかわり死ぬときは恐ろしくない。そして、私たちのまわりの生物と鉱物は長い間、そうしてきて、今でもそうだ。だから、

「何かが私たちの五感に訴《うった》えている。その声が聞こえる」……その声の主は生物と鉱物だ。そして「一緒《いっしょ》に生きること、節約をすること、そして夢を持って将来を作ること」を私たちに呼びかけているけれど、それは⑰最後の力を振《ふ》り絞《しぼ》った呼びかけだ。

（武田邦彦《たけだくにひこ》『二つの環境　～いのちは続いている～』より）

＊後藤絹さん――苦労して家事をしていた人として、この本文より前に取り上げられている人物。
＊暗渠――地下に設けた水路。
＊抗生物質――細菌が増えるのをおさえるための化学物質。

問一　[A] に入るものを次の中から一つ選び、記号で答えなさい。
ア　予想したとおりの結果――桶屋が儲かる――になる
イ　自分にとって不愉快《ふゆかい》なこと――桶屋が儲かる――が起こる
ウ　あきらめていた夢――桶屋が儲かる――がかなう
エ　意外なところにその影響《えいきょう》――桶屋が儲かる――が出る

問二　――線部①「それで命が救われた赤ちゃんがいる」とありますが、「冷蔵庫」によって命が救われたと考えられるのはなぜか、説明しなさい。

問三　――線部②「赤ちゃんの命は [B] の生まれ変わりだ」とありますが、Bに入る語句を本文中よりぬき出して答えなさい。

問四　――線部③「命の金メダル」とは、ここではどういうことを指して言っているのか、答えなさい。

問五　――線部④「素晴しい「環境」」とはどのような環境か、十五字以内でまとめなさい。

問六　――線部⑤「ニワトリが時をつくる」・⑥「それをしっけいする」とはどういうことか、それぞれ答えなさい。

問七　――線部⑦「自然と共にある環境」とあります

字数指定のない問いの解答欄は四角い枠（実質１行の枠もあり）。以下目安。
問二：70字　問三：10字　問四：35字　問六：⑤35字 ⑥35字　問十二：150字

が、これに当たるものを次の中から二つ選び、記号で答えなさい。

ア　川をコンクリートではなく、土に根を張る水草や泥の力によって固めるので、時々洪水が起こる。
イ　草木は街路樹として特定の場所にまとめ、どんな天気の日でも足元を気にせず道路を歩けるように整備する。
ウ　家の中も公共施設もいたるところにエアコンが完備されているので、夏も快適に過ごせる。
エ　都会に迷いこんできたニホンザルやアザラシなどを傷つけることなく捕獲し、野生に返す。
オ　川の水をよごさないように、市役所などの公共機関が下水の処理を定期的に行う。
カ　害虫や害獣とされる生き物を抗生物質の研究に活用し、人や家畜の病気を減らす。

問八　――線部⑧「それは［C］がそうなのではなく、［D］がそうするのだ」とありますが、C・Dに入るものをそれぞれ次の中から一つずつ選び、記号で答えなさい。

ア　環境保護を訴える人
イ　環境
ウ　現実を直視しない人
エ　科学を使う人
オ　現実
カ　科学

問九　――線部⑨「驚くやら嬉しいやら」を、「やら」を「たり」に直して書きかえなさい。

問十　――線部⑩「人の手の中にある」の意味として正しいものを次の中から一つ選び、記号で答えなさい。

ア　人が保護している
イ　人が所有している
ウ　人が管理している
エ　人が造成している

問十一　――線部⑪「吹きす［　］［　］」が、「激しく吹きあれ」の意味になるように、空らんにひらがなを書き入れなさい。

問十二　――線部⑫「環境はそうはいかない」といえるのはなぜか、説明しなさい。

（著者注）問五には句読点を１字に数えるかどうかの注釈がない（問十八にはある）が、原則として句読点を含むものと考えるのが一般的である。

問十三　――線部⑬「孤独環境」とありますが、なぜ「孤独」なのか、説明しなさい。

問十四　――線部⑭「死ぬのが怖い」とありますが、その理由として最もふさわしいものを次の中から一つ選び、記号で答えなさい。

ア　死んでしまったら、人間が作りあげた、きわめて快適な環境にはいられなくなると考えているから。

イ　自分と仲間の命のつながりを意識しないため、自分が死んだらすべては終わりだと思ってしまうから。

ウ　個人の権利がどれほど守られていても、生死だけは人間の力がおよばないものだと感じているから。

エ　今まで共に過ごしてきた、自分の周りの人々や生き物たちと離れなければならないと想像してしまうから。

問十五　――線部⑮「ガケの巣にいる海鳥は敵から逃れるために洞穴に隠れる」とありますが、これはどういう行動だといえるか、答えなさい。

問十六　――線部⑯「イワシはえらい！　と感心してはいけない」とありますが、「イワシはえらい！」と感心するのはなぜだと考えられるか、答えなさい。

問十七　――線部⑰「最後の力を振り絞った呼びかけ」について、

(1)だれが「呼びかけ」をしているのか、答えなさい。

(2)なぜ「最後の力を振り絞った呼びかけ」をするのか、説明しなさい。

問十八　この文章は、二〇〇二年に出版された本から引用しています。それから十八年たった現在の環境について、あなたはどう思いますか。具体例を挙げて、一〇〇字以上一二〇字以内で述べなさい（句読点も一字と数えます）。

問十三：150字　問十五：35字　問十六：40字
問十七（1）：10字（2）：90字

正直なところ、名門・雙葉中が、あの武田邦彦氏の文章を引いて読解問題にしていることに、私は目を疑った。「あの」に傍点を振っている意味は、分かる人には分かるだろう。その気でウェブを検索すれば、いわゆる「アンチ」がたくさん見つかる。そういうタイプの発信者であることは間違いない。

もちろん、一定のプラス評価を受けているからこそ、テレビ等のマスメディアにたびたび登場しているわけである。どんなジャンルであれ、否定する「アンチ」の増加は、肯定する人間が増えていることの裏返しでもある。

しかし、国語入試問題というのは多くの場合、その学校から受験生（新しく迎え入れる新入生）へのメッセージであるととらえられることが多い。となると、ちょっと首をひねりたくもなる。

言うまでもなく、非道徳的な価値観で書かれた文章が入試に出ることは皆無に近い。中学、高校、大学を問わず、である。今回の文章も、それだけを見ればさして疑問を差し挟む必要もない内容になっている。

ただ、武田氏の本には、たとえば次のような記述がある。『今、心配されている環境問題は、実は心配いらないという本当の話』（武田邦彦著・山と溪谷社）から、少し引用しておこう。

「だから、この地上がこれほどの豊かな様相を見せる基本中の基本は、二酸化炭素（温暖化ガス）が豊富にあるということだ。しかし、その二酸化炭素はすでに0・04％程度に減少している。現在でも植物は勢いを失い、地球上の生物相は貧弱になっている。それでも「ちょっとした」温暖化のために、さらに二酸化炭素を減らすのは、私たちが大切にしてきた自然を守ることになるのだろうか？」

「ちょっとした」温暖化、という表現が、氏のスタンスをはっきり物語っている。この著書で、氏は、地球温暖化という考え方そのものを「非科学的」であると断じ、次のようにも述べている。

「恐竜のいた時代でも二酸化炭素が数パーセントあったのに、それでも生物は繁栄していた。それが0・04％の二酸化炭素が100年で0・05％になるからといって、そんなに大きな変化が訪れるのか？　と質問ぐらいしないのかと思う。まして、いくら地球環境が大切といっても、日本は四方を海に囲まれた島国だから、空気が少しぐらい温まっても、気温が上がるはずもない」

また、「分別リサイクルは自然破壊の元凶」と題した項目には、こんなふうにも書かれている。

「利権と、朝日新聞のようなフェイクニュースを流すメディアの存在がいかに恐ろしいかということがわかる。かくして分別リサイクルというのは、経済面でも環境資源面でも日本に大きな痛手を負わせて、まだ続いている」

この本は二〇一八年の本であり、今回の入試問題に引かれた本は二〇〇二年の本である。しかし、氏の主張に大きな変化があるとは思えない。

雙葉中は、こうした武田氏の主張の方向性を知った上で氏の文章を引用したのだろうか。そうであるならば、それはそれでかまわない。Aと考えている人が、非Aという主張を述べる書き手の文章を積極的に紹介したからといって、即、思想に矛盾があるということにはならない。ただ、先にも述べたように、国語入試問題というのは、学校から新入生に与えられる最初の「文章」である。影響力が大きいことは間違いない。

武田邦彦氏を少しでも知っている保護者や塾講師は、私と同じように首をひねったはずである。「雙葉の先生は、地球温暖化や分別リサイクルを否定する立場なのだろうか」と。

まあ正直、そんなはずはないと思う。ただ、それだけに、たとえば今回の問一八の答案で武田邦彦氏のような主張を展開したらどう評価されたのだろうか、などと邪推しなくもない。武田邦彦氏の本を積極的に読んでいる小学生が、出典に氏の名前を見つけたのを喜び、「現在、地球温暖化が問題視されているが、実に非科学的な考え方である。二酸化炭素を減らすなんてのは大間違いである」などと書いたとしたら？　果たして採点はどうなっただろうか。

と、まあ、そのような背景があることは知っておいたほうが、学びも奥深くなるだろう。

なお、この文章に対する解説は、最後の設問のあとにも続く。お忘れなくお読みいただきたい。

それでは設問を見ていこう。

問一

答えは**エ**。これは単に知っているかどうかの話。こういう慣用表現やことわざの類を知らない子というのは、年々増えている印象がある。私の塾でも、一〇年前と今とでは、ことわざに対する反応に差がある。ことわざ・慣用句辞典の一冊も持っていないような子には、至急買い与えるべきだ。

問二

問一の「風が吹けば桶屋が儲かる」というのは、もともと、因果関係の飛躍っぷりを面白がった（あるいは皮肉った）表現である。「冷蔵庫によって赤ちゃんの命が救われる」というのも同様にやや飛躍しているから、因果関係の穴埋めをせよという問いだ。ちょっと考えれば思いつくレベルの話であり、型を持ち出すまでもない。

問二　ふくしま式の解答例
飲食物を冷蔵できれば、抵抗力の弱い赤ちゃんに腐ったものを食べさせるなどして健康を害することが減るはずだから。

筆者は洗濯機も並列している。冷蔵庫との共通点は、「衛生的になった」ということだろう。そのあたりをイメージすれば、答えも浮かびやすい。

ともあれ、筆者の主張に直接結びつかない、細部表現に関する設問にすぎない。こういうあまり本質的でない問いに時間をかけすぎないようにしたい。

問三

「生まれ変わり」とある。何かが死んで生まれ変わるわけだから、答えは**黒部川の魚**である（すぐ前（7行目）に「黒部川の魚は死に」と書かれている）。どうということのない問いだが、死んでから生まれ変わるという点に気づかないと、長い本文をあちこち探してしまう。これもあまり本質的でない問いだから、せめて字数の指定くらいしてほしかった。正直、私は授業でこんなどうでもいい問いを与えることはない。

問四

比喩の言いかえ（**鉄則15**）を求めているのは明白だ。まずは答えを示そう。

問四　ふくしま式の解答例

平均寿命において世界一を記録するということ。

「比喩的表現の言いかえ」そのものは東大入試にも頻出するメジャーな設問パターンであり価値があるのだが、「命の金メダル」を言いかえさせる意味がどれほどあるのか、疑問が残る。何しろ直前に、こう明記されている。「日本は世界一の長寿国だ。オリンピックで金メダルを取るのは大変。それほど世界一というのは大変だが、実に平均寿命が世界一」。間違えようがない。

問いというのは、読み手が「どういうことだろう？」と立ち止まりたくなる部分にこそ設定すべきである。それが、優れた問いの条件だ。しかし、ここで立ち止まる人は極めて少ないだろう。

問五

環境という言葉に「　」がついていることに注意したい。**比較的短い表現に「　」がつく場合、本来の意味とは異なる、書き手ならではの意味が込められていることが多い。**ここでは、「素晴らしいというけれど、それは人間にとってだけでしょ」という意味が込められている。

問五　ふくしま式の解答例

人間だけに価値を持った環境。（一四字）

「人間にとってのみ快適な環境」などと「価値」を具体化してもよいだろうが、一五字という指定が非常に短いため、ちょっと言い回しに失敗して字数オーバーすると、無駄に時間がかかってしまう。その点、「価値」という言葉は、ひとことで幅広い意味を包含するので、積極的に使いたい。

問六

⑤は、比喩的表現の言いかえ（**鉄則15**）。⑥は、単なる語彙問題である。

問六　ふくしま式の解答例

⑤　ニワトリの鳴き声が時間的な節目になるということ。

⑥　柿の実を、所有者に無断で自分のものにするということ。

⑤は、「ニワトリが時間を教えてくれるということ」「ニワトリの鳴き声で夜明けを知るということ」など、いくらでも表現のしようがある。若干の違いがあっても、不正解にするほどの根拠もない。よほどズレていなければマルがつくはずだ。ただまあ、「時をつくる」という表現をなるべく生かすと、

解答例のようになるだろう。

⑥は、知っていれば簡単。「無断で」「勝手に」「黙って」などの表現が必要だろう。

それにしても、何気なく書いたであろうこれらの表現が逐一入試問題になり受験生の頭を軽く悩ませていると知ったら、筆者は苦笑するだろうな、と私は思う（武田氏に限らず、誰であっても）。

問七

ようやく、本質的な問いになった。文章の主張に直結した設問だ。

「自然と共にある環境」（共生環境）という抽象的な概念と一致する具体例を選ぶ問いである。

通常、こうした具体化の問いは、難易度が高い。選択肢だけ漠然と眺めているとどれも正解に思えてしまうため、抽象的意味をつかんだ上で綿密に考えなければならないことが多いのだ。

ただ、今回の問いはさして難しくない。なぜなら、この文章そのものが最初から具体例だらけであり、その中に書かれているかどうかを見れば済んでしまうからである。

逆に言えば、この文章は「意味」をつかみづらい文章だと言える。少なくともこの引用範囲を読むだけでは、一般化された主張、抽象的な意味を読み取りづらい。

その意味で、本当に難易度が高いのは問一三〜一六あたりだと言えるだろう。

さて、この問いだが、答えは **ア・オ** である。

基本的には、本文54行目からの『　』でくくられた中の描写をチェックすればよい。『　』の冒頭に**ア**の内容が、末尾に**オ**の内容が書かれている。**イ**は、「道路は舗装していないので」（57行目）に反する。**ウ**は、「クーラーは使わないので」（59行目）に反する。

エは、94行目からの具体例をチェックする。１３２行目に、こう書かれている。「田園調布にサルがいて、多摩川をアザラシが泳ぎ、銅鉱山のまわりがきたない……それが環境だ」。サルやアザラシを捕獲すること、それを野生に返すことは、「自然と共にある環境」ではない。野生に返すのではなく、田園調布なら田園調布、多摩川なら多摩川で「共生」しようと言っているのだから。そして**カ**は、「抗生物質に頼らずに」（61行目）に反するし、「人間だけの環境」の例として38行目に書かれた「害獣や害虫も駆除し」とほぼ一致してしまうので、誤りである。

問八

直後にこう書かれている。「どちらが良いかを決めて実際に護岸するのは科学ではなく、そこに住んでいる「人」たちだ」。ここを読めば、答えが**Cカ　Dエ**になるのは明白だ。

問九

答えは、**驚いたり嬉しがったり**である。ただ、「驚いたり嬉しくなったり」「驚いたり嬉しく思ったり」などを不正解とするほどの根拠はない。子どもというのは、大人の予想しないこういう答えを書くものだが、どう採点したのだろうか。多少気にはなる。

問十

答えはウ。手の「中」にあるというのは、図形的比喩表現だ（**鉄則10**）。ちょっと表現をかえて「管理下にある」とすれば、今度は「下」になる。「管理（　）にある」として、図形的位置関係を示す一字を入れさせるような問いのほうが面白かった気もする。

問十一

答えは、さび。「吹きすさび」は、確かに迷うだろう。問九も含め、こうした問いは国語の基礎であり、悪い問いではない。ただ、わざわざ長文読解の中に入れ込む必然性もないので、個人的にはちょっと違和感が残る。まあ、逆に「わざわざ大問として独立させるほどでもない」からこそ、こうしているのだろうけれども。

問十二

——部に指示語がある場合は、まずその内容を明確にする。次のような問いになるだろう。

問い……「日本の環境作りは欧米に学べばよいというわけではない」と言えるのはなぜか。

ここで、**鉄則20**の型を用いて考える。

後件否定パターン
（問い）「①は②でないと言えるのはなぜか」
（答え）「②ならば③だが、①は③ではないから」

（問い）「日本の環境は／欧米に学べばよいというわけではない」と言えるのはなぜか。
（答え）欧米に学べばよいならば／（　③　）だが、
　　　　日本の環境は／（　③　）ではないから。

直前に「世界でもめずらしい良い環境が与えられているのだから」とあることも含めて③を考えると、次のような**骨組み**が浮かんでくる。

欧米に学べばよいならば、／欧米と似た環境である必要があるが、
　　日本の環境は／欧米と似た環境ではないから。

意味上はこれで通じるので、ここで終わりにしたいところだが、この問いは解答欄がやたらと広い。最大で一五〇字ほどか。そこまで書かせる必要のある問いであるようにも思えないのだが、しかたないので、ある程度長く書くしかない。かといって、142～164行目あたりにたくさん書かれた

具体例を全て入れるほど長くは書けない。「日本がいかに欧米と異なる独特な環境を持っているか」について、抽象的な要素だけをピックアップ※する必要がある。たとえば、次のように。

問十二　ふくしま式の解答例

欧米に学べばよいならば、欧米と似た環境である必要がある。しかし、日本は世界でも珍しい独自の環境を持っている。日本は北半球の温帯では珍しい大きな島国であり、居心地がよく、自然と共にある環境を作り出すことができるという点で、欧米とは異なる。だから、環境の作り方を欧米に学べばよいということにはならない。

問十三

本来、最初に文章を読んでいる途中で、次のような対比関係整理ができていなくてはならない（鉄則6）。問いを解く前の段階で、済ませておく。この全部とは言わないまでも、一部を問題の余白にメモするくらいのことを、やるのである。入試本番中であっても、だ。**この作業そのものによって二分失われても、この整理によって理解が得られ答案をスムーズに書けるようになれば、二分以上の時間を減らす結果につながる。**

むろん、実際はここまできれいな書き方でなくとも、——の部分を中心にした簡素なメモでよい。

※解答例の内容の根拠は、それぞれ次の箇所にある。
「日本は世界でも珍しい独自の環境を持っている」……165 行目／「日本は北半球の温帯では珍しい大きな島国であり、居心地がよく」……150 ~ 152 行目／「自然と共にある環境を作り出すことができる」……142・143 行目

[人間社会だけの環境＝孤独環境]	←対比関係→	[自然と共にある環境＝共生環境]
個人の尊厳・自由・権利は認められるが、孤独である	↕	個人の尊厳・自由・権利は減って不便だが、孤独ではない
死ぬときは恐ろしい	↕	死ぬときは恐ろしくない
		死は毎日の連続の中に埋もれていく
他の生命と関係が切れている	↕	他の生命とつながっている
自分の命は自分の命	↕	自分の命はみんなの命
仲間の命と自分の命が遠い	↕	仲間の命と自分の命が近い

この整理の根拠となるのは、「個人の尊厳、個人の自由、そして個人の権利を認めてくれるが、その代わり孤独だ」（185行目）、「死ぬのが怖い」（189行目）、「死ぬときは恐ろしくない」（230行目）、「自分の死は毎日の連続のうちに埋もれていく」（209行目）、「仲間の命と自分の命が近い」（216行目）、「自分の命はみんなの命」（227行目）、などの箇所である。

たとえば「近い」とあれば反対は「遠い」わけだし、「みんな」とあれば反対は「個人・自分」となる。**たとえ本文中に明示されていなくともそう解釈してよいというのが、対比関係の面白さである。**

今列挙したような箇所に出くわした時点で、「あ、ここは重要だな、対比になっているはずだ」と一発で気づけるかどうか。

そのカギは、反対語である。今回重要だったのは、自分と他人、個人と集団、などである。

そう、この本で既に何度も繰り返し強調してきた、**「自他の観点」**である。

「自分だけ」の命なのか。「他人（仲間）の中にある自分」の命なのか。

「個人」の命なのか。「集団の中の個人」の命なのか。

すなわち、「孤独」なのか、「共生」なのか。

ここに気づければ、この文章を理解したと言ってよいだろう。

さて、設問に戻ろう。

「『人間だけの環境』は、『孤独環境』と言ってもいいだろう」という部分について「なぜ孤独なのか」と問われているので、問いは次のようになる。

問い……「人間だけの環境」は、なぜ孤独なのか。

前件肯定パターン

（問い）「①は②であると言えるのはなぜか」

（答え）「①は③であり、③ならば②だから」

（問い）「人間だけの環境は／孤独である」と言えるのはなぜか。

（答え）「人間だけの環境」は（　③　）であり、

（　③　）ならば孤独だと言えるから。

今やおなじみのこの型で骨組みを構築する。③をひとことで書けば「つながりを切るもの」となるわけだが、基本的には先に整理した対比関係の表の上段の言葉をつないでいくイメージで考えることになる。

問十三　ふくしま式の解答例

「人間だけの環境」は、人間が認めない生物や自然とのつながりを断ち切る。そして、人間の中であっても、仲間集団とのつながりを断ち切る。個人の尊厳、個人の自由、個人の権利を重視する代わりに、人と人とのつながりを軽視する。だから、孤独だと言える。

問十四

問十三で説明した対比関係を最初から整理してあれば、迷うことはない。「自分と仲間の命のつながり」について書かれた **イ** しかない、とすぐ分かる。他の選択肢を読むまでもない。**ズバリ、正解が目に飛び込んでくる。これが、対比関係整理の力である。**

なお、**イ**は、「自分が死んだらすべては終わりだ」という部分が、直前の「『たった一度の人生』を求められるので」という部分と意味の上で一致している。**ア**は「死んだら快適じゃなくなっちゃうから怖い」ということであり、論外。**ウ**はもっともらしく書かれているが、「人間の力がおよぶかどうか」などというのは、孤独環境と共生環境の対比の観点に含まれてこない。**エ**は「共に過ごしてきた」が共生環境の話になってしまっている。

問十五

「どういう行動」か、と問われているので、言いかえる設問である（**鉄則5**）。問われている箇所が具体的であればあるほど、明確に抽象化を求められていることになる。

ただ、この傍線部のみを見て考えても、答えは浮かびにくい。引き続く「共生環境」との対比でないと、抽象化しづらい。そこで、次のように考える。

孤独環境……敵から逃れるために洞穴に隠れる　つまり↓個の命優先
共生環境……仲間を助けるために自ら飛び立つ　つまり↓集団の命優先

人間ではないので「個人」ではなく「個」とする。答えは次のようになる。

問十五　ふくしま式の解答例
「仲間の命は自分とは関係ない」と考えるような、個の命を優先させる行動。

今回の内容も、結局は問十三で説明した対比関係整理ができていれば、どうということのないレベルだったが、学べることはある。単体でなく対比で抽象化することの意義である。

長文読解に向き合わなくても今すぐできる基礎練習⑦

次の二つの問いに答えなさい。

① レモンって、どういうものですか?

② バナナは甘いですよね。じゃあ、レモンは、どういうものですか?

①は、「果物」「黄色いもの」「ラグビーボールみたいな形をしたもの」などといくらでも答えられるが、②は、一つに絞られる。

「敵から逃れるために洞穴に隠れる」だけを見て答えようとした人は、レモンを単体で言いかえようとするのと同じく無謀な行為であったということに気づくべきだ。

なお、このあたりについては桜陰中の解説（97ページ）でも述べたので参照してほしい。

問十六

筆者の文章がもともと非常に分かりにくい。だからこそ、読解の問いになるわけだが。それにしても、分かりにくい。伝わりにくい。

この段落は、誤解しているであろう読者への注意喚起である（そうであることが伝わりにくいが）。「共生環境」ということの本当の意味がまだ伝わっていないと考え、こんな段落を加えたのだ。にもかかわらず、それすらも伝わってこない。

基礎練習⑦の答え……①本文参照　②酸っぱいもの

と、文句を言っていないで、まずは答えを示そう。

問十六　ふくしま式の解答例
我々人間から見れば、全体のために個を犠牲にするふるまいは美しい行いに思えるから。

さらに、225〜229行目の内容を解釈しておこう。

「イワシはえらい！　と感心してはいけない」………自己犠牲を肯定してはいけない
「なぜみんなのために自分が死ななければならないのか！　と憤慨してもいけない」………自己犠牲を否定してもいけない
「イワシにとっては「自分の命はみんなの命」であり、「みんなが生きていれば自分が生きていること」ということなのだ」………自分と仲間は一心同体なのだから、自己犠牲という見方そのものが存在しないのだ

人間から見れば自己犠牲を肯定したくなるけど、肯定しちゃいけないよ。かといって、否定してもいけないよ。そもそも、自己（個）という概念自体が、存在しないんだよ。
——そう言いたいのである。
こうした理解に到達するのは、難しい。何しろ、我々も人間だから。

ただ、「～でもいけない、～でもいけない、～なのだ」という本文の流れをつかみ、次のような図式が浮かべば、理解できたかもしれない。

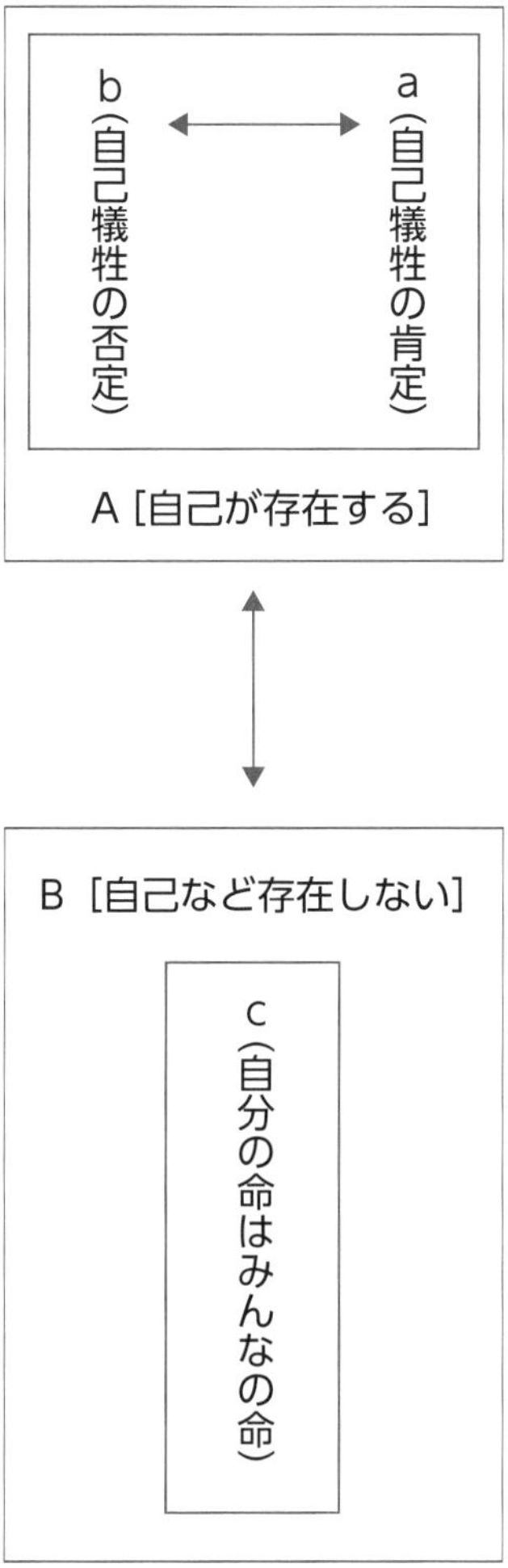

ここで、わが塾で「逆説型短作文」として指導している型を紹介しよう。

ふくしま式　逆説型短作文

アは、aでもbでもなく、実はcである。
というのも、Aよりも、Bのほうが、アだからだ。

例文で示そう。

「本当に頭を使うのは、国語でも算数でもなく、実は体育である。というのも、読み書きしながら考えるよりも、読み書きできない状況で考えるほうが、より素早く、活発に頭を使うはずだからだ」

こういった型で自己主張する「○○評論家」を、テレビなどで見たことはないだろうか。

既存の対立軸（a↔b）を否定し、自身が考えた新たな対立軸（A↔B）を示す◆。

実は今回の武田邦彦氏も、こういうレトリック（修辞法）で語っているのである。

ただ、この文章では、a・b・cは書かれているが、A・Bの中身を示してくれてはいない。だから、伝わりにくい（少なくともこの引用範囲では）。

ともあれ、この問十六は、こういった段落全体の仕組みに気づかないと、おかしな答えになりがちである。これまでと同様に三段論法の型を使って考えたとしても、である（だから今回は**鉄則20**を使った読み取りを示さなかった）。

正直、問十八のような採点基準の不明確な問いはカットして、この傍線⑯の段落全体の意味を「どういうことか」と問うたほうが、難関校らしい良問になったのではないかとも思う（超難問だが）。

問十七

（1）は、言うまでもなく**生物と鉱物**が答え。直前に書かれている。

（2）それにしても、「なぜですか」が多い。「なぜなぜオンパレード」は読解問題の作り方として疑問が残る。特に字数指定をしない場合、いったいどこまで理由を書けばよいのか困ってしまうのだ（採点側も困るはずである）。たとえば、遅刻した生徒に「なぜ遅刻した？」とたずねたとき、「電車に乗り遅れたから」と答えればよいケースもあれば、「昨夜寝るのが遅くなり、そのせいで起床が遅くなり、そのせいで食事が遅くなり、そのせいで家を出るのが遅くなり、そのせいで電車に乗り遅れたから」

◆ハイレベルな読解によく登場するパターン！

と全て答えるべきケースもあるのと同じだ。因果関係というのはそういうものである。
この問いも、ひとことで言えば「危機的だから」で終わりである。本文のように擬人法をそのまま使って言えば、「人間のみなさん、一緒に生きましょう、そうじゃないと私たちは存続できません」などと訴えている、ということだろう。ともあれ、**鉄則20**で考えよう。

前件肯定パターン
（問い）「①は②であると言えるのはなぜか」
（答え）「①は③であり、③ならば②だから」

（問い）「生物と鉱物が／人間に呼びかけている」（と言える）のはなぜか。
（答え）「生物と鉱物」は（　③　）であり、
（　③　）ならば人間に呼びかけるはずだから。

生物と鉱物は危機に瀕している。人間がそのことに気づき、共に生きる行動をしてほしいと思った――というのが③パーツの内容だろう。

問十七（2）　ふくしま式の解答例
生物と鉱物から見れば、自分たちが存続の危機にあるということ、そして、自然と共に生きる共生環境を人間が築いてくれなければ存続できないということを、私たちに訴えたいと思うはずだから。

それにしても、出題者は必然的意味をもって問うているのだろうか。理由というのは、じっくり考えて分かったときに「そうだったのか！」という発見の喜びのようなものがあるはずなのだが、少なくともこの問いには、それがない。書くだけ疲れる。そういう設問である。

問十八

出題者としては、一八年たった今も変わらない、あるいは、よりひどくなっている、ということを書かせたいのだろう。受験生は、そのことを推測した上で、採点者が望むであろう答えを書けばよい。地球温暖化、台風増加、海洋汚染の悪化などについて書いた、そういうあたりさわりのない答えについては、各社（8ページ）の答えを参照していただければよい。ここでは、ふくしま式ならではの逆説的解答例を示しておきたい。

問十八　ふくしま式の解答例

十八年前も現在も本質は同じだ。筆者である武田邦彦氏が著書等で述べているように、地球温暖化対策や分別リサイクルといった一見「地球にやさしい」行動が実は非科学的な面を持つことをふまえ、共生環境を築くために真に必要な科学的知識を学ぶ必要がある。（一一九字）

「現在の環境についてあなたはどう思いますか」「具体例を挙げて」という条件はかろうじて満たしている。あとは、こういう生意気な答案、生意気な生徒を迎え入れたいと思う学校であるかどうか、である。

61ページでも述べたが、似たような答案オンパレードのときに、こういう答案が出てきたら、教師というのはやはり目が覚めるものである。

武田邦彦氏については197～199ページで詳しく述べたが、こういった知識を持っていれば、教師を目覚めさせることができる。やはり、知識は強い。

ここまでかなりのページ数を費やしてしまったが、最後にもう一つ書いておきたい。

今回の文章の価値は、やはり問十六の内容にある。

つまり、真の「共生」とはどういうものか、ということだ。

折しも、これを書いている二〇二〇年（夏）は、新型コロナウイルス禍まっただ中である。日本のみでなく世界に広がり、パンデミックが進行中だ。

そんな中、興味深い記事があった。ここで紹介しておく。

朝日新聞、二〇二〇年八月五日の朝刊に掲載された、批評家・東浩紀氏に対するインタビュー記事である。

（インタビュアー）「コロナ危機の中で今回、イタリアの哲学者アガンベンは、生き延びること以外の価値を持たない社会になってしまっていいのかと問いかけています。欧州を中心に、反発を含めた大きな議論を呼びました」

要は、「みんな生き延びることに執着しすぎだ」と言うのである。

この話題に応じる中で東浩紀氏は、アガンベンの指摘を妥当だとした上で、次のように語っている。

「アガンベンは、人々の意識が『むき出しの生』だけに向けられている状況を批判しました。僕の理解では、むき出しの生とは『個体の生』のこと、自分一人の生命のことです。誰もが自らの『個体の生』に関心を集中させてしまった状態は、哲学で『生権力』と呼ばれる権力を招き入れます。生権力とは、人々の『生』に介入することで集団を効率的に管理・統治する権力のことです」

（インタビュアー）「人が自分の命だけを大事にすることを考えてはいけない理由とは何でしょう」

これに対して東浩紀氏は次のように答えている。

「人が互いに分断され、連帯できなくなるからです。みんなが『個体の生』しか考えず、生き延びることだけを考える世界とは、ホッブズが言った『万人の万人に対する闘争』的な世界です。コロナ禍で見られた『買い占めパニック』のような状態ですね」

これを読んだとき、私はちょうど雙葉の今回の入試問題を読んでいた。そして、似た方向性を感じた。

権力についてはさておき、「自分」すなわち「個」の命への執着に対する警鐘という意味では、共通する部分があるだろう。東浩紀氏はさらに次のようにも語る。

「一人ひとりはすぐに死んでしまう、はかない存在です。僕たちが生きているのは過去があったからだし、歴史の資産を未来に伝えていくことで流れができる。それが命と呼ばれてきたものではないでしょうか」

「人々の国際的な交流がなくなる。次世代の教育ができなくなる。劇場がつぶれる。大事にされてきたはずの価値に対し、社会が以前より鈍感にさせられつつあるとしたら、人々の意識が『個体の生』に集中させられているからではないか。アガンベンのような哲学者は今、そう問いかけているのだと、僕は理解しています」

武田邦彦氏が書いている「自分の命はみんなの命」という主張と重なる部分が、やはりある。213ページを見直してみてほしい。

今現在を生きる自分の命にのみ執着することの危険性。

「個」ではなく、「集団」や「社会」を主語にして考えることの重要性。

東氏の主張も武田氏の主張も、理解はできても行動に移すのは難しいところではあるが、一般人には到達できないこういった逆説的思想にふれ、私は非常に考えさせられた。

個か、社会か。コロナ禍をめぐるこの対立軸は、「リスク回避をとるか、社会経済活動をとるか」という、一般によく知られた対立軸にも、そのままつながっていく。

こうした、コロナ禍をめぐるさまざまな対立軸は、今後の中学入試にも（そしてむろん高校・大学入試にも）必ず出題されるであろう、重大テーマである。

この機会に、じっくり考えてみる価値はありそうだ。

第三章

難関校

駒場東邦

駒場東邦中学校　2019年　文学的文章
「夏と百花《モニカ》とカルピスと」戸森《ともり》しるこ
（『ねがいごと』※ 所収）

60分／60

次の文章を読み、後の問いに答えなさい。

夏の日だった。

夏の家の店には、七夕の飾《かざ》りが出ている。

笹《ささ》に飾られた色とりどりの短冊《たんざく》、吹《ふ》き流《なが》し、星飾り、網《あみ》飾り。

夏は毎年、母親と一緒《いっしょ》にそれらの飾りを作った。はじめは自分の楽しみのためにやっていたことが、数年前からは両親のための店の手伝いに変わった。近所に外国人観光客向けのホテルがあり、そこの宿泊客《しゅくはくきゃく》がよく来店するから、四季折々の和風の飾り物は喜ばれた。

そんな事情で、①七夕が世界共通のイベントではないことを、夏は幼いころから知っている。しかし、母が作った提灯《ちょうちん》などは、切《き》り込《こ》みが不ぞろいすぎて、見るからに1**ブカッコウ**。

「なっちゃんはうまいねぇ」

そう言われるたび、喜ぶようなことでもないのに、素直《すなお》な夏は得意になってしまう。

ところで、よく勘違《かんちが》いされるが、夏は冬生まれだ。両親とも冬よりも夏を愛していたので、そういう名前になった。それを聞くたび、なんとなく自分を否定されたような気分になるものの、正直なところ夏も冬より夏が好きだったので、「まぁ、いいか」というところに落ち着く。

夏の家は小さなカフェを営んでいる。店の名前は「VertVert《ヴェールヴェール》」。若いころはバックパッカー（大きな荷物を背負って自由に旅行する人）で世界中を旅していた夏の父親が、フランスのパリの街中にあるようなカフェをイメージして店を作った。パリは夏の母親が好きな街だ。Vertはフランス語で緑という意味で、店の2**カンバン**や3**ナイソウ**には緑色が使われている。夏は色の中では緑がいちばん好きだ。

料理を父親が作り、デザートは母親が作る。「うちのシェフ」「うちのパティシエ（洋菓子《ようがし》職人）」。店にいる時、両親はおたがいをそう呼んだ。夏は「うちの夏」だ。夏はいつか勉強をして、「うちのバーテンダー（酒類の調合などをする人）」もしくは「うちのソムリエ（ワインを選び、提供する人）」、そうでなければ「うちのバリスタ（コーヒーを提供する人）」になりたいと、ぼん

※2018年5月刊・静山社

やり考えている。

十歳《さい》の夏、その店で夏は百花《モニカ》と出会った。

もうかなり遅《おそ》い時間で、店内には他の客はだれもいなかった。閉店まであと三十分というところで、三人は店に入ってきた。ホテルのフロントで紹介《しょうかい》されたのだという。百花の家族はそこに宿泊していた。

ひげをはやした大男と、髪《かみ》の短い細身の女性、そして夏と同じ年くらいの女の子。おそらく三人は親子だろうと、夏は予想をした。顔や雰囲気《ふんいき》がよくにている。

カウンター席でこっそりと宿題をすませた夏は、そろそろ二階の自分の部屋にもどろうと思っていたところだった。夏の部屋にも勉強机はあるが、ひとりで部屋にいるといろいろな誘惑《ゆうわく》に負けるので、店が空いている時はいつもここで勉強する。

三人はたしかに日本人に見えたけれど、なんとなく日本に慣れていないように夏には見えた。たとえば視線の動かし方や、メニューを手に取る動作などが、いつもこの店に来ているような外国人観光客たちのそれと、よくにている。

そして夏の勘《かん》は当たっていた。三人は海外からの旅行者だった。父親と思われるひげ男が、遅い時間の来店を詫《わ》びるように、「うちのシェフ」に向かってそのように伝えた。シェフが尋《たず》ねると、国の名前も口にしたのだが、聞いたことのない国名だったので、夏は一度では覚えられなかった。なるほど、それならば、外国人観光客向けのホテルを利用しているという点にも、納得《なっとく》できる。

だが、その国名を聞いたとたん、夏の両親は息をのんだ。

「それはまた、なんというか、大変なところから」

とうさんはそう言葉を濁《にご》した。かあさんは黙《だま》ったまま、なぜか夏の肩《かた》を抱《だ》き寄《よ》せる。

「A物心がついてから、はじめての日本なんです」

「そう、機会がなくて」

夏の両親に向かって、なぜか言いわけでもするように、男女は口々にそう言った。物心がついてから、というのは、女の子の話だろう。

「②どちらを観光……、いや、どちらに滞在《たいざい》されますか？」

夏の父親の問いかけに、ひげ男はひかえめに「東京と京都に」と答えた。夏たちのいるこの街には、親せきがいるために立ち寄ったらしい。これから一週間ほどかけて、東京と京都を見て回ったあとで、またここにもどる予定なのだと言う。体のわりに声が小さい人だな。夏はそう思った。

親たちがそんな話をしている間に、夏はつまらなそうにしている少女に声をかけた。子どもの客が退屈《たいくつ》そうにしている場合はそのようにふるまえと、父親から

[4]シドウされていた。

「今、何年？　ぼくは五年」

少女はボタンのように目をまるくして、席に座《すわ》ったまま夏を見上げた。質問に答えようとしない少女を見て、夏はある可能性に気がつく。外国育ちということなら、日本語が話せないのかもしれない。

「えーと、Do you speak English?（英語は話せますか？）」

夏は英語が得意なほうだ。両親が店で外国人の客相手に英語を話すのを、小さなころから聞いて育った。それに、夏が英語を話すと、外国人は喜ぶことが多い。夏は人を喜ばせるのが好きだ。

ところが、

「英語は苦手よ」

きっぱりと日本語で返されて、③「あ、そう」と拍子《ひょうし》抜《ぬ》けした。じゃあさっさと答えろよ。ばかみたいじゃないか。

「名前は？　ぼくは夏。春夏秋冬の夏」

「あたし、百花。百の花でモニカ。シュンカシュートーってなに？」

「……四季のこと。百の花でモニカ？　かわっ……」

変わってる、と言いそうになって、

「かわいいじゃん」

と、言い直した。クラスで女子にそんなことを言ったら大スキャンダルだけど、これはあくまでも接客サービスだ。

「あたし、行ってない、学校」

「え？」

「だから、学校には行ってない。それに来週からは新しい島で暮らすのよ。安全なところ。どこにあるかは秘密なの」

とまどう夏に、百花の母親が言った。

「わたしたちのいた国でね、戦争みたいなことが始まるかもしれないの」

戦争。④夏は顔をしかめるしかできない。最近テレビでよく見る、ミサイルや爆弾《ばくだん》や戦闘機《せんとうき》をイメージする。三人は自分たちの国から逃《に》げてきたのだろうか。

そこから親同士が国交と政治の話を始め、夏にはついていけなくなった。政治の話をできるのが大人の証《しょう》拠《こ》だと、夏は信じている。

「もう食べないの？」

皿に残された料理を見て、夏は百花に尋ねた。百花はうなずいて、すまなさそうな顔をして、「すごくおいしいけど、多すぎる」と答えた。百花の頼《たの》んだ魚料理は、店でいちばん人気のあるメニューだ。

百花は、かなりのやせっぽちだった。異国育ちであることが関係しているのかどうか、どことなく謎《なぞ》めいたような個性的な魅力《みりょく》があり、それに百花というふしぎな名前はよく[5]ニアっているようにも思えた。茶色い瞳《ひとみ》、ごわごわした黒くて長い髪、ぽってりした唇《くちびる》。そして、まわりとは別のテンポで生きているような独特の雰囲気。

「これ、なぁに？　おいしいのね」

百花が興味を示したのは、グラスに注がれた白い水。

「え、カルピス（乳酸菌《にゅうさんきん》飲料の名まえ）だよ。知らないの？」

「知らないわ」

知らないわ。そんな言葉遣《ことばづか》いをする同じ年の女の子を、夏はほかに知らない。

「うちはかき氷もカルピスの味なんだ」

「カキゴオリってなに？」

「それは、氷のデザートみたいな。今度食べにくれば」

この店でかき氷は「しろくまさん」と呼ばれている。バニラアイスと干し葡萄《ぶどう》と杏子《あんず》とで、さらさらの氷の山に白熊《しろくま》の顔を作った、カルピス味のかき氷。夏はそれを百花に見せたいと思った。喜びそうな気がしたので。

すると百花は、興奮気味な声色《こわいろ》で、そして夏の知らない言語で、母親に何かを訴《うった》えた。どう聞いても英語ではなかった。日本人と同じように、外国人だって全員が英語を話すわけではないのだという当たり前のことを、夏は思い出した。そして、三人が外国人なのか日本人なのか、自分はよくわかっていないということに、夏は気がついた。

「そうね、来週、またここにもどるから」

母親が百花にそう答えた。きっと百花は、もう一度この店に来たいと言ったのだろう。

「来週もまだあるよね？　しろくまさん」

夏が聞くと、シェフが答えた。

「夏が終わるまで、あるよ」

ごくごくと、のどを鳴らして白い水を飲む百花の横顔を、夏はじっと見ていた。

[6]ヨクジツ、夏は百花が住んでいた国のことを調べた。[B]舌を噛《か》みそうな名前の国名を、間違《まちが》えずに言えるようになるまで、少し時間がかかった。

「百花たちは、難民なの？」

クラスの女子を下の名前で、しかも呼び捨てすることに、夏は抵抗《ていこう》がある。でも、百花の名前には、なんとなく呼び捨てが[7]テキしていると思った。両親と同時に知り合い、全員が同じ名《みょう》字のところに、百花だけを名字で呼ぶのは妙だし（そもそも彼《かれ》らは名字を名乗らなかった）、「百花ちゃん」は百花の雰囲気に合わない気がした。それで、百花。

「難民って、どういう人たちのことか、知ってる？」

かあさんが夏に聞いた。

「……その国にいるとあぶないから、逃げてきた人？」

「そうなんだけど、その理由が定められているの。[8]**サイガイ**や人種差別や紛争《ふんそう》や政治的な問題で、命が[9]**キケン**だから、自分の国を離《はな》れなければならなかった人たちのこと。世界に何千万人もいるのよ。⑤その半分は、あなたみたいな子どもなの」

「自分の国から、どこかよそへ避難《ひなん》するっていうこと？」

「そう。自分の国っていうのは、その国の国籍《こくせき》を持っているっていうことね。あの人たちは三人とも日本人なんだから、この国に逃げてきたんじゃなくて、もどってきたわけでしょう。それは難民とは言わないよね。外国に長く住んでいたとすれば、そういうのは『移民』というのかしら」

夏は移民と難民を同じようなものだと思っていた。世の中には知らないことがたくさんある。

「じゃあさ、百花が学校に行っていないのも、それと関係してる？」

そうね、と、かあさんはうなずいた。

「通学できるような状況《じょうきょう》じゃなかったのかもしれないね。でも、おかあさんが先生なんだって。だから家で勉強していたんじゃないかしら」

百花は「春夏秋冬」や「かき氷」を知らなかったけれど、日本語は[10]**カタコト**ではなく流暢《りゅうちょう》に話していた。母親から習ったのかもしれないし、日本語を話す両親と暮らしていれば、自然と身につくものなのかもしれない。たとえば夏が両親から英語を学んだのと同じように。

「これまではご夫婦《ふうふ》でね、[11]**ツウヤク**なんかの仕事をしながら、貧しくて教育を受けられない子どもたちをサポートするような活動をしていたんだって。だけどもう国にいられないからって。とてもつらい決断だったって、言っていたわ」

「なにが、つらいの？」

「大勢の子どもたちをおいて、ここに逃げてきたことが」

夏はその夏、例年よりもカルピスをよく飲んだ。これは百花の影響《えいきょう》だ。カルピスが日本の飲み物だということを、夏ははじめて知った。カタカナの名前だから、コーラやジンジャーエールと同じように、もとは外国のものだと思っていた。

外国には百花のようにカルピスを知らない子どもがいる。これは夏にとって大きな発見で、突然《とつぜん》カルピスが世にもすばらしいもののように思えたのだった。

それに、カルピスを飲む百花の横顔は、それと同じくらいに、いや、きっとそれ以上に、なんとも魅力的だった。

一週間ほど経《た》って、百花は再びやってきた。夕方、夏は友だちと遊んだ帰りで、自転車を店の脇《わき》に止めたところだった。

家に向かって自転車を走らせていた時から、店の前に百花がひとりで立っていることには気づいていた。けれどあえてはしゃいだりせず、そこに百花がいることは大したことではないようにふるまった。

「あ、この前の」

⑥せりふのしらじらしさに、思わず赤面してしまいそうになる。それでも百花は笑ったりせず真面目《まじめ》な顔で、

「百花よ」

と言った。

知ってる。夏は心の中でそう答えた。

「あのね、明日発《た》つの」

「立つ？　なにが？」

「あたしが」

「……ああ」

なんだ、別れを告げに来たのか。夏は多少がっかりした。

「もうここには来ないよね？」

「たぶん」

「そっか。……あ、食べる？　しろくまさん」

「うん」

百花はにこっと微笑《ほほえ》んだ。こういう笑い方をするところだ。夏は百花の笑い方が好きだと思った。クラスの口うるさい女子のように、口からぽんぽんと感情が飛んでこない。百花が「しろくまさん」をとても楽しみにしていたことを、その微笑みを見て夏は知った。

「百花ちゃん、短冊はもう書いた？　明日は七夕だよ」

夏が手を洗っている間に、とうさんが百花に聞いている。VertVertではランチタイムとディナータイムの間に二時間の休憩《きゅうけい》が入るが、今はちょうどその時間帯だった。今夜は12カし切りでパーティーの予約が入っている。かあさんが今朝、パーティーコース用のデザートにケーキか何かを焼いていたことを、夏は思い出した。テーブルの上に並んだたくさんの食器を、百花はものめずらしそうに見ている。

「願い事を書くんでしょ？」

「そう。まだ向こうに短冊あったよな。持ってきてあげて」

夏はとうさんに言われるまま、店と自宅をつなぐドアから移動し、ペンと短冊を持ってきた。

百花に手渡《てわた》すと、百花は口を結んだまま、もう一度微笑んだ。

「夏は？　なんて書いたの？」

百花に聞かれた。はじめて名前を呼ばれた。名前を覚えてくれていたことと、呼び捨てされたことに、夏はドキドキしてしまう。

「な、内緒《ないしょ》」

しつこく聞いてくるかと思ったけれど、百花はそうしなかった。そして、それはひどく百花らしいと思った。

願い事を知られないように、百花は外国語で文字を書くかもしれない。夏はそう思った。でも、その予想は外れ、百花は日本語で願い事を書いた。

『世界平和とカルピス　百花』

青い色紙で作った短冊に、百花はそう書いていた。

⑦クラスの女子に多い、まるくて小さなくせのある文字ではなくて、大きくて勢いのある、流れるような文字だった。

「世界平和は分かるけど、カルピスをどうしたいの」

「また飲めますように」

そんなに気に入ったのか。やっぱりカルピスは偉大《いだい》だな。夏は感心した。

世界平和とカルピス。かなり妙な取り合わせだけれど、何か心を動かされる。

「七夕はカルピスの日なんだよ」

かき氷を持ってきたとうさんが、そう言った。

「カルピスがはじめて発売されたのが、七月七日だったから」

「ええっ、ほんと？」

「カルピスの水玉のパッケージあるだろ？　天の川をイメージしているんだって」

夏は驚《おどろ》いた。偶然《ぐうぜん》にしてはよくできている。でも、人生はそういうことだらけだとも夏は思う。生まれたこと、生きていること、すべてが偶然で、よくできている。「生まれる」と「生きる」が同じ漢字であることもやっぱりよくできている気がする。

その時、百花が言った。

「あたし、シキってよくわかってなかった」

「え？」

「指揮者のことかと思った。それか、死ぬ時期のことか」

指揮と死期、頭の中で変換《へんかん》しながら、夏は思い出した。この前、春夏秋冬について聞かれ、わざと「季節」ではなく「四季」という答え方をした。そのほうが大人びて聞こえると思ったのだ。それが百花を混乱させたらしい。

「世界には四季のない国もあるんだよ」

とうさんが夏に言う。そうなのかと、夏は思った。

「今は夏の季節ってことね」

百花の言う「夏の季節」というのが果たして自分の名前を指しているのかどうか、とても重要なことなのに、夏には判断しかねた。でも、どう聞き返してよいやわからず、何も答えられない。

「夏、あたし、好きみたい」

今度は季節のほうを指しているのだと、さすがにわかった。

「ぼくも。でもぼくは冬生まれなんだ」

そう言ってみたけれど、これもまた百花には理解されなかった。生まれた季節の名前をつけるということ自体が、ピンとこないのかもしれなかった。

「つめたくて、おいしい」

百花はかき氷をゆっくりと味わって食べた。そんな百花を見ながら、とうさんは言った。

「初恋《はつこい》の味、カルピス」

「やめてよ」

思わず反応した夏を、⑧とうさんはきょとんとして見る。そして、にやっと笑った。

「昔のキャッチコピー（宣伝のための言葉）だよ、カルピスの。おまえの話じゃない」

はめられた。最悪だ。

「カラダにピース、じゃないのかよ」

[13]テれ隠《かく》しに強気で言ってみたけれど、百花の顔を見ることができない。とうさんは続けてこんな話をした。

「夏のひいおじいちゃんが、戦争から日本にもどった時の話だけど」

「ひいおじいちゃん、戦争行ってたの？」

夏はそれすら知らず、驚いた。

「戦地から家に帰って、まずカルピスを飲んだらしい。甘酸《あまず》っぱくて、平和の味がする。そう思ったって」

ひいおじいちゃんは、夏が赤ちゃんのころに亡《な》くなっている。

「そんなに昔っからあるの、カルピスって。戦争より古いの？」

「そう、百年くらい前からあるんだよ」

「すごーい」

「古いねぇ」

最後にしろくまの耳を作っていた杏《あんず》を口に入れ、百花は「おいしかったぁ」と笑った。

「これ、持っていったら。いいよね？　とうさん」

夏がカルピスのボトルを指して言うと、とうさんは「もちろん」とうなずいた。百花は少し迷うようなそぶりを見せたが、最終的に首を横に振《ふ》った。

「かさばるから」

夏はかさばるという表現を知らなかった。物が大きくて場所を取ることだ。でも、四季もカルピスも知らない百花に、日本語の意味を尋ねるのは癪《しゃく》だと思い、黙っていた。

「パパは言ったわ」

「え？」

「カルピスを飲むあたしを見て、日本にもどってよかったと思ったって」

　すると、とうさんが百花に歩み寄り、百花の手をとると、その手にカルピスを持たせた。

「[9]だったらやっぱり、持っていきなさい。きみのパパのために」

　百花は少し考えたあとで、「そうね」と笑った。

「そろそろ帰るね」

　ポーチから小銭《こぜに》入れを出そうとした百花に、とうさんが「いいよ、いいよ。夏んとこに遊びにきたんだから」と断った。

　いや、違《ちが》う。百花は単に「しろくまさん」を食べにきただけだ。そう思ったけれど、そう言ってしまうと、遠回しにお金を払《はら》えと言ってしまうことになり、これはたいへん複雑な状況であるなと夏は思った。

「いいのかな？」

　百花が言うので、

「いいんじゃない？」

と答えた。それで充分《じゅうぶん》だ。

　ふたりで外に出ると、かし切りパーティーの団体客がちょうど来たところだった。そのうちのひとりは[14]ジョウレン客で、百花と一緒にいる夏をからかった。夏は内心で「うぜぇ」と思ったが、なんとか顔に出さなかった。見上げると、夏の空はまだ明るい。

「今日は晴れているから、天の川が見えるかも」

「ミルキーウェイ」

　夏はわからなかった。天の川のことだろうか。

「ミルキーウェイって、天の川？……牛乳の道？」

「そう。なんでそういうのか知らないけど」

　英語圏《えいごけん》では川ではなく道なのか。ふしぎだなと夏は思った。ミルキーというところが、なんとなくカルピスを連想させる。

「じゃあね」

「うん」

　行かないで。そう言えるほど、夏にとって大きな気持ちではなかった。それでも、二度と会えない可能性が高いのだと思うと、かなしかった。織姫《おりひめ》と彦星《ひこぼし》ほどのチャンスも残されていない。

　連絡先《れんらくさき》を聞いてみようと思ったが、百花は電子機器の[15]タグイを一切《いっさい》持っていないようだった。きっと必要ないのだ、これから向かうようなところでは。

　ふたりの間に風が吹《ふ》いた。百花は乱れた長い髪を、うっとうしそうにかき上げた。

「無事でね」

　旅に出るのは百花のほうなのに、別《わか》れ際《ぎわ》にそう言われた。夏はうなずいた。

　喉元《のどもと》まで出かかった気持ちは、とうとう言葉にはならなかった。

百花を見送ったあと、店に戻《もど》り、夏はとうさんに聞いた。

「短冊の願い事って、ひとりで何枚書いてもいいんだよね？」

ついさっきまで百花が手にしていたペンを取り、⑩夏はたった今できたばかりの新しい願い事を書き足す。

夏はまだ始まったばかりだということを、ふいに思い出した。

（戸森しるこ『夏と百花《モニカ》とカルピスと』）

問1　＝＝線部1～15のカタカナを漢字に直しなさい。

問2　——線部①「七夕が世界共通のイベントではないことを、夏は幼いころから知っている」（222ページ）とありますが、それはなぜですか。三十字以内で答えなさい。

問3　……線部A「物心がついてから」（223ページ）・B「舌を噛《か》みそうな」（225ページ）とありますが、この言葉の本文中の意味として最もふさわしいものを次の中からそれぞれ選び、記号で答えなさい。

A「物心がついてから」（223ページ）

ア　経験を積んで人との付き合い方が分かってから

イ　世の中のことが何となく分かってきてから

ウ　勉強することで色々な知識が増えてきてから

エ　成長にともなって物へのこだわりが出てきてから

オ　自分の状況《じょうきょう》を冷静に判断できるようになってから

B「舌を噛みそうな」（225ページ）

ア　思い浮かべるだけでも不愉快《ふゆかい》な

イ　なめらかに発音するのが困難な

ウ　すっと頭に入って来ない

エ　強い驚《おどろ》きですぐには声が出ない

オ　言葉に出すのはためらわれる

問4　——線部②「どちらを観光……、いや、どちらに滞在《たいざい》されますか？」（223ページ）とありますが、夏の父親はなぜ「観光」を「滞在」と言い直したのですか。六十字以内で答えなさい。

問5　——線部③「『あ、そう』と拍子抜《ひょうしぬ》けした」（224ページ）とありますが、それはなぜですか。四十字以内で答えなさい。

（著者注）解答用紙に、「注意…『、』『。』『「』『」』も一字に数えます」との記載あり。

問6　――線部④「夏は顔をしかめるしかできない」（224ページ）とありますが、ここでの夏の様子の説明として最もふさわしいものを次の中から選び、記号で答えなさい。

ア　夏には関係ないと思っていた戦争が急に身近に感じられたので、恐《おそ》ろしくて言葉を出すこともできないでいる。

イ　夏は百花たちの国で始まりそうな戦争について何も知らなかったので、それを恥《は》ずかしく思うことしかできないでいる。

ウ　小学生の夏は戦争を止める力を持っていないので、戦争の当事者たちを憎《にく》むだけで何もできないでいる。

エ　夏には戦争についての詳《くわ》しいことがわからないので、戦争はいやなことだと表情で表現することしかできないでいる。

オ　戦争と聞いても夏には直接関係がないことなので、そのような話題が面倒《めんどう》だとしか感じられないでいる。

問7　――線部⑤「その半分は、あなたみたいな子どもなの」（226ページ）とありますが、ここでは遠い国のことと目の前にいる夏のことを結びつけて考えています。百花の家族が訪ねてきた場面でも、母の心中でそれらは結びついてしまったと思われます。そのことが行動として表れている一文を探し、はじめの七字を答えなさい。

問8　――線部⑥「せりふのしらじらしさに、思わず赤面してしまいそうになる」（227ページ）とありますが、この時の夏の気持ちを八十字以内で答えなさい。

問9　――線部⑦「クラスの女子に多い、まるくて小さなくせのある文字ではなくて、大きくて勢いのある、流れるような文字だった」（228ページ）とありますが、夏は百花の人柄《ひとがら》をどのように考えていますか。この部分やその他のクラスの女子についての記述をふまえた上で、最もふさわしいものを次の中から選び、記号で答えなさい。

ア　クラスの女子が周りの子とのなれ合いの中にいて口うるさいのに対して、百花は周りを気にしないで自分の思いを飾《かざ》らずに表現する純粋《じゅんすい》な人柄である。

イ　クラスの女子が異性の目ばかり気にして陰《かげ》でうわさをするのに対して、百花は厳しい環境《かんきょう》をくぐりぬけたゆえの物怖《ものお》じをしない堂々とした人柄である。

ウ　クラスの女子が思ったことを何でも率直《そっちょく》に表現し思慮《しりょ》が足りないのに対して、百花は目前に起こる事柄《ことがら》に慎重《しんちょう》に向き合う人柄である。
エ　クラスの女子が物の豊かな生活に慣れて無感動になってしまっているのに対して、百花は何事も新鮮《しんせん》な気持ちで受け止められる人柄である。
オ　クラスの女子が感情に任せて自分の欲求を強く主張するのに対して、百花はいつも遠慮《えんりょ》がちで自分の思いをはっきり言わず他人に譲《ゆず》る人柄である。

問10　――線部⑧「とうさんはきょとんとして見る。そして、にやっと笑った」（229ページ）とありますが、この時のとうさんの様子を説明したものとして最もふさわしいものを次の中から選び、記号で答えなさい。
ア　「初恋《はつこい》の味」という表現のうまさにただただ感心し、思わずつぶやいてしまったが、突如《とつじょ》として夏と百花の今の関係にぴったりだと確信し、会心の笑みがもれた。
イ　「初恋の味」という言葉を軽い気持ちでつぶやいたら夏が怒《いか》りをあらわにしたことに驚き、繊細《せんさい》な夏をからかってしまったことを笑ってごまかそうとした。
ウ　夏の否定の言葉を聞いて何を言いたいのかすぐには分からなかったが、夏の様子を見て「初恋の味」という言葉が隠《かく》れた気持ちを言い当てていると直感し、思わず微笑《ほほえ》んだ。
エ　百花が「しろくまさん」をゆっくりと味わって食べている美しい姿に感動し、何気なく「初恋の味」と言ったのに、夏はなぜか百花との恋愛をイメージしたので滑稽《こっけい》に思った。
オ　「初恋の味」という言葉は過去の自分の思い出を語ったものにすぎないのに、それが予想外に夏の心に響《ひび》いたことに驚き、ついうれしくなってしまった。

問11　――線部⑨「だったらやっぱり、持っていきなさい。きみのパパのために」（230ページ）とありますが、とうさんはなぜこのように言ったと考えられますか。最もふさわしいものを次の中から選び、記号で答えなさい。
ア　カルピスを飲む百花を見てよかったと思ったという話をきいて、いつ命を落とすか分からないような状況で生活してきて、改めて生きていることの価値に気づいた父親の思いに共感したから。
イ　カルピスを飲む百花を見てよかったと思ったという話をきいて、幼いころから異国での生活に慣れきってしまった百花に、日本の心を教えたいという父親の願いが感じられたから。

ウ　カルピスを飲む百花を見てよかったと思ったという話をきいて、世界の子どもたちのことを思うと、日本に帰りたくても簡単には帰れない父親の苦しい胸の内が伝わってくるようだったから。

エ　カルピスを飲む百花を見てよかったと思ったという話をきいて、様々な地域を渡《わた》り歩《ある》く生活のなかで、つねに持ち物を切《き》り詰《つ》めなければならなかった父親の無念さが理解できたから。

オ　カルピスを飲む百花を見てよかったと思ったという話をきいて、厳しい社会状況のなかを生《い》き抜《ぬ》いてきて、いつも我慢《がまん》を強《し》いてきた百花を思う父親の気持ちが示されていると思ったから。

問12　夏の行動と百花への思いについて説明したものとして、ふさわしくないものを二つ選び、記号で答えなさい。

ア　夏は百花の名前をかわいいと言ったけれども、これは父の言いつけによる接客サービスであり、特に気があるとは思っていなかった。

イ　百花の住んでいた国を調べたのは、百花の家族が日本人か外国人か気になっただけでなく、同級生の女の子とは違う独特の雰囲気《ふんいき》を持つ百花に心引かれ始めていたからである。

ウ　夏がその夏、例年よりカルピスを飲んだのは、百花がカルピスを知らなかったことに驚いただけでなく、それにも増して百花のカルピスを飲む様子が魅力的《みりょくてき》だったからである。

エ　百花にはじめて名前を呼ばれたときに呼び捨てにされドキドキしたのは、何の遠慮もなく自分の心に踏《ふ》み込《こ》まれたように感じ、緊張《きんちょう》したからである。

オ　カルピスのボトルをあげようとしたところ百花に断られ、重ねて勧《すす》めることはしなかったが、それは「かさばる」という言葉から百花の生活の様子を直感したからである。

カ　百花が明日発《た》つと伝えにきた日の別《わか》れ際《ぎわ》に、二度と会えないと思うとかなしかったが、夏自身はそれが恋心《こいごころ》であるとは感じていなかった。

問13　――線部⑩「夏はたった今できたばかりの新しい願い事を書き足す」（231ページ）とありますが、文脈をふまえた上で、自分が夏の立場になってその願いごとを書きなさい。

問14　〰〰線部「世界平和とカルピス」（228ページ）とありますが、「カルピス」は「世界平和」との関連においてどのようなものとして描《えが》かれていますか。本文中の具体的なエピソードに触《ふ》れながら百字以上百二十字以内でまとめなさい。

この問題は、出典となっている物語の最初から最後まで、全体が収まっている。部分的に切り取ったり、平気で「中略」を何度も挟んだりする入試問題が多い中、これは歓迎したい出題形式だ。それはそうと、冒頭から紛らわしい。一行目は季節の夏、二行目は人物名の夏。原典では前者にルビがなく後者に「ナツ」と振られているため気づけるのだが、入試問題ではそうなっていない。「夏は冬生まれだ」などと書かれているため、さすがに途中で気づくわけだが、性別に至っては「ぼくは五年」（86行目）まで読まないと分からない（むしろ女子だと思いがち）。そんなふうに、作者に少しもてあそばれながら読む形になる。そんな作者の戸森氏は、この年の入試問題に使われた縁で、なんと駒場東邦を実際に訪れ、講演会まで開いたとか（学校ホームページに記載）。なかなか珍しい話である。

さて、そんなエピソードをメモしたところで、設問を見ていこう。

問2

例によって、前件肯定パターンで考える。

前件肯定パターン

（問い）「①は②であると言えるのはなぜか」

（答え）「①は③であり、③ならば②だから」

問1　1 不格好（不恰好）　2 看板　3 内装　4 指導　5 似合　6 翌日　7 適　8 災害　9 危険　10 片言　11 通訳　12 貸　13 照　14 常連　15 類

（問い）「夏が／七夕が世界共通でないことを知っている」のはなぜか。
（答え）夏は（　③　）であり、
（　③　）ならば知っているはずだから。

ただし、指定字数が少ないので、「①は③だから」で終える。

問2　ふくしま式の解答例
夏は夏の店に来る外国人客が七夕飾りを喜ぶ姿を見て育ったから。（三〇字）

指定字数が少なすぎるので苦労する※。「夏の家の店」「外国人観光客」「幼いころからよく見ていた」などとすれば、あっという間に字数オーバー。「夏の店」「外国人客」「見て育った」などと圧縮するしかない。たいした得点源ではないので、消しゴムを使いすぎてタイムロスしないように頭を使いたい。

問3

これは単なる語彙問題。**Aイ　Bイ**が答え。知らなければ今すぐ覚える必要がある。

※指定字数は少ないが、それでも主語「夏は」は残したい。問４でも、「夏の父親は」は必須。理由を問われたときに主語を入れず減点される子が多いのだが、三段論法の型を生かすことによって、そのミスを減らせる。

問4

これも問2と同様、前件肯定パターンで考える（型は省略する）。

（問い）「夏の父親が／観光を滞在と言い直した」のはなぜか。

（答え）夏の父親は（　③　）であり、

（　③　）ならば、観光を滞在と言い直すはずだから。

これも指定字数がさほどないので、①は③だから、で終える。

問4　ふくしま式の解答例

夏の父親は、相手が口にした国名を聞き、相手が日本に来たのは苦しみを逃れるためであって、楽しむためではないと考えたから。（五九字）

「苦↔楽」という反対語を用い※、**「アはBであり、Aではない」**という対比を骨組みにして③を埋めた形だ。**採点者へのアピール力のある答え**である。

「アはAではなくB」は、ふくしま式で最も重要とも言える対比の基本パターンだが（23ページ脚注参照）、今回はA・Bの語順を替えて利用した形である。

※「観光→滞在」を「楽→非楽」ととらえた形。楽しむ目的なら「観光」と言えるが、楽しむ目的ではなく（非楽）苦しみを逃れる目的なら「観光」とは言えないので、一般的な表現である「滞在」に言い直した、という場面である。

問5

またまた、「なぜですか」だ。そして、前件肯定パターンである。

（問い）「夏が／拍子抜けした」のはなぜか。
（答え）夏は（③）であり、
（③）ならば拍子抜けするはずだから。

③は、「予想外の返事を聞いた」などと入る。繰り返すが、まずは骨組みである。**「短い文を長くする」のだ。「長い文を短くする」のではない。これが、効率よく正解を作るための大原則である◆。**

なお、今回も字数が少ないため、①は③だから、で終える。

問5　ふくしま式の解答例
夏は相手が日本語を話せないと思い英語で話したが、予想外に日本語で返事がきたから。（四〇字）

問6

答えは **エ**。直後の「夏にはついていけなくなった。政治の話をできるのが大人の証拠だと、夏は信じている」が根拠。**ア**は、「身近に感じられた」がおかしい。テレビをイメージしたくらいなの

◆これが記述の大原則！

だから、遠く感じているのだ。**イ**は、「恥ずかしく思う」がおかしい。自分を恥じる、つまりマイナスに見るというより、政治の話をできる大人をプラスに見ている場面だ。**ウ**は、「止める」云々もおかしいし、「憎む」もおかしい。テレビ程度のイメージしかない子が、止めようとも思わないだろうし、憎むこともないだろう。**オ**は、「面倒」がおかしい。関係ないから面倒、などと思っている子が、「政治の話をできるのが大人の証拠だ」などとは思わない。

問7

もし事件・事故で子どもが亡くなるニュースに触れれば、親は、わが子も同じような事件・事故に遭うのではないかと心配し、わが子を抱きしめたりもするだろう。戦争ならば、なおさらだ。

そういうことがすぐ理解できる受験生は、67行目の「かあさんは黙ったまま、なぜか夏の肩を抱き寄せる」という文が（一読した時点で）印象に残っているはずであり、あちこち探さなくてもこの文に一発で戻ってこられるだろう。答えは、**かあさんは黙っ**となる。

「そういうことがすぐ理解できる受験生」とは、実際に、あるいは疑似的に、こういう場面を体験している子である。**疑似体験とはつまり、小説、漫画・アニメ、映画などの中で体験することである。読書が国語力を高めるとすれば、実はそういう理由なのだ◆。**漫画・アニメも、映画も、大切である。その点で私は、「うちでは子どもにテレビを見せません」などと豪語する親には苦言を呈したい。

◆読書が大切である理由はこれだ！

問8

自分のセリフのわざとらしさに、自分で恥ずかしくなる。こういう体験は、誰にでもある。骨組みとしては、「表向きは本心を隠そうとしている自分を外から見たら（客観視したら）恥ずかしくなった」ということだ。この「表向き」や「外から」という**図形的イメージ（鉄則10）**を持てたなら、大きく間違うことはないだろう。

問8　ふくしま式の解答例
夏は、百花が再び来てくれて嬉しかった。その本心を知っている自分が、表向きは本心を隠そうと演技をしている「もう一人の自分」を外から見たことで、気恥ずかしく感じた。（八〇字）

「もう一人の自分」といったレトリカルな表現は必ずしも要らない（153ページでも触れた）。しかし、自由度の高い記述設問の多い難関校では、こうした表現も受け入れられやすいだろう。採点者を引きつけ、マルしたくなる気持ちにさせる技術として、有効である。

ところで、ここは一歩踏み込んで、「ほのかな恋心を抱いている自分に気づいて、自分で照れた」という読みもできる。少し前（225行目）には、カルピスを飲む百花の横顔がなんとも魅力的だった、などと夏の心情が描かれていることからも、十分成立する答えだ。また、百花に呼び捨てされたことでドキドキしてしまうとか（275行目）、父親に「初恋の味、カルピス」と言われて照れたりとか（336～345行目）、そうした描写からも、明らかに恋心を抱き始めていると言えるし、恋心を自覚している可能性も高い。ところが、ひっかかるのは問12の選択肢、**カ**である。詳しくは後述するが、これを見てから問8を手直しした受験生がいたかもしれない。実に紛らわしい設問構成である。

問9

クラスの女子についての記述は、次のとおり。「クラスで女子にそんなことを（かわいいじゃん、などと）言ったら大スキャンダルだけど」（108行目）、「クラスの女子を下の名前で、しかも呼び捨てにすることに、夏は抵抗がある」（171行目）、「クラスの口うるさい女子のように、口からぽんぽんと感情が飛んでこない」（253行目）。「知らないわ。そんな言葉遣いをする同じ年の女の子を、夏はほかに知らない」（141行目）などを含んでもよいだろう。しかし、「夏が百花の人柄をどうとらえているか」を考えるのに役立つのは三つ目の「口うるさい」云々の箇所くらいであり、あとは結局、傍線部を頼りにするしかない。答えは**ア**だろうが、根拠不十分な気もする。消去法で決めるにも、否定するだけの根拠を見つけるのにはやや苦労する。**イ**は「物怖じをしない」、**ウ**は「慎重に向き合う」、**エ**は「物の豊かな生活に慣れて無感動」、**オ**は「いつも遠慮がち」が、それぞれ引っかかるが、試験時間中に根拠を明確に見つけるのは難しい。文章全体から伝わってくる百花の印象で**ア**を選ぶしかない。まあ良問とは言えないだろう。**選択肢とはしょせん出題者の読み**だから、とあきらめるしかない。

問10

問8でも述べたように、夏が百花に恋心を抱いているのは間違いないことであり、その流れから考えればこれは **ウ** しかない。こういう簡単な問いも作って正解率にバラつきを出す必要があるのがテストというものだが、ニセ選択肢があまりに馬鹿馬鹿しいニセ内容である。

問11

問いの表現についてお気づきだろうか。「なぜこのように言ったのですか」ではなく、「なぜこのように言ったと考えられますか」となっていることに。要するに、明確な根拠はないけれど推測するならどれですか、という、ちょっと弱気な問い方になっているわけだ。そういう問いは記述にしてしまうと採点基準が揺らぐので、選択式になっている。

アと**オ**で迷うだろう。**ア**の「いつ命を落とすか分からないような状況」と、**オ**の「厳しい社会状況」との間に、大差はない（前者はややおおげさだが）。違いと言えば、**ア**は「改めて生きていることの価値に気づいた父親の思い」、**オ**は「いつも我慢を強いてきた百花を思う父親の気持ち」。カルピスを飲む娘を見て「生きている価値」を感じなかったかと言えば完全否定もできず気になるが、「百花を思う」が強調された**オ**のほうにやはり軍配か。答えは **オ** 。**イ**は「日本の心を教えたい」、**ウ**は「世界の子どもたちのことを思うと」、**エ**は「持ち物を切り詰めなければ」云々が、それぞれお門違い。

問12

答えは**エ・オ**。**エ**は明らかに違う。**オ**も、「夏はかさばるという表現を知らなかった」（366行目）と明記されているので、明らかに違う。問題は**カ**だ。たしかに、「行かないで。そう言えるほど、夏にとって大きな気持ちではなかった」（406行目）とあるから、恋心をはっきり自覚していたと断言はできない。しかし、自覚していなかったとも断言できない。問8でも触れたが、「初恋の味、カルピス」の場面での過剰反応は、恋心の自覚を意味しないのか？　意味しないのなら問10はどうなる？　解答なしか？　それに、「織姫と彦星ほどのチャンスも残されていない」（408行目）が夏の心情であるなら、やはり恋心を自覚しているのでは？　もちろん、相対的に**エ・オ**を選ぶことはできるが、この**カ**の内容が「正しい」となると、問8、問10、問13などが影響を受ける。要は、受験生を不必要に混乱させることになる。選択肢の作り方がやや雑であると言わざるを得ない。

問13

何を書いてもいいというわけではない。「文脈をふまえた上で」とある。「たった今できたばかりの新しい願い事」とあるから、直前の、「喉元まで出かかった」のに「言葉にはならなかった」、その言葉を考えることになる。そして、傍線部の次には、「夏はまだ始まったばかりだということを、ふいに思い出した」ともあるから、ここにもつながる内容にしたい。**前にも、後にもつながっている。それが「文脈」ということだ◆。**答えは、次のようになるだろう。

◆これが「文脈」の意味だ！

問13 ふくしま式の解答例

次の七夕もまた百花がうちに来て、カルピスを飲むことができますように。

喉元まで出かかったのは、「また来てね」という言葉だろう。だから、百花にまた会いたいという気持ちを表現しなければならない。

また、「織姫と彦星ほどのチャンスも残されていない」、つまり一年に一回も会えないかもしれないけど、できればそのチャンスが欲しい――そういう心情を言葉にしたい。だから「七夕」はぜひとも入れたいが、代わりに「夏」でもよいかもしれない（夏はまだ始まったばかりだとふいに思い出したという次の文につながりやすくなる）。

そして、次の問14でも問われているように、このお話の象徴は言うまでもなく「カルピス」だから、「カルピス」は必須だろう。

四谷大塚データベースでは、「百花が無事でありますように」が答えになっている。たしかに、百花に「無事でね」と言われ、夏はうなずいたわけだが、「百花も無事でね」というのが「喉元まで出かかってとうとう言えなかった言葉」なのか？　疑問が残る。銀本（2020年度受験用）では、「世界が平和になりみんなが幸せに暮らせますように」となっている。これはいくらなんでも、ありえない。問いの要求である「文脈」を無視しているし、夏の心情を全くイメージしていない。私ならこれは〇点にする。

問14

一〇〇字も使う話ではない。カルピスは平和の象徴。できればそれで終わりにしたい。それでも「具体的なエピソード」に触れながら長く書けということなので、夏のひいおじいちゃんについてのくだり（346行目）や、百花の父親についてのくだり（370行目）を入れて書けばよい。

問14　ふくしま式の解答例

夏の曽祖父が戦争から日本に戻って飲んだカルピスに平和を感じた話や、百花の父がカルピスを飲む娘を見て「日本にもどってよかった」と思った話から、カルピスは平和の象徴であると言える。世界の中でも平和な国である現代日本の象徴であるようにも思える。（一一九字）

「世界の中でも平和な国である現代日本の象徴であるようにも思える」。この程度のオリジナリティは発揮したいところだ。単なる平和ではなく「世界平和」との関連だから、この程度は頭を使いたい。テレビでしか戦争を知らない夏の描写などを見ても、物語の背景にあるのは「平和な国、日本」の姿であると気づきたいところだ。

豊島岡女子

豊島岡女子学園中学校
2019年（第一回）説明的文章
『うしろめたさの人類学』※　松村圭一郎《まつむらけいいちろう》

23分／50

次の文章を読んで、後の一から八の各問いに答えなさい。（ただし、字数指定のある問いはすべて句読点・記号も一字とする。）

店で商品を購入《こうにゅう》するとき、金銭との交換《こうかん》が行われる。でも、バレンタインデーにチョコレートを贈《おく》るときには、その対価が支払《しはら》われることはない。好きな人に思い切って、「これ受けとってください」とチョコレートを渡《わた》したとき、「え？　いくらだったの？」と財布からお金をとり出されたりしたら、たいへんな屈辱《くつじょく》になる。

贈《おく》り物をもらう側も、その場では対価を払《はら》わずに受けとることが求められる。このチョコレートを「渡《わた》す／受けとる」という行為《こうい》は贈与《ぞうよ》であって、売買のような商品交換《こうかん》ではない。だから「経済」とは考えられない。

では、ホワイトデーにクッキーのお返しがあるとき、それは「交換《こうかん》」になるのだろうか。この行為《こうい》も、ふつうはア贈与《ぞうよ》への「返礼」として、商品交換《こうかん》から区別される。たとえほとんど等価のものがやりとりされていても、それは売買とは違《ちが》う。そう考えられている。

商品交換《こうかん》と贈与《ぞうよ》を区別しているものはなにか？

フランスの社会学者ピエール・ブルデュは、その区別をつくりだしているのは、モノのやりとりのあいだに差しはさまれた「時間」だと指摘《してき》した。

たとえば、チョコレートをもらって、すぐに相手にクッキーを返したとしたら、これは等価なものを取引する経済的な「交換《こうかん》」となる。ところが、そのチョコレートの代金に相当するクッキーを一カ月後に渡《わた》したとしても、それは商品交換《こうかん》ではない。返礼という「イ贈与《ぞうよ》」の一部とみなされる。このとき、やりとりされるモノの「等価性」は伏《ふ》せられ、「交換《こうかん》」らしさが消える。

商品交換《こうかん》と贈与《ぞうよ》を分けているものは時間だけではない。①お店でチョコレートを購入《こうにゅう》したあと、そのチョコレートに値札がついていたら、かならずその値札をはずすだろう。さらに、チョコレートの箱にリボンをつけたり、それらしい包装をしたりして、「贈《おく》り物ら

※ 2017年10月刊・ミシマ社

しさ」を演出するにちがいない。

店の棚《たな》にある値札のついたチョコレートは、それが客への「贈《おく》り物」でも、店内の「装飾品《そうしょくひん》」でもなく、お金を払《はら》って購入《こうにゅう》すべき「商品」だと、誰《だれ》も疑わない。でもだからこそ、その商品を購入《こうにゅう》して、贈《おく》り物として人に渡《わた》すときには、その「商品らしさ」をきれいにそぎ落として、「贈《おく》り物」に仕立てあげなければならない。

なぜ、そんなことが必要になるのか？

ひとつには、ぼくらが「商品／経済」と「贈《おく》り物／非経済」をきちんと区別すべきだという「きまり」にとても忠実だからだ。この区別をとおして、世界のリアリティの一端《いったん》がかたちづくられているとさえいえる。

そして、それはチョコレートを購入《こうにゅう》することと、プレゼントとして贈《おく》ることが、なんらかの外的な表示（時間差、値札、リボン、包装）でしか区別できないことを示してもいる。

たとえば、②バレンタインの日にコンビニの袋《ふくろ》に入った板チョコをレシートとともに渡《わた》されたとしたら、それがなにを意図しているのか、戸惑《とまど》ってしまうだろう。でも同じチョコレートがきれいに包装されてリボンがつけられ、メッセージカードなんかが添《そ》えられていたら、たとえ中身が同じ商品でも、まったく意味が変わってしまう。ほんの表面的な「印」の違《ちが》いが、歴然とした差異を生む。

ぼくらは同じチョコレートが人と人とのあいだでやりとりされることが、どこかで区別しがたい行為《こうい》だと感じている。だから、わざわざ「商品らしさ」や「贈《おく》り物らしさ」を演出しているのだ。

ぼくらは人とのモノのやりとりを、そのつど経済的な行為《こうい》にしたり、経済とは関係のない行為《こうい》にしたりしている。「経済化＝商品らしくすること」は、「脱《だつ》経済化＝贈《おく》り物にすること」との対比のなかで実現する。こうやって日々、みんなが一緒《いっしょ》になって「経済／非経済」を区別するという「きまり」を維持《いじ》しているのだ。

でも、いったいなぜそんな「きまり」が必要なのだろうか？

ぼくらはいろんなモノを人とやりとりしている。言葉や表情なども含《ふく》めると、つねになにかを与《あた》え、受けとりながら生きている。そうしたモノのやりとりには、「商品交換《こうかん》」と「ゥ贈与《ぞうよ》」とを区別する「きまり」があると書いた。ひとつ注意すべきなのは、そのモノのやりとりにお金が介在《かいざい》すれば、つねに「商品交換《こうかん》」になるわけではない、ということだ。

結婚《けっこん》式のご祝儀《しゅうぎ》や葬儀《そうぎ》の香典《こうでん》、お年玉などを想像すれば、わかるだろう。お金でも、特別な演出《えんしゅつ》（祝儀袋《しゅうぎぶくろ》／新札／*袱紗《ふくさ》／署名）を施《ほどこ》すことで贈《おく》り物に仕立てあげられる。ふつうは結婚式《けっこんしき》の受付で、財布からお金

を出して渡《わた》す人なんていない。［A］

なぜ、わざわざそんな「きまり」を守っているのか？

じつは、この「きまり」をとおして、ぼくらは二種類のモノのやりとりの一方には「なにか」を付け加え、他方からは「なにか」を差し引いている。［B］

それは、「思い」あるいは「感情」と言ってもいいかもしれない。

贈《おく》り物である結婚《けっこん》のお祝いは、お金をご祝儀袋《しゅうぎぶくろ》に入れてはじめて、「祝福」という思いを込《こ》めることができる。と、みんな信じている。

経済的な「エ贈与《ぞうよ》」の場では、そうした思いや感情はないものとして差し引かれる。マクドナルドの店員の「スマイル」は、けっしてあなたへの好意ではない。そう、みんなわかっている。

経済と非経済との区別は、こうした思いや感情をモノのやりとりに付加したり、除去したりするための③装置なのだ。

レジでお金を払《はら》って商品を受けとる行為《こうい》には、なんの思いも込《こ》められていない。みんなでそう考えることで、それとは異なる演出がなされた結婚式《けっこんしき》でのお金のやりとりが、特定の思いや感情を表現する行為《こうい》となる。

それは、光を感じるために闇《やみ》が必要なように、どちらが欠けてもいけない。経済の「交換《こうかん》」という脱感情《だつかんじょう》化《か》された領域があってはじめて、「贈与《ぞうよ》」に込《こ》められた感情を際立たせることができる。［C］

この区別は、人と人との関係を意味づける役割を果たしている。

たとえば、「家族」という領域は、まさに「非経済／オ贈与《ぞうよ》」の関係として維持《いじ》されている。家族のあいだのモノのやりとりは、店員と客との経済的な「交《こう》換《かん》」とはまったく異なる。誰《だれ》もがそう信じている。

レジでお金を払《はら》ったあと、店員から商品を受けとって、泣いて喜ぶ人などいない。でも日ごろの感謝の気持ちを込《こ》めて、夫や子どもから不意にプレゼントを渡《わた》された女性が感激の涙《なみだ》を流すことは、なにもおかしくない。［D］

このとき女性の家事や育児を経済的な「労働」とみなすことも、贈《おく》られたプレゼントをその労働への「対価」とみなすことも避《さ》けられる。そうみなすと、レジでのモノのやりとりと変わらなくなってしまう。

母親が子どもに料理をつくったり、子どもが母の日に花を贈《おく》ったりする行為《こうい》は、子どもへの愛情や親への感謝といった思いにあふれた営みとされる。母親の料理に子どもがお金を払《はら》うことなど、ふつうはありえない。そんな家庭は、それだけで「愛がない」と非難されてしまう。［E］

子育てとは無償《むしょう》の愛情であり、家族からのプレゼントも日ごろの労働への報酬《ほうしゅう》ではなく、心からの愛情や感謝の印である。それは店でモノを買うような行為《こうい》とはまったく違《ちが》う。ぼくらはそのようにしか考えることができない。たとえそのモノが数時間前まで商品棚《しょうひんだな》に並んでいたとしても。

家族のあいだのモノのやりとりが徹底的《てっていてき》に「④」されることで、愛情によって結ばれた関係が強調され、それが「家族」という現実をつくりだしている（なぜ「母親」が④された領域におかれるのかも、ひとつの問いだ）。

家族という間柄《あいだがら》であれば、誰《だれ》もが最初から愛にあふれているわけではない。⑤それは脱感情化《だつかんじょうか》された「経済＝交換《こうかん》」との対比において（なんとか）実現している。

「家族」にせよ、「恋人《こいびと》」にせよ、「友人」にせよ、人と人との関係の距離《きょり》や質は、モノのやりとりをめぐる経済と非経済という区別をひとつの手がかりとして、みんなでつくりだしているのだ。

（『うしろめたさの人類学』松村圭一郎《まつむらけいいちろう》）

［注］＊袱紗《ふくさ》＝贈《おく》り物を包む儀礼用《ぎれいよう》の布。

問一　――線**ア**～**オ**の「贈与《ぞうよ》」のうち、本来は別の言葉が充《あ》てられており、このままでは意味の通らない箇所《かしょ》が一箇所《かしょ》あります。その箇所《かしょ》を一つ選び、**ア**～**オ**の記号で答えなさい。

問二　[A]～[E]のうち、次の一文を入れるべき箇所《かしょ》として最も適当なものを一つ選び、A～Eの記号で答えなさい。

だからバレンタインのチョコで思いを伝えるためには、「商品」とは異なる「贈《おく》り物」にすることが不可欠なのだ。

問三　――線①「お店でチョコレートを～値札をはずすだろう」とありますが、それはなぜですか。その説明として最も適当なものを次の**ア**～**オ**の中から一つ選び、記号で答えなさい。

ア　値札があると相手への思いが額面で数値化されかねないから。

イ　手作りでないことが値札があるとばれてしまうから。

ウ　値札を外し贈《おく》り物として意味づける慣習があるから。

エ　お金をどれくらいかけたかが値札で周りに伝わってしまうから。

オ　値札を外さないと相手に思いやりがないと思われてしまうから。

問四 ——線②「バレンタインの日に～戸惑《とまど》ってしまうだろう」とありますが、それはなぜですか。その説明として最も適当なものを次の**ア**～**オ**の中から一つ選び、記号で答えなさい。

ア 特別な思いを伝える場で交換《こうかん》の論理が顔《かお》を出し、贈《おく》り物の意図が宙づりにされてしまうから。

イ それらしい包装をしないことによって、かえって相手に敵意や嫌悪感《けんおかん》を抱《いだ》かせてしまうから。

ウ チョコレートに特定の感情は存在せず、贈ることが自他の感情をつなぐ架け橋とはなり得ないから。

エ いかにもバレンタインらしい包装をしてしまうと、相手に気恥《きは》ずかしさを与えてしまうから。

オ 行事の意味は社会的に認知されているのに、その意味を示す「印」が包装には存在しないから。

問五 ——線③「装置」のここでの意味として最も適当なものを次の**ア**～**オ**の中から一つ選び、記号で答えなさい。

ア 感情があるか否かを見極めるために社会的に整えられた、経済的な「交換《こうかん》」を示すための手続き。

イ 贈《おく》り物にこめられた感情を際立たせるために作られた、贈与《ぞうよ》か否かを区別するという仕組み。

ウ 家事や育児を労働とみなさないために作られた、愛情で結ばれた「家族」という枠組み。

エ 交換《こうかん》か否かを見極めるために社会的に意味づけられた、値札を取り、リボン・包装を施《ほどこ》す手続き。

オ 贈《おく》り物を単なる商品のやりとりとみなさないために存在する、脱感情化《だつかんじょうか》された「交換《こうかん》」の仕組み。

問六 二つある［④］には同じ言葉が入ります。最も適当な言葉を本文中から四文字で抜《ぬ》き出しなさい。

問七 ——線⑤「それは～（なんとか）実現している」とありますが、なぜですか。その理由として最も適当なものを次の**ア**～**オ**の中から一つ選び、記号で答えなさい。

ア 近年ではお金を払って家事を代行してもらう動きもあり、家事や育児を無償《むしょう》の愛情として女性に押《お》しつける考え方は世間からの風当たりが強く、これ以上その考え方を用いることはできないから。

イ 対人関係のあり方は交換《こうかん》されるモノや当事者にそなわる何かによりあらかじめ決まるわけではなく、区別を行う人々の具体的な営みを通しそのつど作られるものにすぎないから。

ウ 人と人との関係の距離《きょり》や質は贈《おく》り物の交換《こうかん》を通

して維持《いじ》されるものであり、思いやりや愛情といった心の働きは贈《おく》り物の交換《こうかん》によって事後的に作られるものにすぎないから。

エ　女性の家事や育児を経済的な労働とみなすことを避《さ》けようとする背後には、女性のそうした仕事が実質的に労働であり、その対価として金銭が発生しうるという議論を導いてしまうから。

オ　商品と贈《おく》り物の区別は時間差や贈《おく》り物になされる包装などの何らかの外的な表示によってはじめて区別できるようになり、その区別を適切に行うことで人付き合いを円滑《えんかつ》にすることができるから。

問八　商品交換《こうかん》と贈与《ぞうよ》の区別があることで、どのようなことが可能になっていると筆者は考えていますか。四十字以内で答えなさい。

43ページでも述べたとおり、『うしろめたさの人類学』は二〇一九年、開成、海城、豊島岡女子など複数の中学が入試の題材に取り上げた。豊島岡女子の出題範囲は、開成のそれにくらべてよりいっそう哲学的な内容になっている。ここで説明されている「贈与」というのは、高校生が現代文で習うような哲学的分野である。ただ、具体例が豊富なので小学生でも理解はできる。

「分かる」とは「分ける」ことであり（**鉄則4**）、読解の第一の作業とは、対比関係を整理することである（**鉄則6**）。よって、**本来、次のような「対比の表」を作り対比項目を整理することが、受験生が真っ先に行うべきことである。真っ先にとは、「設問を解くよりも前に」という意味である**◆。本文を読むと同時に、問題用紙の余白などにこの程度のメモを書いていくわけだ。

［贈与］	←対比関係→	［商品交換］	参照行数（例）
時間差あり	↔	時間差なし	19～27
等価性が不明確	↔	等価性が明確	22～29
非経済・脱経済化	↔	経済・経済化	43～45／64～69
演出あり	↔	演出なし	34・35／62・63／101～103
感情あり	↔	感情なし・脱感情化	88・89／97～99／105～107／141～143

ふくしま式で最も重要な型は、「**ア**は**A**だが、**イ**は**B**」である（**鉄則7**）。このアとイ（主題）に当たるのが、右の表では贈与と商品交換であり、AとB（述語・意味づけ）に当たる

◆設問を解くよりも前にやるべきこととは？

のが、右の表では五行で整理した対比項目（観点）である（上に書くべき観点を下に書いてしまったりしないよう注意が必要）。**表において、縦は対比関係だが、横は同等関係または因果関係になる。**この表を使い、たとえば、「贈与では時間差があるため等価性が不明確になるが、商品交換では時間差がないため等価性が明確になる」といった要約文※を書くことができる。

事前にこうした整理をすればこそ、ブレのない一貫した記述や選択を行うことができるのである。

問一

右に述べたような対比を整理しながら読んでいれば、答えの エ の箇所で「あれ?」と首をかしげるはずである。対比の表において、贈与は上段、経済は下段。おかしいな、とすぐ気づく。要は、「経済的な贈与の場」ではなく「経済的な交換の場」などとなっていなければおかしいということだが、対比の表を先に作っておけば、そうした概念をいちいち考える必要がなくなる。**ア**～**オ**を個々にチェックする必要もない。対比の表を作るのに二分かかっても、最終的に二分以上得するわけだ。

問二

答えは C 。この手の問いは「脱文挿入」と呼ばれる。脱文挿入では、前後の文との「関係」を考えれば答えを絞り込めるようになっている。ここでは「だから」がヒントになる。脱文を短くすると、「思いを伝えるためには贈り物にする必要がある」。その理由が、直前に書かれていなければなら

※「時間差がある」→だから→「等価性が不明確になる」
「時間差がない」→だから→「等価性が明確になる」
という因果関係が、この要約文には含まれている。

ない。Cを見ると、直前には「贈与に込められた感情を際立たせられる」といったことが書かれている。どうやら当てはまりそうである。正直なところ、「だから」が厳密に機能しているようにも思えないが、脱文と関連が強いのはCの直前の文しかない。Dも関連はあるが、「レジ」「夫や子どもからのプレゼント」ときて、いきなり「バレンタイン」になるのはおかしい。Eも同様に、母親の料理の例からいきなり「バレンタイン」になるので、おかしい。一方、AとBは、「思い」についての説明（88行目）より前なので、その時点で除外だろう。結局、Cを選ぶのは簡単。正解率は高そうだ。

問三

これは簡単。**ウ**が答え。チョコレートの値札を外すというのは、贈与の際の振る舞いの一例である。傍線部の直後の文には、「贈り物らしさ」を演出する、とある。また、41行目には、「贈り物」に仕立てあげなければならない、とある。それらは明らかに、ウの「贈り物として意味づける」ことを指している。他の選択肢をチェックする必要もない。それでも他の選択肢に惑わされてしまった人は、そもそも筆者が贈与と交換を対比していることに対する意識が薄いのではないか。**選択式であれ記述式であれ、書き手が何と何を対比しているのかを常に念頭に置くのは、読解の常識である。**

問四

傍線部の前には「たとえば」があり、後には「でも」がある。つまり、前には抽象化された内容があり、後には対比される内容がある。これだけヒントがあれば、傍線部の意味をとらえるのは容易だ。

傍線部の直前からの三文の意味を要約してみよう。

商品交換　　　贈与
チョコを買うこととプレゼントすることは、外的表示でしか区別できない。

商品交換の外的表示とともに　　贈与されても
たとえば、バレンタインの日にレジ袋でレシートと一緒にチョコを渡されても戸惑う。

贈与の外的表示　　贈与になる
でも、同じチョコに包装・リボン・カードなどがあれば意味が変わる。

「商品交換と贈与は、外的表示でしか区別できない。商品交換の外的表示とともに贈与されても戸惑うが、贈与の外的表示があれば贈与になる」。これが、この三文の抽象的意味である。

傍線部は、「贈与の日なのに商品交換の外的表示が混ざってると戸惑うよね」ということになる。

その意味が述べられた選択肢は、**ア** しかない。この問いは**「なぜですか」と問うているが、傍線部を言いかえた（抽象化した）だけで答えが分かる。**実はこういうパターンはけっこうある。

選択肢**オ**は「バレンタインの意味を示す印がないから戸惑う」と言っているのだが、戸惑いの要因はあくまで「レジ袋・レシート」であって、「バレンタインっぽくないこと」ではない。他の選択肢は脚注※を参照のこと。

※**イ**は「敵意や嫌悪感」が「戸惑い」とそぐわない。**ウ**もおかしい、「贈る」ことで感情を伝えるという話をしているのだから。**エ**は、「バレンタインらしい包装をすると恥ずかしさを与えるから、レジ袋で渡すと戸惑う」となり、意味不明。

問五

答えは **イ**。「装置なのだ」は、文の**述語**。一方、**主語（主題）**は「経済と非経済の区別（は）」であり、それが必然的に「装置」の意味となる。また、「付加したり除去したり」とあるので、「贈与と交換」両方を含んだ意味づけになっていなければならない。この時点で、**イ**「贈与か否かを区別する」と、**エ**「交換か否かを見極める」しか残らない。**ア**も**オ**も「交換」に限定してしまっており、おかしい。ただ、実は**エ**も、前半は「区別」を語っている一方で後半は「贈与」限定となってしまっている。ならば**イ**も、前半は「贈与」限定じゃないか、と思うかもしれない。たしかに、その意味で前半は不十分な説明である。しかし、それでも**エ**よりはよい。

イ……前半が贈与のみ〈部分的〉／後半が贈与と交換の区別〈全体的〉
エ……前半が贈与と交換の区別〈全体的〉／後半が贈与のみ〈部分的〉

このどちらがよいかといえば、**イ**である。
部分から全体へと書かれた文は違和感がないが、全体から部分へと書かれた文は違和感がある。部分は〈具体〉、全体は〈抽象〉に言いかえてもよい。〈具体〉で終わっている**エ**は、違和感があるわけだ。そもそも、「贈与のみ」である点で既に具体的なのに、「値札、リボン、包装云々」では具体的すぎる。先ほど確認した「装置」の意味である「経済と非経済の区別」というのは、どうみても抽象的な概念なのである。

問六

文章の骨組みを理解していない状態で、四字の言葉を「なんとなく探す」と、すぐ近くにある傍線⑤の「脱感情化」を答えにしてしまう。しかし、答えは **脱経済化** であり（66行目）、脱感情化とは意味が正反対である。正反対の言葉を書いてしまうようなミスを防ぐ手立ては、冒頭で示した。**「対比の表」を作り、対比項目を整理しながら読むことである。そして、それが「骨組みを理解しながら読む」ということだ。** あらためて、表を見てほしい。脱感情化と脱経済化は正反対である。間違えようがない。

本文は、「脱経済化されることで愛情によって結ばれる」と言っているのだ。「脱感情化されることで愛情によって結ばれる」わけがない、矛盾する。

問七

傍線部の「対比において」の意味が、小学生には分かりにくいかもしれない。こんな例で分かるだろう。「僕はテストで六〇点しか取れなかったが、クラスでトップだった。僕より点数の低い子との対比において、なんとかトップの座を実現している」。

さて、傍線部の次の文（本文最後の文）の文末には「のだ」とある。**「のだ」は、前の文を言いかえる（同等関係）、あるいは理由づけする（因果関係）働きを持つ。** いずれにせよ、この文が傍線部を説明しているのは間違いない。この文の要約版と、答えである **イ** の要約版を並べてみよう。

本文…「人間関係の距離や質は／経済・非経済の区別を手がかりとして／つくりだしている」
イ……「人間関係のあり方は　／区別を行う人々の具体的な営みを通し／作られるものだ」

見事に一致している。これも問四で述べたパターン、すなわち「**理由を問われているにもかかわらず単に言いかえただけで答えが分かってしまうパターン**」である。

紛らわしいのは、**ウ**と**オ**である。

ウは、冒頭と末尾は本文と一致している。「人と人との関係の距離や質は」と「事後的に作られるものにすぎないから」は、完全に正しい。この「事後的」の意味合いを先の例で置きかえれば、「クラスでトップという座は、（他の生徒とくらべることで）事後的に生まれた」ということになる。**イ**の中ほどにあるように、「あらかじめ」決まるのではなく「事後的に」決まるのだ、というわけだ。

一方、**ウ**には問題点が二つある。まず、「贈与」限定で説明していること。先の問五と同様だ。あくまで「交換と贈与の区別」が人間関係を形づくると言っているのであって、これでは部分的であり、足りない。次に、贈り物の「交換」と表現していること。商品交換とごっちゃにした表現だ。

オは、おおむね意味は正しいのだが、文末が決定的に違う。傍線部には「（なんとか）実現している」とある。つまり、「家族の愛が、区別によってかろうじて実現している」理由を問われているのだ。

因果関係整理においては、プラスの理由はプラスに、マイナスの理由はマイナスにするのが原則◆。

家族愛ってのは、実は、そういう意図的な区別によってなんとかかんとか、ギリギリのところで形づくられているにすぎないんだよ、というマイナスイメージの理由は、**イ**・**ウ**の文末「作られるもの

◆「理由」を考える際の原則！

にすぎないから」のように、マイナスの説明になっていなければならない。その点、**オ**は「円滑にすることができるから」となっている。**「できる」はプラスである。**これでは理由づけにならない。

なお、**ア・エ**は全く理由になっておらず、文脈を無視した見当違いな選択肢。

問八

商品交換と贈与の区別によって何ができるか。このことは、既に整理してきたはずである。問五で注目した文（97行目）と、問七で注目した文（144行目）を合体させれば、容易に書ける。

問八　ふくしま式の解答例

モノのやりとりに感情を付加または除去し、人間関係の距離や質を変化させること。（三八字）

ここまでの問いで見てきたニセ選択肢のように、「交換」あるいは「贈与」に偏った表現をしないよう、注意する。あくまでバランスよく、ニュートラルに書くこと。「付加または除去」はバランスがよい。そして、「変化させる」はニュートラルである。

灘

灘中学校　2019年（二日目）説明的文章

『アフロ記者が記者として書いてきたこと。退職したからこそ書けたこと。』※　稲垣《いながき》えみ子

25分／70

次の文章は、二〇一一年に発生した東日本大震災《ひがしにほんだいしんさい》による福島第一原子力発電所事故以後、電気の利用を極力おさえた生活を始めた元新聞記者が書いたものです。よく読んで、後の問いに答えなさい。

節電のため冷蔵庫のプラグを抜《ぬ》いた体験を書いたところ、テレビに出ませんかというお話を頂いた。大好きな高野山《こうやさん》からの中継《ちゅうけい》と聞き、釣《つ》られてノコノコでかけた私が、1浅はかであった。

想像をはるかに超《こ》える反響《はんきょう》。中でも予想外の反発にたじろぐ。「お前は電車に乗らないのか。」「電気なしでは工場も動かぬ。」「高齢者《こうれいしゃ》にも節電を強《し》いるのか。」

週刊誌からも取材がきた。尋問《じんもん》のごとく数時間で答えよと迫る某誌《ぼうし》の質問状にも全力で答えたつもりだが、バカ、偉《えら》そう、2さんざんな書かれようである。

いやはやテレビに出る人をAソンケイします。皆《みな》さん心が強い！　私一回で折れました。

それにしても、節電生活を伝えることが批判の的となることに驚《おどろ》く。血が上った頭を冷やし、そのわけを考えた。

もしや「恐《おそ》れ」ではないか。電気の否定は豊かさの否定につながる。貧しさのBキョウヨウ。そう受け取られたのではないか。

改めて、我《わ》が家《や》で使わなくなった家電製品を振《ふ》り返《かえ》ってみた。炊飯器《すいはんき》、電子レンジ、冷蔵庫、ドライヤー、掃除機《そうじき》、洗濯機《せんたくき》……社会人になり一人暮らしを始めたとき「これがなくては暮らせない」と、引《ひ》っ越《こ》し当日に買いそろえたものばかりだ。

私とて、一つとして手放す気はなかった。それがなぜ3こんな地点まで来たのか。

Cテンキは掃除機との別離《べつり》だったと思う。大震災前のことだが、エコ生活を始めた友人が「掃除機を捨てた。ほうきで十分。」と言う。ウソでしょと思ったがまあ試《ため》してみることに。すると何ということか。私、まさかの掃除大好き人間になったのである。

元々掃除は苦手。母に「きれいにしなさい。」と何度叱《しか》られても面倒《めんどう》で、*汚部屋《おへや》から卒業できぬまま中年

※ 2016年6月刊・朝日新聞出版。ただし初出は『朝日新聞』2015年5月28日（ザ・コラム）「続・アンプラグド この世は親切に満ちている」

になった。それが今や、美しい江戸箒《えどほうき》でシャッシャと床《ゆか》をはくのが毎朝の心落ち着く習慣である。軽い。すぐ出せる。音がきれい。で、部屋もきれい。すばらしい。私は掃除が嫌《きら》いだったのではなく、重くコードがからまり騒音《そうおん》をたてる掃除機が苦手だったのだと気づく。

「手放す」ことは、貧しく不便なのか。これでわからなくなった。

電子レンジは蒸《む》し器《き》でOK。ご飯も鍋《なべ》でなんとか炊《た》ける。*アフロは自然乾燥《かんそう》。洗濯も風呂《ふろ》で日々手洗いすればよい。むしろ湯を使うので驚きの白さだ。

実は私、「家電の子」である。父は家電会社の[D]エイギョウマン。狭《せま》い我が家にも最新式家電はいち早く[E]ドウニュウされ、友達がカラーテレビを見に来て誇《ほこ》らしかった。電子レンジの[F]テンジ会では熱いおしぼりに感動した。[4]手に入れる幸せをかみしめて育った。

だが手放したあとにも[5]幸せがあった。ご飯をふっくら炊く手順、[G]コウカ的なつけ置き洗いの方法を探《さぐ》る日々は、自分の中に眠《ねむ》っていた力が生き生きと動き出す刺激《しげき》に満ちている。これって、行《い》き詰《づ》まりがちな人生を救う*イノベーションではないか。

考えてみれば、便利なものを手に入れるとは、自ら考え工夫《くふう》する機会を失うことでもある。得ることも失うことも結局は同じなのだ。なのに「あったら便利」に執着《しゅうちゃく》し、「ないと不安」とおびえていた。

生きるとは、これほど自由で身軽なものか。それが今の正直な思いである。

ところで、冷蔵庫のない暮らしは今も続行中。買った物はその日に食べる覚悟《かくご》さえ決めれば、案外どうということはない。

問題は、たくさん作らないとおいしくない煮物《にもの》。[H]コウブツなのでこれは痛い。昔の人はどうしていたのかと、時代劇を見てピンと来た。お裾分《すそわ》けだ。子どもの頃《ころ》、おかずを作り過ぎたと隣《となり》の人が総菜を持ってきた。あれは冷蔵庫がないころの名残《なごり》であろう。[6]プラグで接続されていなかった時代、人はつながりとやりくりで支え合ったのだ。

確かに、節電生活は世の情けなしには成り立たぬ。スーパーは我が家のかわりに冷蔵庫で食材を保存してくれている。暑さ寒さが厳しい日はカフェへ。銭湯へ行くのも習慣になった。近所全体が私の家なのだ。気づけばカフェ店主と世間話を楽しみ、銭湯では[I]ジョウレンのおばあちゃんに「若い人は肌《はだ》がきれいねえ。」と言われて喜んでいる。

世の中は案外親切に満ちている。[7]プラグを抜いて初めて気づいたことである。

（稲垣《いながき》えみ子《こ》『アフロ記者が記者として書いてきたこと。退職したからこそ書けたこと。』による）

＊注　汚部屋――汚い部屋のことをいうくだけた表現。
アフロ――アフロヘアー。パーマで細かく縮らせて丸くふくらませた髪型《かみがた》。
イノベーション――技術革新。

問一　――線部A～Iのカタカナを漢字に改めなさい。

問二　――線部1「浅はかであった」とありますが、どのような点をそう思ったのですか、答えなさい。

問三　――線部2とありますが、「さんざんな書かれよう」であった理由を筆者はどのように考えていますか。解答らんに合わせて答えなさい。

問四　――線部3「こんな地点まで来た」とはどういうことですか。分かりやすく説明しなさい。

問五　――線部4「手に入れる幸せ」とは、どのような「幸せ」ですか、答えなさい。

問六　――線部5「幸せ」とは、どのような「幸せ」ですか、答えなさい。

問七　――線部6「プラグで接続されていなかった時代」とはどういう時代ですか、答えなさい。

問八　――線部7「プラグを抜いて初めて気づいたこと」とはどのようなことですか。最も適当なものを次の**ア**～**オ**から選び、記号で答えなさい。

ア　自分は厳しく批判されたが、自分を批判する人たちも、地域の人のやさしさに触れたならその考えも変わるかもしれないということ。

イ　自分は自分の責任で生きていかなくてはならないが、困ったときには、周囲の人たちが手助けしてくれる場合もあるのだということ。

ウ　自分は自分の力で生きていく必要があるので、どのような問題がおこっても、他人の力を借りることがあってはならないということ。

エ　自分は自分一人だけで生きていかなくてはならないものではなく、地域の中で、地域の人々に助けられて生きているのだということ。

オ　自分は人に批判される生活を送っているが、地域の人たちの中には批判する人だけでなく、評価してくれる人もいるのだということ。

問四：60字（3行）問五：40字（2行）問六：40字（2行）
問七：40字（2行）

筆者の稲垣えみ子氏は朝日新聞の元記者であり、ここで書かれた番組とは報道ステーションであると思われる。私はその放送を実際に見ていた。本文に「一回で折れました」とあるが、一回だけでなく、その後もちらほら見かけた。出演のメリットのほうが大きかったのかもしれない。

筆者の独自表現が散見する文章であり、その分だけ、言いかえる設問が多くなっている。「なぜですか」オンパレードではないところは好感が持てるが、答えが一つに定まりにくい設問も多い。162ページでも触れたが、やはり**入試は模試とは違う**。受験生ごとに採点基準が揺らぐようなことは、大いにあるだろうと思う。それでも、採点のプロセスを公開することはないし、公開する必要もない。何しろ**入試とは、「欲しい生徒」を学校が選抜することだけが目的であり、能力を公平な基準で評定することなど必要ないのだ**。だからこそ、こういう「あいまいな問い」が可能になるわけである。

では受験生はどうすればよいか。それは、**採点者に「お、これは」と思わせる答案を作ること**。これに尽きる。他の受験生との差別化を図るのだ。そして、ふくしま式はそれを可能にする。

問二

これはウォーミングアップのような平易な問い。欠かせないのは、「反響（特に反発）を考えずにテレビに出てしまった」という内容。高野山云々は重要ではない。

問二　ふくしま式の解答例

自分への反発を含む大きな反響を予想せず、気楽にテレビに出てしまった点。

問一　A 尊敬　B 強要　C 転機　D 営業　E 導入　F 展示　G 効果
H 好物　I 常連

問三

14行目に、「そのわけを考えた」とある。「その」の指示内容が設問に該当する。つまり、「節電生活を伝えることが批判の的になること」の理由を、問われているということだ。テレビで話すわけだから、「伝えること」は控えめすぎる。「すすめること」と解釈すべきだろう。ここで、**鉄則20**を使う。

前件肯定パターン

（問い）「①は②であると言えるのはなぜか」
（答え）「①は③であり、③ならば②だから」

（問い）「節電のすすめが／批判された」のはなぜか。
（答え）節電のすすめは（　③　）であり、
（　③　）ならば批判されるはずだから。

解答欄からして五〇字以下の答えになるだろうが、まずはとにかく、骨組みをイメージする※。
「節電のすすめは自分を否定するものとして恐れられたから」……型どおりの文
「節電のすすめによって自分を否定されるのを恐れたから」………少し表現を変えた文
後者のほうが読みやすいので、これを採用する。少し肉づけすると、次のようになるだろう。

※どちらも、型の後半「③ならば批判されるはずだから」は省略している。解答欄が狭い、指定字数が少ないなどの場合は、「①は③であり、③ならば②だから」の後半を省略し、前半だけを答えにして収めるケースはよくある。

問三　ふくしま式の解答例
節電のすすめによって、豊かさの中にいる自分の生活を否定され、貧しさを強要されることを恐れた（からだと考えている。）

ポイントは、「自分の」と補うことだ。「予想外の反発」の多くはネット上の声であると思われるが、彼らネット民は、「自分が否定された」気がするからこそ、反発する。ネット民でなくてもそうだが、ネット民は特にそうだ。「いや、自分ではなく現代社会だよ」と彼らは言うかもしれないが、結局は、「現代社会の中に生きている自分」を否定されたと感じ自己防衛的に反発しているのだ。
この「自分の」というひとことは、書けそうで書けない。やはり、**自他の観点**への意識が必要だ。

問四

言いかえる設問（**鉄則15**）※では、たとえ傍線部が長くても、言いかえるべき表現は結局「ひとこと」であるケースが多い。どの「ひとこと」を言いかえさせようとしているのか、そこをつかむのがスタートラインである。ここでは、「地点」、特に「点」である。「こんなレベルまで来た」などと書かず、「こんな地点まで来た」と書いたのには、意味があると考えたい。そして、ここでの「点」は「冷蔵庫」を指していると読むのが妥当だ。「いろいろな家電」ではなく、文章冒頭にも書かれた、象徴としての「冷蔵庫」。直後に「転機は掃除機との別離」とある。きっかけは掃除機だったが、ついに冷蔵庫まで来た。そういう文脈だ。家電名をあれこれ入れる必要はないが、冷蔵庫だけは入れよう。

※設問の読解（**鉄則5**）に従えば、問三以外の記述は全て「言いかえる設問」になっていることが分かる。

問四　ふくしま式の解答例
生活に不可欠と思って買いそろえた家電の多くを手放し、ついに冷蔵庫も使わなくなったということ。

問五

これは、問六と同時に考えたい。50行目「だが」を挟んだ前後は、明らかに**対比関係**である。**両方の答案の文末に反対語を入れて、採点者に「お、これは」と思わせたい**ところだ。

問五　ふくしま式の解答例
あったら便利なものを次々と自分のものにすることができるような、物質的な幸せ。

問六

この文章の背後にあるのは、明らかに「物質⇔精神」という対比である。モノを捨て、人との心のつながりを取り戻す。こういった意味合いをつかんだ時点でこの反対語がすぐ浮かんでくる程度には、反対語の活用を練習しておきたいものである。

問六　ふくしま式の解答例

工夫して生き生きと自由に生活する力を自分の中に発見できるような、精神的な幸せ。

「自分の中に眠っていた力が生き生きと動き出す刺激」という部分に目が行くが、ここはだいぶ比喩的である。

言いかえる設問では比喩的表現（具体的な描写）をそのまま使わない。これが原則である。もう少し抽象的に書かれた表現※を探し、それを同時に生かしたい。

そこで、「便利なものを手に入れるとは、自ら考え工夫する機会を失うことでもある」（55行目）という表現を対比的にとらえて、答えに生かすことにする。「工夫できる幸せ」という解釈だ。

また、「生きるとは、これほど自由で身軽なものか」（59行目）という部分も生かす。「自由に生活できる幸せ」などと解釈する。

これらを組み合わせ、最後に「物質」の反対語である「精神」を使って、文を締める。

問七

これまた、言いかえる設問である。

筆者は、「プラグで接続されている」現代を、マイナスにとらえている。傍線部はそれを否定しているので、答案の全体像は、「マイナスではなかった時代」となる。これが**骨組み**のイメージだ。

※「便利なものを手に入れるとは」も、「生きるとは」も、定義の文である（**鉄則13**）。一読した時点でこれら定義にマークしていれば、答案を作る段階で自然とそこに目が向くはずである。

問七　ふくしま式の解答例

電気によって生活が便利になることで人と人とのつながりが薄らいでしまう前の時代。

電気の接続が、逆に人の接続を切る。電気がつながっていても、人とのつながりは弱い。薄い。そんな「マイナス」が訪れる前の時代には、「人はつながりとやりくりで支え合ったのだ」(69行目)と、筆者は語っているのである。つながりが薄くなかった時代、人はつながっていた、と。

「接続」とは「つなぐ」ことである。この言いかえができれば、「プラグで接続」というレトリックの意味に気づけるだろう。筆者は、プラグの「接続」と、人間のつながりという意味での「接続」を、かけているのである。「接続」は漢語。「つなぐ」は和語。**「言いかえる力」は、和語・漢語（及び外来語）を自由に行き来できる語彙力に支えられていると言っても過言ではない。**

問八

これは簡単。答えは**エ**。前の段落の具体例を受けて、「世の中は案外親切に満ちている」と感概深げに語っているのだから、**ウ**は正反対。**イ**も、前半が同様に正反対。**ア**・**オ**は文脈から全くズレている。筆者は、「自分」すなわち筆者自身を語っているのではなく、「人間」を語っているのである。

イ・**ウ**・**エ**の冒頭の「自分」は、「人間」に置きかえることができる。

しかし、**ア**・**オ**の冒頭の「自分」は、「人間」に置きかえることができない。

こんな単純な罠にハマって、**ア**・**オ**を選んでしまってはいけない。

浅野

浅野中学校
2019年　説明的文章
『職業としての小説家』※　村上春樹《むらかみはるき》

25分／50

次の文章を読んで、後の問いに答えなさい。

僕《ぼく》は思うのですが、小説を書くというのは、あまり頭の切れる人に向いた作業ではないようです。もちろんある程度の①知性や教養や知識は、小説を書く上で必要とされます。この僕にだって最低限の知性や知識は備わっていると思います。おそらくというか、たぶん。本当に間違いなくそうなのかと正面切って尋《たず》ねられると、もうひとつ自信はありませんが。

しかしあまりに頭の回転の素早い人は、あるいは人並み外れて豊富な知識を有している人は、小説を書くことには向かないのではないかと、僕は常々考えています。小説を書く――あるいは物語を語る――という行為はかなりの低速、ロー・ギアでおこなわれる作業だからです。実感的に言えば、歩くよりはいくらか速いかもしれないけど、自転車で行くよりは遅《おそ》い、というくらいのスピードです。意識の基本的な動きがそのような速度に適している人もいるし、適していない人もいます。

小説家は多くの場合、自分の意識の中にあるものを「物語」というかたちに置き換《か》えて、それを表現しようとします。もともとあったかたちと、そこから生じた新しいかたちの間の「落差」を通して、その落差の[注1]ダイナミズムを梃子《てこ》のように利用して、何かを語ろうとするわけです。これはかなりまわりくどい、手間のかかる作業です。

自分の頭の中にある程度、鮮明な輪郭《りんかく》を有するメッセージを持っている人なら、それをいちいち物語に置き換える必要なんてありません。その輪郭をそのままストレートに言語化した方が話は遥《はる》かに早いし、また一般《いっぱん》の人も理解しやすいはずです。小説というかたちに転換《てんかん》するには半年くらいかかるかもしれないメッセージや概念《がいねん》も、そのままのかたちで直接表現すれば、たった三日で言語化できてしまうかもしれません。あるいはマイクに向かって思いつくがままにしゃべれば、十分足らずで済んじゃうかもしれません。頭の回転の速い人にはもちろんそういうことができます。聞いている人も「なるほどそういうことか」と膝《ひざ》を打つ

※2016年10月刊・新潮社（新潮文庫）

ことができる。要するに、それが頭がいいということなのですから。

また知識の豊富な人なら、わざわざ物語というような[注2]ファジーな、あるいは得体の知れない「容《い》れ物」を持ち出す必要もありません。あるいはゼロから架空《かくう》の設定を立ち上げる必要もありません。手持ちの知識をうまく論理的に組み合わせ言語化すれば、人々はすんなり納得し、感心することでしょう。

少なくない数の文芸評論家が、ある種の小説なり物語なりを理解できない――あるいは理解できたとしても、その理解を有効に言語化・論理化できない――理由はおそらくそのへんにあるのかもしれません。彼《かれ》らは一般的に言って、小説家に比べて頭が良すぎるし、頭の回転が速すぎるのです。つまり物語というスローペースなヴィークル（乗り物）に、うまく身体性を合わせていくことができないのです。[A] 往々にして、テキストの物語のペースを自分のペースにいったん翻《ほん》訳《やく》し、その翻訳されたテキストに沿って論を興《おこ》していくことになります。そういう作業が適切である場合もあれば、あまり適切ではない場合もあります。うまくいく場合もあれば、あまりうまくいかない場合もあります。とくにそのテキストのペースがただのろいだけではなく、のろい上に重層的・複合的である場合には、その翻訳作業はますます困難なものになり、翻訳されたテキストは歪《ゆが》んだものになってしまいます。

それはともかく、②頭の回転の速い人々、聡明《そうめい》な人々が――その多くは異業種の人々ですが――小説をひとつかふたつ書き、そのままどこかに移動していってしまった様子を僕は何度となく、この目で目撃《もくげき》してきました。彼らの書いた作品は多くの場合「よく書けた」才気のある小説でした。いくつかの作品には新鮮《しんせん》な驚《おどろ》きもありました。しかし彼らが小説家として[注3]リングに長く留まることは、ごく少数の例外を別にして、ほとんどありませんでした。「ちょっと見学してそのまま出ていった」というような印象すら受けました。

あるいは小説というのは、多少文才のある人なら、一生に一冊くらいはわりにすらっと書けちゃうものなのかもしれません。またそれと同時に聡明な人たちはおそらく小説を書くという作業に、期待したほどメリットを発見できなかったのでしょう。ひとつかふたつ小説を書いて、「ああ、なるほど、こういうものなのか」と納得して、そのままよそに移っていったのだと推測します。これならほかのことをやった方が効率がいいじゃないか、と思って。

僕にもその気持ちは理解できます。③小説を書くというのは、とにかく実に効率の悪い作業なのです。それは「たとえば」を繰《く》り返す作業です。ひとつの個人的なテーマがここにあります。小説家はそれを別の文脈に置き換えます。「それはね、たとえばこういうことなんですよ」という話をします。ところがその置き換え《パラフレーズ》の中に不明瞭《ふめいりょう》なところ、ファジーな部分があれば、またそれについて「それはね、たとえばこういうことなんですよ」という話が始まります。その「それはたとえばこういうことなんですよ」というのがどこまでも延々と続いていくわけです。限りのないパラフレーズの連鎖《れんさ》です。開けても開けても、中からより小さな人形が出てくるロシアの人形みたいなものです。これほど効率の悪い、回りくどい作業はほかにあまりないんじゃないかという気さえします。最初のテーマがそのまますんなりと、明確に知的に言語化できてしまえれば、「たとえば」というような置き換え作業はまったく不必要になってしまうわけですから。極端な言い方をするなら、「小説家とは、不必要なことをあえて必要とする人種である」と定義できるかもしれません。

B　小説家に言わせれば、そういう不必要なところ、回りくどいところにこそ真実・真理がしっかり潜《ひそ》んでいるのだということになります。なんだか①強弁しているみたいですが、小説家はおおむねそう信じて自分の仕事をしているものです。だから「世の中にとって小説なんてなくたってかまわない」という意見があっても当然ですし、それと同時に「世の中にはどうしても小説が必要なのだ」という意見もあって当然なのです。それは念頭に置く時間のスパンの取り方にもよりますし、世界を見る視野の枠《わく》の取り方にもよります。より正確に表現するなら、効率の良くない回りくどいものと、効率の良い機敏なものとが裏表になって、我々の住むこの世界が重層的に成り立っているわけです。どちらが欠けても（あるいは圧倒的劣勢《あっとうてきれっせい》になっても）、世界はおそらくいびつなものになってしまいます。

あくまで僕の個人的な意見ではありますが、小説を書くというのは、基本的にはずいぶん「鈍臭《どんくさ》い」作業です。そこにはスマートな要素はほとんど見当たりません。一人きりで部屋にこもって「ああでもない、こうでもない」とひたすら文章をいじっています。机の前で懸命《けんめい》に頭をひねり、丸一日かけて、ある一行の文章的精度を少しばかり上げたからといって、それに対して誰《だれ》が拍手をしてくれるわけでもありません。誰が「よくやった」と肩《かた》を叩《たた》いてくれるわけでもありません。自分一人で納得し、「うんうん」と黙《だま》って肯《うなず》くだけです。本になったとき、その一行の文章的精度に注目してくれる人なんて、世間にはただの一人もいないかもしれません。小説を書くというのはそんな作業なのです。やたら手間がかかって、どこまでも②辛気《しんき》くさい仕事なのです。

　世の中には一年くらいかけて、長いピンセットを使って、瓶《びん》の中で細密な船の模型を作る人がいますが、小説を書くのは作業としてはそれに似ているかもしれません。僕は手先が不器用だし、とてもそこまで面倒《めんどう》なことはできませんが、それでも本質の部分では共通するところがあるかもしれないと思います。長編小説ともなれば、そのような細かい密室での仕事が来る日も来る日も続きます。ほとんど果てしなく続きます。この手の作業がもともと性にあった人でないと、あるいはそれほど苦にしない人でないと、とても長く続けられるものではありません。

　子供の頃《ころ》何かの本で、④富士山を見物に出かけた二人の男についての話を読んだことがあります。二人ともそれまで富士山というものを目にしたこともありません。頭の良い方の男は富士山を麓《ふもと》のいくつかの角度から見ただけで、「ああ、富士山というのはこういうものなんだ。なるほど、こういうところが素晴らしいんだ」と納得してそのまま帰って行きます。とても効率がいい。話が早い。ところがあまり頭の良くない方の男は、そんなに簡単には富士山を理解できませんから、一人であとに残って、実際に自分の足で頂上まで登ってみます。そうするには時間もかかるし、手間もかかります。体力を消耗《しょうもう》して、へとへとになります。そしてその末にようやく「そうか、これが富士山というものなのか」と思います。理解するというか、いちおう腑《ふ》に落ちます。

　小説家という種族は（少なくともその大半は）どちらかといえば後者の、つまり、こう言ってはなんですが、頭のあまり良くない男の側に属しています。実際に自分の足を使って頂上まで登ってみなければ、富士山がどんなものか理解できないタイプです。というか、それどころか、何度登ってみてもまだよくわからない、あるいは登れば登るほどますますわからなくなっていく、というのが小説家の注4ネイチャーなのかもしれません。そうなると⑤これはもう「効率以前」の問題ですね。どう転んでも、頭の切れる人にはできそうにないことです。

　だから小説家は、異業種の才人がある日ふらりとやってきて小説を書き、それが評論家や世間の人々の注目を浴び、ベストセラーになったとしても、さして驚きはしません。脅威《きょうい》を感じたりすることもまずありません。 C 腹を立てたりもしません（と思います）。なぜならそのような人々が、小説を長期間にわたって書き続けるのは稀《まれ》なケースであることを、小説家は承知しているからです。才人には才人のペースがあり、知識人には知識人のペースがあり、学者には学者のペースがあります。そしてそういう人たちのペースはおおかたの場合、長いスパンをとってみれば、小説の執筆《しっぴつ》には向いていないみたいです。

　もちろん職業的小説家の中にだって才人と呼ばれる人はいます。頭の切れる人もいます。ただ世間的に頭が切れるというだけではなく、小説的にも頭の切れる人です。しかし僕の見たところ、⑥そのような頭の切れだけでやっていける年月は——わかりやすく「小説家としての賞味期限」と言っていいかもしれませんが——せいぜい十年くらいのものではないでしょうか。それを過ぎれば、頭の切れに代わる、より大ぶりで永続的な資質が必要とされてきます。言い換えるなら、ある時点で「剃刀《かみそり》の切れ味」を「鉈《なた》の切れ味」に転換することが求められるのです。そして更《さら》には「鉈の切れ味」を「斧《おの》の切れ味」へと転換していくことが求められます。そのようないくつかの転換ポイントをうまく乗り越えられた人は、作家として一段階大柄《おおがら》になり、おそらく時代を超えて生き残っていきます。乗り越えられなかった人は多かれ少なかれ、途中で姿を消して——あるいは存在感を薄《うす》めて——いくことになります。あるいは頭の切れる人が落ち着くべき場所に、すんなりと落ち着いていきます。

　そして小説家にとって「落ち着くべき場所にすんなり落ち着く」というのは、率直に言わせていただければ、「創造力が減退する」のとほとんど同義なのです。小説家はある種の魚と同じです。水中で常に前に向かって移動していなければ、死んでしまいます。

　というわけで僕は、長い年月飽《あ》きもせずに（というか）小説を書き続けている作家たちに対して——つまり僕の同僚《どうりょう》たちに対して、ということになりますが——一様に敬意を抱いています。当然のことながら、彼らの書く作品のひとつひとつについては個人的な好き嫌《きら》いはあります。でもそれはそれとして、二十年、三十年にもわたって職業的小説家として活躍《かつやく》し続け、あるいは生き延び、それぞれに一定数の読者を獲得《かくとく》している人たちには、小説家としての、何かしら優れた強い核《コア》のようなものが備わっているはずだと考えるからです。小説を書かずにはいられない内的な[注5]ドライブ。長期間にわたる孤独な作業を支える強靭《きょうじん》な忍耐力。それは小説家という職業人としての資質、資格、と言ってしまっていいかもしれません。

　小説をひとつ書くのはそれほどむずかしくない。優れた小説をひとつ書くのも、人によってはそれほどむずかしくない。簡単だとまでは言いませんが、できないことではありません。しかし小説をずっと書き続けるというのはずいぶんむずかしい。誰にもできることではない。そうするには、さっきも申し上げましたように、特別な資格のようなものが必要になってくるからです。それはおそらく「才能」とはちょっと別のところにあるものでしょう。

　じゃあ、その資格があるかどうか、それを見分けるにはどうすればいいか？　答えはただひとつ、実際に水に放り込《こ》んでみて、浮《う》かぶか沈むかで見定めるしかありません。乱暴な言い方ですが、まあ人生というのは本来そういう風にできているみたいです。それにだいたい小説なんか書かなくても（あるいはむしろ書かないでいる方が）、人生は聡明に有効に生きられます。それでも書きたい、書かずにはいられない、という人が小説を書きます。そしてまた、小説を書き続けます。そういう人を僕はもちろん一人の作家として、心を開いて歓迎《かんげい》します。

　⑦リングにようこそ。

（村上春樹《むらかみはるき》『職業としての小説家』による）

注1　ダイナミズム～内に秘めたエネルギー。
注2　ファジーな～あいまいな。
注3　リング～ボクシングなどの格闘技を行う試合場。
注4　ネイチャー～性質。
注5　ドライブ～動機。

問一　[A]、[B]、[C]に入れるのにもっとも適切な語を次の**ア**～**エ**の中から一つ選び、記号で答えなさい。ただし、同じ選択肢《せんたくし》を二度以上選んではいけません。

ア　しかし
イ　だから
ウ　ところで
エ　ましてや

問二　～～線部①、②の表現の、文中における意味としてもっとも適切なものを次の**ア**～**エ**の中から一つ選び、記号で答えなさい。

①　強弁している
ア　大きな声で叫《さけ》んでいる。
イ　堅苦《かたくる》しく話している。
ウ　こわごわと述べている。
エ　無理に言い張っている。

②　辛気くさい
ア　受け入れがたい。
イ　気が滅入《めい》る。
ウ　他人に厳《きび》しい。
エ　雰囲気《ふんいき》が悪い。

問三　――線部①「知性や教養や知識」とありますが、

実際の入試問題における注1～5は末尾にまとめて掲載する形ではなく、各注釈が登場するそれぞれのページの左端に掲載されている。

ここではどのようなものとして位置づけられていますか。その説明としてもっとも適切なものを次の**ア～エ**の中から一つ選び、記号で答えなさい。

ア　個々の生き方に豊かさを与《あた》え、充実《じゅうじつ》した人生を送る手助けをしてくれるもの。

イ　小説家として人気を保ち長い年月を生き抜《ぬ》いていく手助けをしてくれるもの。

ウ　論理的な思考によってものごとの性質を言葉にする手助けをしてくれるもの。

エ　物語が持つゆっくりしたスピード感に合わせていく手助けをしてくれるもの。

問四　――線部②「頭の回転の速い人々、聡明な人々が――その多くは異業種の人々ですが――小説をひとつかふたつ書き、そのままどこかに移動していってしまった」とありますが、それはなぜですか。その説明としてもっとも適切なものを次の**ア～エ**の中から一つ選び、記号で答えなさい。

ア　「頭の回転の速い人々、聡明な人々」は、もともと小説の執筆を人生の一つのステップとしてしか考えていないから。

イ　「頭の回転の速い人々、聡明な人々」は、小説という表現形式では自身の述べたいことが端的《たんてき》に伝わらないことに気付いたから。

ウ　「頭の回転の速い人々、聡明な人々」は、自分が、完成度の高い、才気ある小説を書き続けることができるという自信がないから。

エ　「頭の回転の速い人々、聡明な人々」は、言いたいことを小説で「置き換え《パラフレーズ》」するより異業種で「置き換え《パラフレーズ》」するほうが効率的だと思ったから。

問五　――線部③「小説を書くというのは、とにかく実に効率の悪い作業なのです」とありますが、小説家が「実に効率の悪い作業」に向き合うのはなぜですか。**三十字以上四十字以内**で答えなさい**（句読点・記号も一字に数えます）**。

問六　――線部④「富士山を見物に出かけた二人の男」とありますが、ここでは「二人の男」はどのような人物として描かれていますか。次の**《説明文》**の［Ⅰ］、［Ⅱ］に入れるのに適切な表現を自分で考え、［Ⅰ］は**五字以上十字以内**で、［Ⅱ］は**十字以上十五字以内**で答えなさい**（句読点・記号も一字に数えます）**。

《説明文》

「頭の良い方の男」は、物事を［Ⅰ］人物として描《えが》かれている。一方、「あまり頭の良くない方の男」は、物事を［Ⅱ］ことを大切にする人物として描かれている。

問七　――線部⑤「これはもう『効率以前』の問題ですね」とありますが、この表現から読み取れることはどのようなことですか。その説明としてもっとも適切なものを次の**ア**～**エ**の中から一つ選び、記号で答えなさい。

ア　小説家は、明確な答えにたどりつける「頭の切れる人」とは本質的に異なり、明確な答えを必ずしも求めない存在である、ということ。

イ　小説家は、どのような職種でも自身を適応させられる「頭の切れる人」とは違い、自身を適応させることを決然と拒《こば》んでいる、ということ。

ウ　小説家は、無駄《むだ》なく考察する能力を持ち合わせた「頭の切れる人」のように仕事をこなすことをめざしているが、全く足元にも及ばない、ということ。

エ　小説家は、自身の表現の完成度にばかり興味を抱いており、「頭の切れる人」のように伝える内容まで考えることができないので比較にならない、ということ。

問八　――線部⑥「そのような頭の切れだけでやっていける年月は――わかりやすく『小説家としての賞味期限』と言っていいかもしれませんが――せいぜい十年くらいのものではないでしょうか」とありますが、それはなぜですか。その説明として**適切でないもの**を次の**ア**～**エ**の中から一つ選び、記号で答えなさい。

ア　頭の切れしか持ち合わせない人は、何年も時間を費やしながら粘り強く根源的なテーマについて考察と表現を繰り返しつつ自身にとっての新境地を切りひらくことができないから。

イ　頭の切れしか持ち合わせない人は、小説家という職業の人間として、小説を執筆し続けようとする動機や、長期間孤独に表現を模索する持続力を持ち合わせていないから。

ウ　頭の切れしか持ち合わせない人は、個人的なテーマをそのままのかたちで表現できる異業種に魅力を感じるようになり、小説という表現形式に興味をおぼえなくなるから。

エ　頭の切れしか持ち合わせない人は、表現の表面的な切れ味の鋭さに依存するあまり、読者に飽きられることを恐れ個人的なテーマを追求し続けることができないから。

問九　――線部⑦「リングにようこそ」とありますが、どういうことですか。本文全体の論旨を踏まえつつ説明している文としてもっとも適切なものを次のア～エの中から一つ選び、記号で答えなさい。

ア　小説家として生き残るためにはライバルに負けない強靭な忍耐力が必要であり、つねにライバルと戦い続けることが必要である。小説家になりたいと思うのならば、根気よく戦い続ける強い覚悟を持ったうえで挑戦《ちょうせん》してほしい、ということ。

イ　小説を書くという営みは頭の回転の速い人には長続きしづらく、異業種に興味のない人が取り組むべき表現分野である。小説家の世界は、効率ばかり追い求める世俗とは異質の、温かみのある世界であり、安心して小説の執筆に挑戦してほしい、ということ。

ウ　小説を執筆し続けるためには小説家としての優れた核のようなものが必要であり、誰もが小説家でいられるわけではない。その資質の有無は確かめてみるしかなく、小説を書く強い動機と生き残れる自信があるならば、挑戦してほしい、ということ。

エ　小説家は経験を積むことを重視するタイプの人間であり、実際に多くの小説家が多様な経験を積んできた。小説家を志望する人は、孤独な執筆作業に耐え経験を重ねつつ、同僚の小説家と支え合いながら積極的に小説の執筆に挑戦してほしい、ということ。

村上春樹氏の小説を一作でも読んだことがあれば、この文章で氏が言わんとしていることの意味をよりよく理解できるはずだ。私もそれなりには読んでいるので、ニヤリとしながら納得することができた。ただ、村上春樹を読んでいる小学生というのは決して多くないだろうから、「ああ、分かる分かる、村上春樹さんが言いそう」などというような納得感を受験生が抱くことはほぼないだろう。そもそも、出典に「村上春樹」の名を見ても、「誰それ？」という子が大半だと思われる。わが塾で高校生にたずねても、まともに知っている子はほとんどいなかった。世界的に著名で、毎度ノーベル文学賞を取る取らないで話題になる作家だというのに。高校生にもなれば自称ハルキストがいても何らおかしくないのだが。

それでは設問を見ていこう。

問一

接続語挿入問題。前後の関係性をとらえて冷静に選ぶ（**鉄則17**）。ただ、今回は素直に読んでいれば自然と「これしか入らない」という言葉が見つかる。答えは **Aイ　Bア　Cエ** 。

問二

単なる語彙問題。答えは **①エ　②イ** 。「辛気くさい」は小学生には難しい。ただ、知らなくとも直前の内容をもとに推測することはできる。

問三

決して難しくない問いだが、先を読まないで選択しようとするとミスするかもしれない。どんな読解問題であれ、文章の冒頭付近に傍線部がある場合は、すぐ解かないほうがよい※。「頭の切れる、知性が働きすぎてしまう人は、小説を書くことには向かない。ただ、ある程度の（そういう）知性はもちろん必要だが」という文脈において、後者の「知性」の意味を問うている。前者も後者も同じ意味の「知性」だから、深く考える必要はない。たとえば42行目に、「手持ちの知識をうまく論理的に組み合わせ言語化すれば、人々はすんなり納得し、感心することでしょう」などとある。「論理的に」「言語化」。それが頭の切れる人の知性・知識だという文脈だから、答えは ウ 。「論理的な」思考によって「言葉にする」。一致している。

問四

傍線部の直後の段落に答えがある。「聡明な人たちはおそらく小説を書くという作業に、期待したほどのメリットを発見できなかったのでしょう」。「そのままよそに移っていったのだと推測します。これならほかのことをやった方が効率がいいじゃないか、と思って」。よって、正解は イ 。「ほかのことをやった方が効率がいい」は、裏を返せば「小説は効率が悪い」ということ。イの「述べたいことが端的に伝わらない」と一致する。「端的に」は、小学生にはちょっと分かりにくいかもしれない。辞書を引いておくこと。「効率」と似た意味を持つことが分かるだろう。

※私はそもそも、「問いを解きながら読み進める」ことをすすめていない。最後まで一読してからじっくり問いに向き合うのが王道である。ただ、とにかく時間がない入試という場では、ある程度は解きながら読むしかないところもある。結局は、ケースバイケースでやっていくしかない。

引っかかるのは**エ**だ。異業種のほうが効率的だ、というのは、やはり一致する。しかし、「置き換え」を用いているところが間違い。81行目からの段落を読めば、「置き換え」が小説に特有の作業であることは明白であり、異業種で「置き換え」する、というのは矛盾する。特に96行目では、「明確に知的に言語化」できる頭の切れる人には「たとえば」といった置き換えは全く不必要だと述べているのだから、**エ**はおかしい。

問五

「なぜですか」と問う記述である。当然、既に何度も登場してきた因果関係の型を使うことになる。

前件肯定パターン
（問い）「①は②であると言えるのはなぜか」
（答え）「①は③であり、③ならば②だから」

（問い）「小説家が／効率の悪い作業に向き合う」のはなぜか。
（答え）小説家は（　③　）であり、
（　③　）ならば、効率の悪い作業に向き合うはずだから。

③は、「時間をかけないと気がすまない人間」といったところだろう。「小説家は」という書き出しは、

傍線部に従い「小説を書くというのは」としてもよい。その場合、③は、「時間をかけないとできない作業」などとすればよい。

いずれにせよ、**時間の観点**は必須だ（ふくしま式「七つの観点」の筆頭である）。時間の観点がなければ、「効率」云々の理由にはならない。**型を用いて意味の骨組みに注目することで、こうした「逃してはならないひとこと」に気づくことができる。**

傍線部を含む段落だけを見て考えると、「小説を書くというのは、時間をかけて延々と具体化を続けていくような作業だから。（三八字）」といった答えになる。これでも合格点だが、その次の段落（102〜106行目あたり）も含めてまとめると、ベスト解答になる。

問五　ふくしま式の解答例

小説家は、時間をかけて個人的テーマを具体化する中に真理が潜むと信じているから。（三九字）

102行目に、「不必要なところにこそ真理が潜んでいる」という主旨の文があり、「小説家はおおむねそう信じて自分の仕事をしている」と続く。「不必要なところ」とは、「「たとえば」というような置き換え作業」のことである（97行目）。83行目に書かれた「個人的なテーマ」という言葉も加えればベスト。ただ、これだけ広範囲を短時間でまとめるのは、なかなか難しい。だからこそ、まずは骨組みをとらえる。とりあえず「時間」の話だよな、と考える。そこから、ベスト解答に近づけていけばよい。

なお、99行目の表現をそのまま利用し、「不必要なことをあえて必要とする人種だから」とする答えは、やや比喩的なので避けるべきである。

問六

記述だが字数も少なくラクだろう、とナメてかかったら痛い目にあう。字数が少ないわりに多様な答えが入りうるので、意識的に**対比の観点**を抽出・整理しないと、マルをもらいにくいだろう。

「頭の良い方の男」	↔対比関係↔	「頭の悪い方の男」
効率的	↔	非効率的
理論的判断重視	↔	体験的判断重視
非体験	↔	体験
理論	↔	実践

153行目の「ところが」の前と後が対比になっている。こういう接続語には最初からマルをつけながら読むのが基本。**あらかじめ、対比の境目を浮き彫りにしておくのである。**「ところが」の直前に、「効率がいい」とある。一方、156行目には、「時間もかかるし、手間もかかります」とある。既に問四、問五でも説明した「効率」の観点（時間の観点）だ。

もう一つの観点は、「実際に自分の足で頂上まで登ってみます」（155行目）の中に隠されている。

さて、このどこに注目するのか。

「自分」、つまり自他の観点に目を向けるのはよいことなのだが、残念ながら今回は対比の観点になっていない。なぜなら、頭の良い男も、自分の目で麓から見ているからだ（もちろん、そのあとの思考・判断の中では他人の知識や他人の理論を活用しているかもしれないが）。

注目すべきは、「実際に」である。このひとことだけで、「非体験↔体験」「理論↔実践」といった**反対語・否定表現が頭の中に浮かんでこなくてはならない**。それをできるようにするのが、ふくしま式である（**鉄則6**）。

そのようにして観点を整理したら、あとはそれを組み合わせて答えにするだけだ。

問六　ふくしま式の解答例

Ⅰ　効率的に考える（七字）

Ⅱ　時間をかけて体験的に考える（一三字）

こういう問題では、空所に埋めた場合にスムーズに読める文になっているかどうかをチェックしない子が多いので、気をつけたいところだ。その意味で、解答例のⅡは、「物事を」のあとに読点「、」がないと不自然に感じるけれども、そこは目をつぶってもらおう。出題側の不備であるとも言えなくはない。空所の上を「物事を」に限定してしまったせいで、答えづらくなっているのだから。

なお、答えは他にも、次のような組み合わせが考えうる（一つ目は右記の解答例）。——部、及び下部に示したのは、対比の観点である。（　）は、Ⅱにしかない観点である。

Ⅰ　効率的に考える　　　　Ⅱ　時間をかけて体験的に考える　……時間（＋体験）
Ⅰ　効率的に考える　　　　Ⅱ　非効率的でも体験的に考える　……時間（＋体験）
Ⅰ　非体験的に考える　　　Ⅱ　時間をかけて体験的に考える　……体験・非体験（＋時間）
Ⅰ　理論的に考える　　　　Ⅱ　時間をかけて実践的に考える　……理論・実践（＋時間）

Ⅱのほうで観点が一つ増えて対比のバランス（**鉄則7**）が崩れるが、それは許容範囲だ。字数指定が最初からアンバランスなのだから。

もう一つ迷うのは、末尾の表現だ。私は「考える」で統一したが、「理解する」で統一した子も多いだろう。ただ、「理解」の理は「論理」の理であり、それは知性の働きである（問三でも触れた）。そもそも、「理解するというか、いちおう腑に落ちます」（159行目）などとあり、少なくとも「頭の良くない男」のほうに「理解」を使うのはよろしくない。やはり、「考える」で統一するのがベストだろう。

問七

効率というからには、その先に目的がある。効率的に早く終える、非効率的に遅く終える、その終えるものが「目的」だ。もしその「目的」がなかったら？　それは、「効率以前の問題」だ。そして、ここでの「目的」とは、「答えを出すこと」である。例で言えば、富士山とはどういうものかという問いに答えを出すことだ。もし、「登れば登るほどますますわからなくなっていく」（167行目）、つまり答えにたどり着くことがない（目的地が見えない）のであれば、それは効率以前の問題だ。ということである。

こういう意味が述べられた選択肢は、**ア**しかない。**イ**は「決然と拒んでいる」がおかしい。**ウ**は、「めざしている」が大間違い。**エ**は「完成度にばかり興味を抱いており」「内容まで考えることができない」など、全く見当違い。消去法でラクに**ア**が選べてしまうので、実は「効率以前の問題」という表現を理解していなくても正解できてしまう。

問八

アの「新境地を切りひらく」については、「剃刀→鉈→斧」という転換の例について書かれた部分（193行目）が該当するだろう。少なくとも、「適切でない」とは言えない。**イ**の「動機」「持続力」についての内容は、219行目からの「内的なドライブ」「長期間にわたる孤独な作業を支える強靭な忍耐力」の部分が一致する。**ウ**の内容は、問四と関連が深い。傍線②の部分や、81行目からの段落が一致している。

ということで、答えは**エ**。ただ、**ア**~**ウ**と本文の一致をこうして確認しなくとも、**エ**の「読者に飽きられることを恐れ」などという見当違いな内容を見れば、すぐに答えが分かりそうなものだ。

問九

答えは一応、**ウ**だろう。「優れた核」の必要性は217行目に書かれている。「確かめてみるしかなく」は、直前の段落の「実際に水に放り込んでみて」の文が一致している。ただ、「生き残れる自信があるならば」というのは迷うところだ。これは、「生き残るだけの資格が自分にあると思うならば」と読みかえることもできる。ところが、「資質の有無は確かめてみるしかなく」と選択肢の中にも書かれているわけで、両者には矛盾を感じる。「自信がないかもしれないが、やってみるしかない。戦ってみよう。さあ、リングにようこそ」というのが筆者の言い分ではないのか。だから、**ウ**はちょっと怪しい。とはいえ、他の選択肢がさらにおかしいので、相対的に「もっとも適切」なのは**ウ**であるということになるだろう。**ア**は「ライバル」云々がおかしい。**イ**は「異業種に興味のない人が取り組むべき」「温かみ」「安心」といったところがおかしい。**エ**は「同僚と支え合いながら」がおかしい。やはり、**ウ**しか残らない。

それにしても、もやもや感の残る設問であった。

洗足

洗足学園中学校
2020年（第一回）文学的文章
『グッドジョブガールズ』※　草野《くさの》たき

23分／50

次の文章を読んで後の問いに答えなさい。


「あかり」

そこでまた、名前を呼《よ》ばれた。

えっ、この声……。

あかりは、ふたたび顔をあげた。

そして、待合室の入り口に立っている人たちを(1)見て、(2)頭がクラッとなるほど驚《おどろ》いた。

待合室の入り口には、由香《ゆか》と桃子《ももこ》と黒沢《くろさわ》先生が立っていた。

おばさんから、黒沢先生があとでくるとはきいていたけど、由香や桃子までくるなんてきいてない。

なんでいるの？

なんできたの？

今、一番会いたくないふたりなのに。こんなときだから会いたくないふたりなのに……。

――由香、桃子、どうしようー。

――大丈夫《だいじょうぶ》。あかり、しっかりして！　私たちがついてるよ。

――でも不安だよー。

――今夜、うちに泊《と》まれば？　うちでおいしいもの食べて、いっしょに寝《ね》よう？

――じゃあ、私もいっしょに泊まるー。あかりを真ん中にして、みんなで寝よー。

――そうだね。これから毎日いっしょにお見舞《みま》いにこようね。私、バイオリンのレッスンなんてどうでもいいし。

――私も、空手《からて》なんてどうでもいい。それより、あかりのほうが大事だもん。

――みんな、ありがとー。

本当なら、こんなふうに、甘《あま》えて、はげましてもらって、助けてもらう。そんな関係が［(3)］。だけど、ふたりの前でそんな弱い自分を見せるわけにいかない。

悪友《あくゆう》に対して、それだけはぜったいにできないし、やりたくない。

あかりは、身体《からだ》にグッと力をこめて立ちあがると、

※2015年8月刊・ポプラ社

三人のもとに歩み寄った。

「長谷川《はせがわ》さん、大丈夫？」

「はい、大丈夫です」

あかりは黒沢先生の言葉にうなずくと、今度はふたりを見てにっこり笑ってみせた。

「ふたりとも、わざわざきてもらっちゃって、ごめんね」

そして、余裕《よゆう》って感じになるよう、精一杯《せいいっぱい》明るい調子でつづけた。

「なんか、でも、たいしたことないんだってー」

「そうなんだ。じゃあ、安心だね」

心配そうな顔であかりを見ていた由香が、ホッとしたように笑顔をつくる。

だけど、桃子はなにもいわなかった。チラッと見ると、(4)あかりから目をそらして気まずそうな顔をしているばかりだ。

「長谷川さん！」

そこで突然《とつぜん》、黒沢先生が妙《みょう》に元気のいい声をあげた。

「チアダンス、栗田《くりた》さんもやるって。だから、ちゃんと三人で思い出づくりできるようになったのよ！」

桃子がチアダンスをやる？

なんで今、チアダンスがでてくるの？

急にやる気になったって、なんで？

「へえ……」

わけがわからないから、気のぬけたような返事しかできない。

本当なら、「やったあ！　みんなで頑張《がんば》ろうね！」と喜んだほうがいいのだろう。そうすれば、全然へこたれていないっていうアピールになる。

さらに黒沢先生が、うれしそうにつづける。

「お父さんも、長谷川さんが踊《おど》るのすごく楽しみにしてるっておっしゃってたし、みんなで頑張ろうね！」

楽しみにしてる……？

お父さんが……？

ああ……。

「なんだ、そういうことか……」

あかりは、そこでようやくわかった。

つまり、黒沢先生は桃子に、あかりのお父さんがチアダンスを楽しみにしているから、いっしょにやってあげてほしいってお願いしたのだ。

「うちのお父さんが、病気だから？　それで桃子、チアダンスやってくれるの？」

あかりはすごくイヤな気持ちだった。

「私、そんなことしてもらったって、うれしくないから」

自分がひどくみじめで、かわいそうで、悔《くや》しい。

お母さんがいないうえに、お父さんまで病気で、桃子にみじめだと思われているなんて、たえられない。

「うれしくないから！」

すると［A］、桃子が口を開いた。

「じゃあ、やめよう」

そして、(4)はじめてあかりの顔を見てつづけた。

「朝、私と由香が先生に呼ばれて、あかりのお父さんのことをきかされたんだ。だからいっしょにお見舞いにいこう、あかりのお父さんが楽しみにしてるから、いっしょにチアダンスやってあげてほしいって、頼《たの》まれたんだよ」

(5)桃子の言葉は、まるで国語の時間に文章を読まされているみたいに、なんの気持ちもこもっていなかった。無理やりだれかにいわされてるみたいで、あかりは、へたくそなお芝居《しばい》を見ているような気持ちになった。

「でもあかりは、そんな理由で私にチアダンスやってほしくないでしょう?」

「うん。やってほしくない」

あかりは、そんな桃子を見て、[B]みじめな気持ちになった。

「それに私、お父さんの看病《かんびょう》をしなきゃいけないから、チアダンスどころじゃないし」

桃子も由香も、きたくてきたわけじゃない。先生にいわれたから、きただけ。

「あっ、そうだ」

そう思ったら、あかりは、もう、この場にいるのがたえられなかった。

「私、お父さんの新しい病室、掃除《そうじ》しなきゃならないから、もういくね」

これ以上みじめな自分を、ふたりに見られるのは、イヤ。

「ふたりとも、今日は、わざわざありがとう。黒沢先生も、ありがとうございました」

あかりは、そうして小さく頭をさげると、逃《に》げるように待合室をでた。

「長谷川さん!」

先生の呼びとめる声がしたけど、あかりはそのまま廊下《ろうか》にでて、お父さんの新しい病室に向かった。いそがしそうに見えるよう、大股《おおまた》で[C]と歩きつづけた。

お父さんの新しい病室にいくと、あかりはベッドのそばにあるイスに腰《こし》かけた。

ベッドのまわりは、さっきおばさんが荷物を運んだだけなので、[D]きれいだった。

急に力がぬけて、さっきの自分の態度や、はきだした言葉を思いだす。

ずいぶんおかしな態度をとったかもしれない。

だけど、そんなの、どうでもよかった。なにもかも、どうでもいいっていう気分だった。

大きな窓《まど》の向こう側に、空がひろがっている。うすい青空の遠く向こうに黒っぽい雲が見えている。あの雲が近づいてきたら、きっと雨になる。そう予感させるようなあやしい空。あかりはそんな空にむかって、お願いしてみた。
お母さんさあ、見てるだけじゃなくて、助けてよ。神様みたいに奇跡《きせき》を起こしてよ。そこからなら、お父さんの病気を治すのくらい簡単《かんたん》なはずでしょ？
そんなお願いをしてみたところで、なにも変わらないのはわかっている。
もう、今までとはちがう。
お母さんがけして生き返らないのと同じで、お父さんが病気になるまえには、もどれない。
あかりは、そんな覚悟《かくご》をしながら、⑹そのあやしい空をぼんやりと見つめつづけた。

（草野たき『グッドジョブガールズ』）

問一 ――⑴「見て」とありますが、「見る」を使った次の一～五の慣用句の意味を、後の【意味】**ア**～**オ**の中から一つずつ選び、記号で答えなさい。

一 白い目で見る
二 長い目で見る
三 ばかを見る
四 日の目を見る
五 見る影もない

【意味】
ア 冷たい目つきで人を見る。
イ 将来のことまでを考えに入れる。
ウ 昔のりっぱな様子がどこにもない。
エ 損をする。
オ 今まで知られていなかったものが、世の中に認められるようになる。

問二 ――⑵「頭がクラッとなるほど驚《おどろ》いた。」とありますが、なぜですか。解答らんに二行以内で答えなさい。

問三 ［⑶］に入れるのにふさわしい言葉を次の**ア**～**エ**の中から一つ選び、記号で答えなさい。
ア 最悪　**イ** 理想　**ウ** 現状　**エ** 確実

問四 ――⑷「あかりから目をそらして気まずそうな顔をしているばかりだ。」「はじめてあかりの顔を見てつづけた。」とありますが、それまであかりから目をそらしていた桃子《ももこ》があかりの顔を見ることになったのはなぜですか。解答らんに二行以内で答えなさい。

問五 ――⑸「桃子の言葉は、まるで国語の時間に文章を読まされているみたいに、なんの気持ちもこもっていなかった。」とありますが、なぜですか。

問二・問四解答欄：罫線あり（1 行 35 字目安）。
問二：70 字（2 行）　問四：70 字（2 行）

その理由としてふさわしいものを次の**ア**～**エ**の中から一つ選び、記号で答えなさい。

ア　桃子は、先生の頼《たの》みを聞かなければならなかったことを不本意に感じているが、その感情を先生の前では隠《かく》しておかないといけないから。

イ　桃子は、先生に頼まれてチアダンスを引き受けたという芝居《しばい》を打つことで、あかりの同情を得ようとしているから。

ウ　桃子は、先生に無理やり事情を説明するように頼まれていて、せっかく口裏を合わせたことをあかりに聞かせることが不本意だから。

エ　桃子は、先生とのやり取りがあったことをあかりに伝えようと事前にせりふを用意しており、そのせりふを読み上げながら話していたから。

問六　――⑹「そのあやしい空をぼんやりと見つめつづけた。」とありますが、この描写《びょうしゃ》が示しているのは、あかりのどのような気持ちですか。二十字以内で答えなさい。（句読点を含《ふく》みます。）

問7　[A]～[D]に当てはまる語を次の**ア**～**エ**の中から一つずつ選び、記号で答えなさい。（ただし記号はそれぞれ一回ずつ使用します。）

ア　どしどし　**イ**　もちろん　**ウ**　ますます　**エ**　ようやく

問八　本文の内容に合うものを次の**ア**～**エ**の中から一つ選び、記号で答えなさい。

ア　黒沢《くろさわ》先生は、病院に見舞《みま》いに来た由香《ゆか》と桃子に対して、あかりが自分から話しかけようともしなかったのを見かねて、あかりに、父親のために由香と桃子といっしょにチアダンスをしようと提案した。

イ　黒沢先生は、あかりと桃子、由香の三人でチアダンスができるようになったと言ったが、本当は、黒沢先生が、あかりの父親を元気づけようと、三人が仲がよいことを見せるように桃子や由香に頼んだ。

ウ　黒沢先生は、あかりの病気の父親がチアダンスを楽しみにしていると思って、チアダンスを実現させようとしているが、あかりは、そのような理由でチアダンスをしても、父親は少しもうれしく感じないだろうと思っていた。

エ　黒沢先生は、あかりに対して、桃子がチアダンスをやる気になったと告げたが、実際は、あかりの病気の父親がチアダンスを楽しみしていることから、黒沢先生が気づかって、桃子や由香にチアダンスをするように頼んだ。

洗足学園は良心的である。何しろ、二〇一〇年から現在までの入試過去問をウェブ上に網羅し、無料公開しているのだ※。「入試問題」「解答用紙」はもちろんのこと、「模範解答」と「採点者所見」まで掲載しており、全てPDFで閲覧できる。ここまでやっている学校がどれだけあるだろうか。

さて、今回の読解の話だが、かなり平易である。しかしご存じのとおり、簡単だと感じたならそれは他の受験生も同じだ。一つのミスが命取りになる。高得点を目指さなければならない。

問一

単なる語彙問題。答えは **一ア　二イ　三エ　四オ　五ウ**。学校発表の得点率は九四・九%とのことだから、ほとんどの受験生が正解したわけだ。

問二

「なぜですか」と問われている。例によって、前件肯定パターンで考える。

前件肯定パターン

（問い）「①は②であると言えるのはなぜか」

（答え）「①は③であり、③ならば②だから」

※https://www.senzoku-gakuen.ed.jp/admission/data_02.html
2020 年 9 月閲覧時の情報。本文で紹介している「得点率」は、「採点者所見」の中に記載がある。「得点率」をどのように算出しているのかは不明だが、正解率に似たイメージでとらえてよいだろう。

（問い）「あかりが／クラッとなるほど驚いた」のはなぜか。
（答え）あかりは（　③　）であり、
（　③　）ならば、クラッとなるほど驚くはずだから。

③に入る内容の骨組みを順に整理する。
驚いた理由……………………聞いていなかったから（11行目）
クラッとなった（動揺した）理由……会いたくなかったから（14行目）
会いたくなかった理由……「こんなときだから（14行目）
「弱い自分を見せられない相手だから（32行目）

このあたりをもとにすると、次のようになるだろう。

問二　ふくしま式の解答例
父が入院しているからといって弱い自分を見せるわけにはいかない由香と桃子。一番会いたくなかったその二人が、予告なしに見舞いに来たから。

無理に一文にせず、文を分ける。うまく書けない場合の、最も手っ取り早い解決策である◆。本来は「あかり」という主体（主語）を入れるのが正確な書き方だが、解答欄が狭いので、省略している（次の問四も同様の理由で「桃子」を省いている）。なお、得点率は六一・九％とのこと。

◆うまく書けないなら文を分ける！

問三

選択肢を見なくても「理想」が出てくる文脈だ。答えは **イ** 。得点率は九七・一%とのこと。

問四

あかりを見ていなかった桃子があかりを見たのはなぜか。これは「変化の理由」を問うている。

変化の理由は、変化である（鉄則8参照）。

たとえば、「嬉しくなった理由はほめられたからです」という場合、「嬉しくなった」は変化だし、「ほめられた」も一つの変化だ。正確には、「それまでほめられていなかったが、今回はほめられた」ということだ。

そこで、次のように骨組みを考えてみる。

（変化）	（変化の理由としての変化）
目をそらしていた	本心を隠そうと思っていた
↓	↓
顔を見ることになった	本心を隠す必要がなくなった

（「本心を隠す必要がなくなった」から「顔を見ることになった」へ矢印）

これらをもとにすると、次のようになるだろう。

問四　ふくしま式の解答例

当初は、気をつかってチアダンスをすることへの不本意さを隠そうと思っていたが、あかりがその気づかいを拒否したことで、隠す必要がなくなったから。

「私、そんなことしてもらったって、うれしくないから」(79行目)が、あかりの「拒否」である。その後、再び「うれしくないから！」と言われた直後、桃子は「じゃあ、やめよう」と答えた。その二つのセリフの間に「すると」とあるので、本心を打ち明けた理由が「拒否」であることがよく分かる。「不本意」という言葉は、実は次の問五の選択肢を見れば書ける。設問というのは相互に関連しているので、生かせるところは生かしたい。

なお、もちろん、ここでも前件肯定パターンが基本である(問二でも出ているので型は省略)。パターンどおりに考えると、「桃子は本心を隠す必要がなくなったのであり、隠す必要がなくなったのならば顔を見るはずだから」というのが骨組みになるだろう。

ところで、先に紹介した学校公開の「採点者所見」によれば、「自分の親切な気持ちを踏みにじった怒り」のような誤答が目立った、とのこと。五二・三%という得点率もあわせて考えると、意外に勘違いしやすい文脈だったのかもしれない。

問五

傍線部の直後に、「無理やりだれかにいわされてるみたいで」とある。これは、「先生の前ではそう振る舞うしかなかった」ということを意味している。答えは**ア**。

あくまで「いわされてるみたい」であって、実際に「無理やりいわされていた」わけではないので、**ウ**はおかしい。**イ**だと、「先生に頼まれた」という事実が「芝居」だということになってしまい、矛盾する。**エ**はお門違い。

冷静に考えれば間違えようのない問いだが、得点率は五八・七%だったそうである。

やはり、「選択肢はワナの集合体だ」ということだ（**鉄則21**）。

問六

中学入試読解で「気持ち」の説明を問われたときは、「事実＋心情」で答えるのが型である。心情語※と、その心情の原因になった事実をセットで書くのだ。

ただ、二〇字というのは非常に短い。まず、心情語は一つしか入らない。「きっと雨になる。そう予感させるようなあやしい空」（131行目）とあるので、未来へのマイナスの心情が入る。この場合、「不安」や「心配」が入るだろう。

そして、事実も短く短くまとめるしかない。

すると、たとえば次のようになる。

※巻末付録の「必ず役立つ！　心情語一覧」も参照のこと。

問六　ふくしま式の解答例
父の病状の悪化を予感し不安に思っている。（二〇字）

「悪化」はあくまで「予感」であり、既定事項としてどこかに明確に書かれているわけではない。たしかに、父が「新しい病室」（108行目）に移ることや、その状況であらためて友達がお見舞いに来たりしていることをあわせて考えれば、悪化していると推測することはできるが、明確ではない。その意味で、学校発表の解答例（父の病気の悪化を不安に思う気持ち。）や、銀本（2021年度受験用）の解答例（父の病気が悪化することに対する不安。）は、悪化している事実が既にあるものとして書いているようにも読めるため、やや疑問が残る。

二〇字という短い設定は採点の客観性を高めるためのことだろうが、あまりに短いため、こういったところに対する緻密な考えを反映しにくくなってしまっているのは、考えものだ。

これしきの問いで得点率が二二・二％というのは、出題形式自体に問題があったのではないかと思わざるを得ない。

問七

これは非常に簡単。得点率九九・八％とのこと。
答えは A エ　B ウ　C ア　D イ（「どしどしと歩く」というのは違和感が残るが）。

問八

答えは エ 。「桃子や由香に」という事実は、87行目からのセリフを見れば分かる。

アは、「あかりが自分から話しかけようともしなかったのを見かねて」がおかしい（37行目で自ら歩み寄り、そのあとは「にっこり」話しかけている）。イは、「三人が仲がよいことを見せるように」がおかしい。間違えやすいのはウだが、文中で「うれしくない」と強調されているのはあかり自身の気持ちであって、それが父親の気持ちにも重なるかどうかは、はっきりしない。

なお、得点率は八七・七%とのことであった。

冒頭でも述べたが、かなり平易な部類の問題だったと言える。差が開くのはやはり記述である。鉄則（原理原則）に基づいた着実な思考が、得点向上につながる。

たとえば問四で示した「変化の理由は変化である」という原則一つをとっても、意識するか否かで差が開く。宝の持ち腐れにならぬよう、繰り返し活用したいものである。

聖光

聖光学院中学校
2019年（第一回）　説明的文章
『脳には妙なクセがある』※　池谷裕二《いけがやゆうじ》

30分／60

次の文章を読んで、あとの問いに答えなさい。

たとえばショッピングで、気に入った洋服が二つあったとしましょう。洋服Aと洋服B。同じくらい気に入ったのですが、残念なことに両方を買うだけの予算はありません。断腸の思いでAを選びました。

さて、このとき、洋服AとBの印象はどう変わるでしょうか――AとBへの好ましさについてアンケートを採ると、選択《せんたく》前に比べて選択後はBへの平均評価が下がることがわかります。つまり、自分が選ばなかったほうの洋服について「それほどよくはなかった」と意見を変えてしまうのです。

そこで、別の選択実験を行ってみます。洋服Aと洋服Cの選択です。今回は洋服Cよりも、洋服Aの方がいくぶんか好みです。躊躇《ちゅうちょ》なくAを選ぶでしょう。この場合は、選択後のCへの評価は下がりません。このことから、選択後の①好感度の変化は、品物の好ましさに明確な差がないときにだけ現れることがわかります。

もう一つの実験を紹介《しょうかい》しましょう。団体に入会するために「儀礼《ぎれい》」を受けるという実験です。厳しい儀礼と、それほど厳しくはない儀礼のどちらかを受けて入会してもらいます。入団後に、その団体が好きかどうかを聞くと、厳しい儀礼を受けた人のほうが団体に対する好感度が高いというデータが出ます。

さて、この二つの実験の結果をどう解釈《かいしゃく》したらよいでしょう。両者に共通するのは認知《にんち》の不協和が生じていることです。

一般《いっぱん》に、自分の「行動」と「感情」が一致《いっち》しないとき、この矛盾《むじゅん》を無意識のうちに解決します。つまり、行動か感情のどちらかを変更《へんこう》して、両者を一致させようと試みます。この二つでは、どちらが変えやすいでしょうか。言うまでもありません。「感情」のほうです。「行動」は既成《きせい》事実として厳として存在しています。事実は変えようがありません。そこで脳は感情を変えるわけです。

洋服AとBでは、はじめは同じくらい好きだったかもしれません。しかし自分はAを選んで、Bを排除《はいじょ》し

※2018年2月刊・新潮社（新潮文庫）

てしまった。理由はなんであれ、その行為《こうい》自体は事実であって否定できません。しかし「BもAと同程度に好きだった」という感情は、自分のとった行動とは矛盾します。こうした状況《じょうきょう》では、この感情内容を変更するのです。「本音を言えばBはそれほどよいとは感じていなかったのだ」と。一方、洋服Cは、はじめからAほど好きではなかったわけで、Aを選択したという自分の行為と感情に矛盾はありません。だからCに対する好感度を変える必要はありません。

二つ目の入会儀式《ぎしき》の実験データについても同じように説明できます。儀礼はそもそも面倒《めんどう》で不快なものです。できれば儀礼は受けたくはありません。厳しい儀礼となればなおのこと。しかし、自分は厳しい儀礼を受けてまで入団した。これは事実である。この事実は変えられません。だからこそ「その試練を進んで受けるほどに私はこの団体が好きだったのだ」となります。

このように②心の不協和を無意識のうちに解決しようとする圧力は、大人だけでなく、子供にも観察されます。次は4歳《さい》児に対して行われた実験です。

a「そのオモチャで遊んでは絶対にダメ」とお母さんに厳しく禁止されたときと、b「遊ばないでね」と優《やさ》しく言われて、遊ぶのを止《や》めたとき、子供たちのオモチャに対する好感度を比べます。すると、同じオモチャであっても、優しく諭《さと》された方が、好きな度合が減っていることがわかります。

優しく言われた場合は、他人から指示されたとはいえ、自分の意志で遊ぶのを止めたという自由な要素が残ります。つまり、「私が遊ぶのを止めたのだから、そのオモチャは大して面白《おもしろ》くなかったのだ」という結論になるのです。一方、強く禁止された場合は、遊ぶのを止めた理由が明確です。楽しかったけど、止めざるを得なかった。自分の取った行動にあいまいな点はありません。

イエール大学のエガン博士らは巧妙《こうみょう》な実験を行なって、なんと、サルにも自己矛盾を回避《かいひ》する心理があることを証明しています。高等哺乳類《ほにゅうるい》に普遍《ふへん》的な原理なのかもしれません。

ちなみに、この「認知《にんち》的な不協和を回避する」という理論そのものはアメリカの心理学者フェスティンガー博士らによって、50年以上も前に提唱されたものです。彼《かれ》による有名な実験があります。面白くない単調な作業をさせて、その後に「楽しかった」と言ってもらうというものです。そして謝金を渡《わた》すのですが、このとき実験参加者を二つのグループに分けます。片方には20ドルを、もう一方には1ドルを支払《しはら》います。その後、作業がどれほど面白かったかというアンケートを採りました。

ここまで読んできた皆《みな》さんでしたら、フェスティンガー博士らの実験結果がどうなったか想像できるでしょう。[c]1ドルをもらったグループのほうが面白いと感じたのです。[d]高額な謝金をもらった方は、作業をしている理由が「金がもらえるから」だと認識《にんしき》できます。しかし1ドルでは「金が欲《ほ》しくてやった」にしては割に合いません。つまり、作業をする十分な理由が見当たらないのです。心理矛盾です。そこで「実のところ、自らすすんでやるほど楽しかったのだ」と態度を変えて納得《なっとく》します。

次に、私たちがものを選択するときのことを考えてみましょう。

A社株、B社株——どちらに投資すべきか迷うとき、両者を徹底的《てってい》に比較《ひかく》し、「相対評価」に基《もと》づいて判断するでしょう。

実際には、物の価値は状況によって変わります。たとえば、1万円札と1円玉では金銭的な価値の差は明白です。とはいえ、壊《こわ》れた缶《かん》ジュースの[*1]プルトップをこじ開けたい時は1円硬貨《こうか》のほうがテコ具として有用です。動物でも同様な柔軟性《じゅうなんせい》が見られます。ジュース1mlと水10mlでは、サルは通常は前者（質）を選びますが、喉《のど》が渇《かわ》けば後者（量）を取ります。

脳を覗《のぞ》くと、相対価値を計算するニューロン（神経細胞《さいぼう》）が[*2]「前頭葉《ぜんとうよう》」に多く存在していることがわかります。これらのニューロンが私たちを正しい決断へと導いてくれるのでしょう。

私たちは情報の「利用」と「収集」という背反する二つの選択の中で生きています。これはとても重要なことです。

スーパーマーケットでサラダ用にレタスを買っている女性を例に考えてみましょう。彼女《かのじょ》はレタスが大好物。逆にキャベツやキュウリは好きでないので、あまり買うことはありません。そんなある日、いつものように買い物に出かけると、レタスの隣《となり》に、「甘《あま》さたっぷり」と書かれた新種のキャベツが並んでいました。

いつも通りレタスを買えば、美味《おい》しいサラダが食べられることは約束されています。しかし、新しいキャベツはどうでしょう。もしかしたらこの新種キャベツはレタス以上に自分の嗜好《しこう》に合っているかもしれません。もちろん、新野菜に挑戦《ちょうせん》したところで、やはりニガテな味だったなどと再認識《さいにんしき》させられることもありうるでしょう。

この例では、いつも通りレタスを買うという選択が、過去の情報を「利用」することに相当し、③新種キャベツを買ってみることが新しい情報を「収集」するという冒険《ぼうけん》に相当します。

安全の確保（情報の利用）か、リスク（情報の収集）か――。脳はこの背反する選択肢《せんたくし》から意志決定をしなければなりません。この時どのようにして判断を下すのでしょうか。ロンドン大学のドウ博士らは、そんな脳の状態を調べた研究成果を報告しています。

博士らはＴＶゲームのスロットマシン*3を４台用意しました。それぞれの台は「当たり」の確率が異なり、さらに、この確率は時間の経過とともにゆっくりと変化します。実験参加者は、毎回４台のスロットから好きなものを選んで、賭《か》けを繰《く》り返します。

このゲームで、実験参加者が取る戦略を見ると、決して無秩序《むちつじょ》にスロットを選んでいるわけではないことがわかります。現時点で一番当たりやすい台を選ぶ傾《けい》向《こう》があるのは当然としても、時には他のスロットの当たり確率もチェックしています。知らぬ間に賭け率が変わっていて、他の台のほうが儲《もう》かる可能性があるからです。

ゲーム中の脳の活動を調べると、「どれほど儲かるか」という損得比較を行うのは「*4眼窩前頭皮質《がんかぜんとうひしつ》」であることがわかります。この脳部位の活動が、より確実なペイ*5が見込《こ》める台を選ぶための基準となります。一方、いま安全であると判断しているスロットをやめ、敢《あ》えて他の台を試《ため》すときには「④前頭極皮質《ぜんとうきょくひしつ》」が活動します。

この二つの脳部位がバランスを取りながら、選択行動を決定するらしいのです。

日常生活でも、当初もっともよい選択であったからといって、安全パイ*6ばかりを選んでいると、知らぬ間に世界が変わっていて、［　　］よろしく、気付けば大損をしていることもありえます。だからといって、根拠《こんきょ》のない賭けばかりでは、これもまた問題です。これに対処するために、ヒトは、眼窩前頭皮質と前頭極皮質という対立する二つの脳部位を、進化の過程で発達させてきました。

つまりは「情報利用と情報収集のバランスを保て」ということになるのですが、不思議なことに、歳《とし》を重ねると、私たちは情報収集型人間から情報利用型人間へと変化していく傾向があります。

最近、身近な人との会話だけで一日が終わっていないでしょうか。新しいレストランが開店しても、行きつけの店ばかりに通ってはいないでしょうか。ときには思いきって冒険脳「前頭極皮質」を開放すれば、⑤普《ふ》段《だん》とは違《ちが》ったワクワクするような「若さ」が保たれるのかもしれません。

⑥最近、「眼窩前頭皮質」に関して意外な発見がありました。眼窩前頭皮質は先にも説明しましたように「価値を比較する」ことに深く関与《かんよ》する「相対価値」専用

の脳部位だと思われていたのですが、この回路の中に、「絶対価値」を評価する脳回路が存在することが発見されたのです。周囲の状況に左右されずに価値を一定に評価できるニューロンです。つまり、脳は相対価値だけでなく、他の要因の影響《えいきょう》に流されずに客観視する能力も併《あわ》せ持つというわけです。

あらゆるものごとの価値が相対化する傾向にある昨今ですが、相対判断は、実のところ、近視的なストラテジー*7でしかありません。大局的な見地から大切なものを選《よ》り抜《ぬ》くためには、絶対価値を推量する力が必要なのは明らかです。脳がそんな回路を用意してくれていることを知って、ちょっとうれしくなりました。

――池谷裕二《いけがやゆうじ》『脳には妙《みょう》なクセがある』による

（問題作成上の都合から一部原文の表記を改めた）

（注）＊1　プルトップ……缶《かん》のフタのこと。

＊2　前頭葉《ぜんとうよう》……脳の前方にある部分。

＊3　スロットマシン……複数の絵柄《えがら》や数字が揃《そろ》うと「当たり」になるゲーム。

＊4　眼窩前頭皮質《がんかぜんとうひしつ》……「前頭葉」の一部。直後の「前頭極皮質《ぜんとうきょくひしつ》」も同じく「前頭葉」の一部。

＊5　ペイ……ここでは「当たり」によって得られる報酬《ほうしゅう》のこと。

＊6　安全パイ……ここでは安全な選択肢《せんたくし》のこと。

＊7　ストラテジー……戦略。作戦。

問一　――線部①に「好感度の変化」とありますが、同じように「好感度」が「変化」するのは、本文中の～～線部a～dのうち、どの場合ですか。その組み合わせとして最もふさわしいものを、次のア～カの中から一つ選び、記号で答えなさい。

ア　a・b
イ　a・c
ウ　a・d
エ　b・c
オ　b・d
カ　c・d

問二　――線部②に「心の不協和を無意識のうちに解決しようとする圧力」とありますが、「心の不協和」を「解決」する、とはどういうことですか。六十字以内で説明しなさい※。

問三　――線部③に「新種キャベツを買ってみることが新しい情報を『収集』するという冒険《ぼうけん》に相当します」とありますが、このような「冒険」をすることがあるのはなぜですか。その説明として最もふさわしいものを、次の**ア**～**オ**の中から一つ選び、記号で答えなさい。

ア　意に沿わない結果になる可能性はあるものの、人それぞれ考えは違《ちが》っているので、他人の判断に頼《たよ》って選択《せんたく》した方が、かえって自分にとってはよい結果になることもあるから。

イ　意に沿わない結果になる可能性はあるものの、自分をとりまく状況《じょうきょう》は常に変わるものであり、最善であったはずの選択に対し、より良い選択肢《せんたくし》が後になって浮上《ふじょう》することもありうるから。

ウ　意に沿わない結果になる可能性はあるものの、先入観によって決めつけられた価値判断だけでは、選ばれなかった選択肢の持っている本当の素《す》晴《ば》らしさを理解することはできないから。

エ　不本意な事態を招くかもしれないが、前例に従ってばかりいると、未知への不安を解消することはできても、選択に自信が持てないという根本的な問題から逃《に》げ続けることになるから。

オ　不本意な事態を招くかもしれないが、特定の行動だけを行っていると、意志決定に関わっている脳の特定の部分しか発達せず、結果的に判断力が衰《おとろ》えてしまうから。

問四　――線部④に「前頭極皮質《ぜんとうきょくひしつ》」とありますが、この脳部位が活動していると考えられる具体例としてふさわしいものを、次の**ア**～**カ**のうちから二つ選び、記号で答えなさい。

ア　すでに持っている商品にもかかわらず、店員に強くすすめられるままに買ってしまう。

イ　今までは飛行機で訪《おとず》れていた祖母の家に、今年は新しく開通した新幹線で行こうと考える。

ウ　事故で電車の止まっているところを避《さ》け、目的地に向かうためにいつもと違うルートを探す。

エ　今年から始めるイベントに一人でも多く来てもらうために、どのように宣伝するかを検討する。

オ　困っている人たちのために、私財をなげうってでも支援《しえん》活動を行うべきだと考える。

カ　せわしなくも安定した生活に見切りをつけて、なじみのない地方で農業を営む決意を固める。

問五　［　　］に入る言葉として最もふさわしいものを、次の**ア**～**オ**の中から一つ選び、記号で答えなさい。

ア　浦島太郎《うらしまたろう》
イ　かぐや姫《ひめ》
ウ　笠地蔵《かさじぞう》
エ　かちかち山《やま》
オ　花咲《はなさ》かじいさん

（著者注）問題冊子に「字数指定のある問題では、句読点やカッコなども字数に含《ふく》みます」との記載あり。

問六　――線部⑤に「普段《ふだん》とは違ったワクワクするような『若さ』が保たれる」とありますが、どのようにするとそのような「若さ」を保つことができますか。その説明として最もふさわしいものを、次の**ア**～**オ**の中から一つ選び、記号で答えなさい。

ア　受動的に情報を利用して比較《ひかく》した結果から判断するだけでなく、時には能動的に情報を収集して、人々のために役に立つ存在であり続けようとする。

イ　他人から与《あた》えられた情報を利用して比較した結果から判断するだけでなく、時には自分ならではの情報を収集して、自分らしさを維持《いじ》しようとする。

ウ　年齢《ねんれい》を重ねたことによる懐古趣味《かいこしゅみ》へと自身を埋《まい》没《ぼつ》させてしまうのではなく、時にはリスクを伴《ともな》うような生活を心がけて自分の可能性を広げていく。

エ　今までに経験した失敗をいつまでも引きずるのではなく、立ち止まって冷静に損得の比較を行い、絶えず新しい挑戦《ちょうせん》を続けて成功を目指していく。

オ　今までに集めてきた情報に依存《いそん》し、無意識のうちに安定した状態を維持するのではなく、時には新しいことに取り組んで自分の経験をより広げていく。

問七　――線部⑥に「最近、『眼窩前頭皮質《がんかぜんとうひしつ》』に関して意外な発見がありました」とありますが、「意外な発見」について、筆者はどのようにとらえていますか。「眼窩前頭皮質」に関する「意外な発見」の内容に触《ふ》れながら、六十字以内で説明しなさい※。

※実際の問題用紙にはこのあと下書き欄がある。

テレビ番組のコメンテーターなどとしても知られている脳研究者・池谷裕二氏による、非常に説明的な文章である。一貫した強い主張がある文章というわけではないので、注意深く読まないと理解を誤り、正反対の解釈をしてしまうことがあるかもしれない。

さっそく、設問を見ていこう。

問一

〈具体〉と〈抽象〉を一致させる問題である。**「一般に」という抽象化の表現**で始まる27行目からの二文に線を引き、しっかり意味を確認することがまずは重要。要約すればこうなる。

「行動と感情が矛盾するとき、人間は無意識に感情のほうを変化させて両者を一致させようとする」

洋服の例、入会の例、オモチャの例、単調作業の例はいずれも、この〈抽象〉の具体例であるから、これを意識しておかないと正しい理解はできない。

ちなみに、この要約はほとんど問二の答えになっている。だから、親切な出題者であれば、まず問二の内容〈抽象〉を考えさせ、次に問一の内容〈具体〉を考えさせるはずだが、そうなっていないのは意図的な「意地悪」なのであろうか。いずれにせよ、**〈具体〉で迷うならまず〈抽象〉を整理すること**。この場合、問二を先に済ませること。これによって、問一の正解率は上がるだろう。

さて、オモチャの例。63行目からを見ると、優しく言われた場合（bの場合）は感情を変化させている。だから、まずはbが答えに入る。「「そのオモチャは大して面白くなかったのだ」という結論になる」という〈具体〉が、「感情の変化」という〈抽象〉の例であることに気づけただろうか。あえて言えば、「結論になる」の「なる」が「変化」の意味を持っているのだが、はっきり「変化」と書いていないので、気づけなかった受験生もいたかもしれない。せめて、「その面白かったオモチャは大して面白くなかったのだ」などと書いてあれば、「変化」の例であると気づきやすかったのだが。

また、たまたま直前に「厳しい入会儀礼」の例があるため、「厳しい禁止」もそれと同じ方向性だと勘違いしてしまう子もいただろう。しかしあいにく両者は逆である。「厳しい入会儀礼」は感情を変化させた例だが、「厳しい禁止」は感情を変化させなかった例である。このあたりの紛らわしさは、著者・池谷氏の失敗だと私は思う。ただ、**読解問題というのは、こういう「分かりにくい部分」こそが問われる**ので、そこは受け入れるしかない。

次に単調作業の例。90行目からを見ると、「1ドル」の場合は「心理矛盾」が生じ、「態度を変えて納得」する、とある。こちらはしっかり「変えて」と書いてあるので、cが答えに入ることが分かる。

ということで、答えは **エ** ※。

問二

たとえ「不協和」が分からなくても、問一で言及した「一般に」の段落を読めば、合格点に達することは容易である。ここには、わざわざ傍点つきで「この矛盾を無意識のうちに解決」と書かれており、「不協和」が「矛盾」と同じ意味で使われていることをつかむのは簡単だ。

ただ、「行動か感情のどちらかを変更」とすべきか、「行動に合わせて感情を変更」とすべきか、少し迷う。厳密には、前者は「解決しようとする」段階、つまり「解決」が完了する一歩前の段階だ。

※aとbが対比、cとdが対比されているのであり、答えは必ずそれぞれの対比から1つずつ選ばれることになるわけで、ア（a・b）およびカ（c・d）はありえない答えである。これを選んだ受験生は反省しなければならない。

傍線部には「解決しようとする」と書かれているが、問い自体は「解決するとはどういうことか」と問うている。だから正確には、「行動に合わせて感情を変更」を選ぶべきだろう。このように、**傍線部の表現と問い自体の表現とが微妙に食い違っているケースはよくある。**注意が必要だ。

問二　ふくしま式の解答例
自分の行動と感情が一致しないとき、変えようのない「行動」に合わせて脳が「感情」のほうを変えることで、矛盾をなくすこと。（五九字）

問三

答えは**イ**。要は、「最善であったはずの選択」（レタス）にくらべて「より良い選択肢」（甘いキャベツ）が出てくるかもしれないから、ということであり、これ以外にない。理由というより、サラダの材料をめぐる例の言いかえである。

アは**自他の観点**で書かれているが、ここではそういう話はしていない。あくまで、古い（過去の）情報か新しい情報か、という**時間の観点**である。そういう目で注意深く見れば、**イ**は、「最善であった」（古）、「後になって」（新）という観点がちゃんと入っていることに気づく。**ウ**は、「本当の素晴らしさ」などと最初から価値を決めているのがおかしい。冒頭に「意に沿わない結果になる可能性はある」、つまり価値の良し悪しは分からないと言っておきながら、矛盾している。**エ**は、前例・未知などが分かりやすい表現であり引っかかりそうだが、後半は「自信を持って選択できるようになれ！」と言っているわけであり、そんな主張はどこにも見られない。**オ**は、「判断力が衰えないように冒険しよう」と言っていることになるが、それもおかしい。

結果的に、**ウ・エ・オ**は、述部だけを見れば正誤を判定できたことになる。「本当の素晴らしさ」云々、「逃げ続ける」云々、「判断力」云々の部分だ。**選択肢で迷ったら述部をチェックする。述語こそが文の意味を支えているのである（鉄則11）**。お忘れなく。

問四

これも問一と同様、〈具体〉と〈抽象〉を一致させる問題である。**〈具体〉で迷うならまず〈抽象〉を整理する。**ここでは特に、対比の観点※を整理する必要がある。

主に133行目から述べられている内容について、対比関係を整理しておく**（鉄則4・鉄則6）**。

［情報の利用］	←対比関係→	［情報の収集］	参照行数（例）
			133・169
眼窩前頭皮質	↔	前頭極皮質	151・155
古い情報	↔	新しい情報	129・130
安全・確実をとる	↔	リスク・不確実をとる	133・152
根拠あり	↔	根拠なし	163

※対比の観点というのは通常、抽象的になる。バナナとレモンが対比とは言えないのは具体的だからだ。これをそれぞれ「甘い果物」「酸っぱい果物」に抽象化すれば、対比関係が浮き上がる。なお、上表の中の脳の皮質についての用語は「観点」ではないが、まさに問われている言葉なので併記している。

ここまでに何度も述べてきたように、こういった対比を問題用紙の余白などにさらっとメモしておくことが、記述式でも選択式でも、効力を発揮する。

前頭極皮質、つまり表の下段の内容に一致する答えは、**イ・カ**。**イ**は、今までの行き方、つまり「古い情報」に頼らず、新しい行き方、つまり「新しい情報」を試そうとしている。表と一致する。**カ**は明らかに、安定を捨ててリスクをとる例である。**ア・ウ・エ・オ**はいずれも、表と一致する対比関係を読み取ることができない。たしかに、一部に一致が感じられるものもある。たとえば**ウ**の「いつもと違うルート」はたしかに新しい情報だが、安全・確実を捨ててリスクをとることではない（むしろ、リスクを避けて安全策をとろうとしている）。残りの選択式は脚注※を参照。

問五

知らぬ間に世界が変わっていて気づけば大損、という文脈に合うのは、**ア**の浦島太郎しかない。他の選択肢を見る必要もない（ただしこの機会に、それぞれの物語を読み直しておくとよい――昔話や寓話を抽象化するのは価値ある勉強だ）。気になるのは、「〇〇よろしく」の使い方が分かっているかどうかだ。「いかにも〇〇らしく」といった用法だが、どれだけの小学生が分かるだろうか。

問六

問四で示したような対比関係を整理できてさえいれば、すぐに答えが**オ**であると分かる。「今

※**ア**は、古いモノを持っていたが新しいモノを買っちゃった、というだけのことで、古い情報の利用でも新しい情報の収集でもない。**エ**は、たしかに「新しい」イベントだが、根拠なくリスクをとる行為かどうかは分からない。**オ**はたしかにリスクある行動だが、これだけでは「新しい」挑戦であるかどうかが分からない。

までに集めてきた」という表現は、ともすると「情報の収集」と勘違いしてしまうが（もちろん出題者の罠である）、「今までに」という**時間の観点**に注目すれば、これは「情報の利用」を意味していることが分かる。そもそも、「利用」と「収集」は反対語ではなく、これを対比的に用いようとしていること自体に疑問がわくのだが、そこは筆者の表現なので致し方ない。「利用」にしても、結局は収集した上で利用するわけで、そこを突いた「罠」が、**オ**の冒頭であるということになる。

ア・**イ**は、「受動・能動」「他人・自分」などと**自他の観点**を強調しているが、この観点は前頭極皮質についての説明の中で特段強調されているわけではない。そして、**ア**は「人々のために役立つ」云々、**イ**は「自分らしさ」云々が、完全に**「よい子の常識」**（**鉄則21**参照）になっており、これも罠である。いつも大人たちから植えつけられている「よい子」の価値観は、文中に書かれていないのに、引っかかってしまうのだ。残りの選択式は脚注※を参照。

問七

傍線部を含む段落とその次の段落に答えがあり、簡単な問いである。しかし、指定字数が少ないせいで、まとめるのに苦労する。少なくとも七〇字は欲しい。しかたないので、「うれしくなった」という内容をカットする（本当は入れたいが）。問いは「どのようにとらえていますか」なので、感情まで書かなくてもよいだろうと考えるわけだ。なお、「意外な」の意味を説明するには相対価値についても触れざるを得ないので、こちらはカットできない（字数を奪うけれども）。

※**ウ**は、対比される眼窩前頭皮質の機能（価値の比較）が「懐古趣味」であるということになるが、それはいかにもおかしい。**エ**は、「損得の比較」とあり、これはたった今述べた「価値の比較」と同様、眼窩前頭皮質の機能であるから、前頭極皮質とは正反対である。

問七　ふくしま式の解答例

絶対価値を評価する脳回路が相対価値専用の回路の中に発見されたことは、大局的見地から大切なものを選り抜くために有益である。（六〇字）

たとえこの問いで正解したとしても、絶対・相対の意味をしっかり理解している小学生がどれだけいるのかは、疑問である。絶対・相対は最重要の反対語の一つだ。私は、授業の場で繰り返し指導している。しかし、そういう指導を受けていない子は、意味をつかむのに苦労しただろう。

たしかに、本文中では、「比較するのが「相対」である」という点が強調されていた。そこを読み取っていれば、「絶対」は逆に「比較しないもの」だということも分かっただろう。とはいえ、日頃から学んでいなければ、腑に落ちるというレベルには至らないはずだ。

この反対語を教えるために最も分かりやすい例は、テストの成績である。順位や偏差値というのは他人と比較した上での評価であり、相対評価と呼ばれる。その数値は、他人の結果によって上下する。一方、点数そのものは絶対評価である。設問ごとの配点のみが基準であり、他人の結果によって上下することはない※。

こうした本質的な語彙力を持つことは、難関校に合格するために役立つだけでなく、そのあとの人生において深い思考を支えることにもつながっていく。子どもたちには、ぜひそうした姿勢で言葉を覚え、活用していってほしい。

※あるいは、こんな例でもよい。「絶対勝つ！」という言葉は、「勝つ」以外の結果と比較しないという意気込みを表現している。「相対勝つ！」とは言わないが、もしそういう表現があれば、それは比較対象として「負け」の事態も想定していることを意味するだろう。

渋幕

渋谷教育学園幕張中学校
2018年（一次）　説明的文章
『養老孟司の幸福論　まち、ときどき森』※　養老孟司《ようろうたけし》
25分／50

次の文章を読んで、あとの設問に答えよ。


　最近、週刊誌でよく見かけるタイトルのひとつに、「寝たきりにならない食事特集」というようなものがあります。先日、ある雑誌で対談をしたのですが、その時に手渡された最新号を見ると、「死ぬまで寝たきりにならないための食生活」と大きな文字で書いてありました。「なんで、こんなのやるの」と聞くと、「これをやると売れるんですよ」、「三度目なんですよ」と返事が返ってきました。

　雑誌のほうは、「こういうものを食べなさい」、あるいは、「ああいうものは食べてはいけません」と言っているだけなんです。でも、こういうメッセージを出し続けると、それを読んでいる人は何を理解するか。それは、「体は、意識でコントロールできるものである」ということです。

「こうすれば、寝たきりにならない」、というのは、つまり「ああすれば、こうなる」という思考法です。この思考法は強力、強烈で、人の人生をつまらなくし、場合によっては人を不幸にしている原因のひとつです。もし、「ああすれば、こうなる」ですべてがすむなら、世の厄介ごとはほとんど解消してしまうでしょう。そして同時に、そういう世界は、生きていてもおもしろくない。

　ことは食事だけにとどまらない。手を替え品を替え、「ああすれば、こうなる」式の情報が発信され続けている。それで人々は、「要するに意識的に日常生活をコントロールすれば、寝たきりにならないですむんだな」と了解するわけです。これも、暗黙のうちに形づくられているメタメッセージ（＊1）です。

　はっきり言いますが、このメタメッセージはウソ。それならなんで人は死ぬんだよ、ということです。意識で体がコントロールできるなら、死にたくないと思っている人は死なないですむはずです。


（中略）

　健康のためのダイエットやジョギングが流行《はや》ってい

※2015年7月刊・中央公論新社（中公文庫）

るようですが、私からすれば、あんなのはみんなウソです。サプリメントも、その効果はあやしいものです。①都市の生活やそこでの流行は、意識がつくらなかったものをみな排除しようとします。脳からすれば、体は「汚れたもの」となり、意識でそれを徹底的に(a)**ソウジュウ**しようとする。本当に体に関心がある人、体を気遣っている人はどうするか。答えははっきりしていて、体に聞くわけです。意識に聞いたって、仕方ありません。

先日のことですが、女子学生に「女性と体」という話をしました。茶道などが典型ですが、どうやったら畳の上で合理的に動けるかを追求してきました。それで、所作の形が決まっていった。所作を身につける稽古を続けていくと、その人の動きが優雅に見えてくる。そういう人の美しい動作は、たとえ大勢の中にまぎれていても目に飛び込んでくるものなのだと話しました。学生たちはおおいに納得しました。

一通り話をして、最後に質問の時間をつくりました。②予想していた質問が案の定、出たので、ちゃんと褒めてきました。女子学生いわく、「先生は、スタイルがどうだからということできれいに見えるわけではないとおっしゃいました。人が美しく感じるのは、動きであり、所作が大切なのだ、と。このことは理解しました。でも、どうしたら、そうできるんですか」。

今の人はすぐそう聞く。でも、そんなこと、当人が実際に体を動かして何かをやってみなければわからないじゃないか。③ああすればこうなる。だから、ああしてみよう。こういう思考の仕方が習い性になっている。これが間違いのもとなのです。あらかじめ、意識から入っていっていることの証です。

[*2]V・S・ラマチャンドランと[*3]サンドラ・ブレイクスリーによって書かれた『脳のなかの幽霊』（角川文庫）は、幻肢《げんし》（切断された、ないはずの手足に痛みなどを感じる症状）や半側《はんそく》空間無視（体の半分のあらゆる刺激を認識できなくなる症状）などを観察して、脳の不思議に迫ったものです。ふつうの人が考えている体はまさに幽霊で、実体がないことを明かしました。

近代人は、意識が体に先立つと考えます。そして、体は、意識でコントロールできるものだと結論しています。そこから出てくるのは、自分の体は自分が動かしているのであって、間違っても、勝手に動いているわけではないという考え方です。

でも真実は、意識は部分、体が全体なのです。一生の時間を考えれば、何かを意識している時間のほうが少ないはずです。それに対して、体は四六時中いつも存在しています。それを納得できない人は、歩いてみることです。歩こうと思って意識して歩いたら、ふつうに歩くことはできないはずです。足がもつれるかもしれません。意識が体を動かしていると言っても、最初に歩こうと思っただけにすぎないのです。

　ここでも、こう言う人が出てきます。「では、体が意識から解放されるためには、どうしたらいいんですか」と。そうではないのです。気がつかなくてはいけないのは、体のことをわかっているつもりでいるかもしれないけれども、それが幻想だということ。このことが理解できれば、ああすればこうなる式に体を支配しようとはしないはずです。

　ただ、こう言うと、今の人は不安で仕方がないはずです。「自分」だと思っていたものが、じつはそれは正体不明なんだよ、と言われていることになりますから。

　最近はアメリカでも、意識は［A］だとする脳科学の本が出版されるようになりました。だまし絵など、二次元空間に描かれているだけなのに立体的に見えてしまう絵がありますが、この現象は、物質としての脳が、その絵を解釈をしながら見るためだと考えられています。意識は二次元の平面であることがわかっていて、そう見ようとしても、意識ではない部分が、それをⓑハバみ、立体として見てしまうということです。

　間違う人がよくいるのですが、五官に訴える物体としての体と、機能としての体は異なっています。脳は機能として言えば、心です。つまり、「脳」と「心」と言う時には視点が変わっているわけです。脳と言う時には、物質的・感覚的に捉えている。触れば触った感じがするし、匂いをかげば匂いもある。食べれば味があるし、叩けば音がする。見ようと思えば見える……。しかし、心はそうはいきません。まったく見えない。だから、心は概念的であるわけです。

　私はよく森に行きなさいと言います。でも、そうすると、たいていは、「森に行くと何があるのですか」という質問が返ってきます。私からすると、「④そういう質問をするようだから、だめなんだよ」と言いたくなる。ここまで読んでくださった方には、もうおわかりだと思います。たとえば、森林浴のためとか言ってしまえば、もうそれ以上のことは経験できません。意識から入っていくと、体験できることが限定されてしまいます。そういう人に限って、行ってみたけれど、たいしたことなかったとかなんとか、ぶつぶつ言う。こういう人の人生は貧相だと思います。ああすればこうなる式では、おもしろいわけがない。「生まれたから死にました。以上終わり」、となってしまう。人生はいらないということになりかねない。

　自然はリスクそのものだと言ってもよいと思います。もちろん、都市にも、犯罪や交通事故など、都市ならではの予測できない危険は付きものですが、自然と相対している場合とは［B］のでしょう。ちょっとしたことですべてが変わります。虫捕りは自然の中でしかできないこともあって、賭け事みたいなところがあります。天気がいいかどうかは虫捕りに大きな影響があります。でも、天候を自分で決めることはできません。天気予報やさまざまな情報を利用しますが、そういう準備にも限界があります。

　ある時のこと、ブータンに虫捕りに行きました。山からの帰り道、ガイドさんの知り合いのお宅に寄って、お茶を淹《い》れてもらったことがあります。しばらくしておいとましましたが、あと三〇分話が長引いていたら、その後の予定はすべて吹っ飛んでいました。というのは、三〇分後大雨が降って道路が(c)スンダンされてしまったからです。もしそのタイミングで腰を上げなかったら、一週間は帰れなかったでしょう。

　虫捕りひとつとってみても、リスクなんて計算していたら、やっていられません。そう考えていくと、人生はロシアン・ルーレットみたいなものであって、ことあらためて賭け事をする必要はないことになります。だから、ぼくは賭け事をしません。

　だから、本当は森じゃなくてもいい。川、海、空、あるいは自分の体と、入り口はどこでもいいのです。その人に訴えるものはそれぞれ違っています。ぼくの場合、森に関心をもち始めたのは、虫からでした。虫と森は切っても切れない関係にあります。自然には、どこから入ってもよく、すべてがつながっています。⑤富士山は、どこから登っても頂上は同じです。自分の体に関心をもつ人は、自然にも関心をもつようになるはずなのです。

出典は、養老孟司『養老孟司の幸福論　まち、ときどき森』です。

《注》

＊1　メタメッセージ……記事、広告、宣伝などを見た人が読み取る、直接には表現されていないメッセージや表面に現れている意味以上のメッセージのこと。

＊2　V・S・ラマチャンドラン……カリフォルニア大学サンティエゴ校の脳認知センター教授および所長。神経科学者。

＊3　サンドラ・ブレイクスリー……NYタイムズなどに寄稿する著名なサイエンス・ライター。

問一　＝＝部(a)～(c)のカタカナを漢字に直しなさい。

問二　[A]、[B]に入る語として最も適当なものを選びなさい。

A　ア　砂上の楼閣《ろうかく》　イ　机上の空論　ウ　氷山の一角　エ　青天の霹靂《へきれき》

B　ア　五十歩百歩な　イ　雲泥の差がある
　　ウ　紙一重な　エ　馬が合う

問三　――部①「都市の生活やそこでの流行は、意識がつくらなかったものをみな排除しようとします」とあるが、その具体例として適当でないものを一つ選びなさい。

ア　農家から無農薬で栽培された米や野菜を取り寄せて食べる。
イ　トレーニングジムに通い、体を鍛えて、均整のとれた体にする。
ウ　空き地を大きな公園にして、樹木を植え、池や遊具を作る。
エ　部屋に空気清浄機を設置し、除菌効果の高い洗剤で洗濯する。
オ　クラス替えで、席が隣になった女の子に恋をして、告白する。

問四　――部②「予想していた質問が案の定、出たので、ちゃんと褒めてきました」とあるが、どういうことか。その説明として最も適当なものを選びなさい。

ア　筆者は、畳の上での合理的な動き方を追求し稽古した人の動きは美しく見えるという話を女子学生にしたが、そのような話をすると、現代の女子学生が必ず、どうすれば自分も美しく見られるのかということを質問することを承知しており、自己のスタイルや内面を磨く前に美しく見える動作を教えてもらおうとすることに対して、皮肉の念を込める意味で「褒めてきた」言っている。
イ　筆者は、畳の上での合理的な動き方を追求し稽古した人の動きは美しく見えるという話を女子学生にしたが、そのような話をすると、現代人が必ず、そのように美しく見える動きを身につける方法を知りたがるということを承知しており、自分の話の本質を理解できていないが故に生じる質問を、想定通り行ってきたことに対して、皮肉の念を込める意味で「褒めてきた」と言っている。
ウ　筆者は、茶道などでは畳の上で合理的に動く方法を追求するのであり、その動きを稽古して身につけた人の動きが優雅に見えてくるという話を女子学生にしたが、現代の学生は茶道などに触れる機会が少ないため、茶道の動きを身につける方法を質問してくることが多く、この時も、自分の想定通り同様の質問が出たため満足し、いい質問であるという意味で「褒めてきた」と言っている。
エ　筆者は、茶道などでは畳の上で合理的に動く方法を追求するのであり、その稽古によって作られるスタイルこそ美しいという話をしたのに、女子学生は、どのようにしたらそうした動きが身につくのかという質問をしてきたため、自分が一度説明したことと同じことを説明させるような質問しかできない女子学生に対して皮肉の念を込める意味で「褒めてきた」と言っている。

オ　筆者は、茶道などで、畳の上で合理的に動くためには、誰しもまず動作を試行錯誤しながら合理的な所作を発見していかなければならないという話をしたのに、頭で理解するのではなく実際に体を動かすことが重要であるという話の根本を理解せず、美しい動きを行う方法を女子学生が質問したため、予想どおり程度の低い質問が出たことに満足して、「褒めてきた」と言っている。

問五　――部③「ああすればこうなる。だから、ああしてみよう。こういう思考の仕方が習い性になっている。これが間違いのもとなのです」とあるが、なぜ筆者は「ああすればこうなる。だから、ああしてみよう」という「思考の仕方」が「間違いのもと」だと述べているのか。その理由を、傍線部のあとから、114行目までの内容を踏まえて、説明しなさい。

問六　――部④「そういう質問をするようだから、だめなんだよ」とあるが、どういうことか。その説明として最も適当なものを選びなさい。

ア　森に行きなさいという筆者の主張は、目的や意味を求めて森に行くのではなく、自然という人間の意識とは無関係に存在するものに触れ、予期できない体験をすることで、「ああすればこうなる式」ではない思考へのまなざしを獲得させようとするものであるのに、それを理解せず、森に行く目的や意味を求めようとして「森に行くと何があるのですか」と質問してしまう現代人の思考を批判しているということ。

イ　森に行きなさいという筆者の主張は、自身も虫捕りを趣味としている筆者からの、身体に良い影響を与えるための助言であるが、森は自然であり、自然とは人間の意識でつくったものではなく、人間がリスクをコントロールできないものであるため、現代人がそのリスクを計算し、リスクに見あうだけのメリットを求めて「森に行くと何があるのですか」と質問してしまうことを、残念に思っているということ。

ウ　森に行きなさいという筆者の主張は、人間の意識でどうにかできるものではないリスクのある自然の中で、何が起こるかわからない面白さを体験

問七　——部⑤「富士山は、どこから登っても頂上は同じです」とあるが、これはどのようなことを表す比喩か。本文の言葉を用いて具体的に説明しなさい。

したほうが良いという助言であるが、それに対して、自然よりも面白いものが多くある環境に暮らすことに慣れてしまっているために「森に行くと何があるのですか」というふうに考え、準備された面白さしか享受しようとしない現代人の在り方を嘆いているということ。

エ　森に行きなさいという筆者の主張は「ああすればこうなる式」ではない思考へのまなざしを獲得させようとする助言だが、それに対し「森に行くと何があるのですか」と問うことは、人間の意識ですべての因果関係を理解しようとすることにほかならず、そうした思考法は、現代ではすでに通用しないものであるため、現代人は自らの頭で理論的に考えて行動することができないと批判しているということ。

オ　森に行きなさいという筆者の主張は「ああすればこうなる式」ではない思考へのまなざしを獲得させようとする助言だが、現代人は、森といえば森林浴のために行くのであるというふうに意識から入って考えてしまい、実際に行ってみて何があるのかを見たり、予期しえない出来事を体験したりすべきだということが理解できず、筆者が説明しても間違った質問をするので、筆者は怒りをあらわにしているということ。

途中、「ブータンに虫捕りに行きました」などと何気なく書かれているが（139行目）、ここで「えっ?」と立ち止まるのが普通の感覚である。養老氏がどういった人なのかを調べる機会にしていただきたい。かの有名な養老孟司氏だが、知らない子は多いと思われる。

さて、設問を見ていこう。

問二

空欄Aの直前に、「最近はアメリカでも」とある。この「も」は、それより前に同様のことが書かれていることを意味する（当然だが）。そこでAの前方を確認すると、「でも真実は、意識は部分、体が全体なのです」（79行目）とある。全体だと思っているものが、実はほんの部分である。この意味に合うのは**ウ**の「氷山の一角」しかなく、これがAの答え。「部分・全体」という対比をイメージして選ばないと、**ア**・**イ**を選んでしまうかもしれないので要注意。Bは簡単、**イ**である。

問三

この文章が「意識」と「体」を対比した文章であるということは、13行目の「体は、意識でコントロールできるものである」という記述で気がつかなければならない。かつ、ここを読んだ時点で、「あぁ、筆者は、「体は意識でコントロールできない」と言いたいんだな」と理解できなければいけない。

世の主張という主張は「逆説」の構造を持っており（鉄則12）、その主張は、まず「常識」から始まる◆。

◆説明的文章の基本パターン！

問一　a 操縦　b 阻　c 寸断

こんな常識が世に広がっているがそれはおかしい、こうであるべきだ、という順に、逆説が展開されるわけだ。

そういった全体的な骨組みをつかんだ上で、例によって**対比の観点を整理**する。この問三は、なんとなくの感覚で選んでしまうとミスしやすい。傍線①までを読んだ時点で選ぼうとするのは危険だ。**とにかく、具体例を選ぶ設問は引っかかりやすい**※。迷ったならすぐ保留にし、文章全体を読んだ上で戻ってくるべきである。文章全体を読めば、次のような対比関係が分かってくる。

［意識］	←対比関係→	［体］	参照行数（例）
必然（ああすればこうなる）	↔	偶然（賭け事）	16・19・24・63・92・125・134
後	↔	先	74
部分	↔	全体	79
心（概念的）	↔	脳（物質的）	107～114
機能としての体	↔	物体としての体	106・107
見えない（無形）	↔	見える（有形）	112・113
都市（的）	↔	自然（的）	129・130

右の表のうち───を引いた言葉は、対比として文中に明示されているわけではない。しかし、筆者の言い分をそれてさえいなければ、こうした大胆な解釈はどんどん行うべきである。

森に行きなさい、という話が始まる115行目以降を読むと、「必然・偶然」というイメージがよ

※聖光の問１、問４などを参照。具体例を選ぶ設問では、抽象的な骨組みを整理した上でそれを具体化していくプロセスが求められる。要は「２段階の思考」が必要であり、だからこそ難しいわけだ。

く理解できるだろう。都市も予測できないものだが自然とくらべれば雲泥の差、賭け事のようなものだと言っている（129～135行目）。ひるがえって、傍線①についての問三。これは、意識と体のどちらが優位になっているかを考える問いだ。言いかえれば、「ああすればこうなる」式のハウツーによって必然的な結果を期待する「不自然な（都市的な）」行動と、賭け事のように成り行き任せで偶然の結果を受け入れる「自然な」行動とを、判別する問いなのである。そう考えると、**ア**～**エ**はいずれも前者、つまり意識優位、必然的結果を期待する行動であり、**オ**だけが後者、つまり体優位、偶然の結果を受け入れる行動であることが分かる※。答えは**オ**である。まあここまで完璧な理解に至らずとも、対比の観点のうちの二つほどがつかめていれば、判別は可能である。

問四

女子学生の質問が直後に書かれており、そのあとの傍線③では「これが間違いのもと」とまで言っているので、「満足」などするはずがない。選択肢**ウ**の「満足し、いい質問であるという意味で」云々というのはもちろん、**オ**の「予想どおり程度の低い質問が出たことに満足して」というのも間違い。

選択肢が長いときほど、まずは述部（文の終わりあたり）を読んで絞り込む。これがスピードを上げるコツである。文の意味を支えているのは述語なのだ（**鉄則11**）。

同様に述部を見ると、**ア**・**イ**・**エ**は「皮肉の念を込める意味で」言ったとあり、これらが残る。この三つには、筆者が批判する「ハウツー（方法）」と同様の表現がある。**ア**の「どうすれば」、**イ**の「方法」、**エ**の「どのようにしたら」が、それに当たる。さて、問題は「スタイル」という言葉である。

※**ア**は「無農薬栽培のものを食べて健康体に変える」、**イ**は「ジムに通って体を変える」、**ウ**は「空き地を公園に変える」、**エ**は「空気清浄機や洗剤できれいに変える」というように、不自然な変化を意識によって必然的にもたらそうとしている。**オ**だけが、偶然の結果を自然な態度で受け入れている。

女子学生の質問を読めば、筆者がスタイル（この場合は容姿としての体型のことと思われる）など気にするなと言っているのは明白。一方、**ア**は、スタイルを磨く「前に」教えてもらおうとせずスタイルを磨いた「後で」教えてもらえ、という意味になり、それではスタイルを肯定することになる。**エ**も、「スタイルこそ美しい」というところが引っかかる。その上、「自分が一度説明したことと同じことを説明させるような質問」という記述が正しいならば、「ハウツーを質問するの？　それさっき教えたでしょ？」と言っていることになり、ハウツーを教えたくない筆者の主張と矛盾する。

よって、答えは **イ** となる。

問五

文章の序盤（13行目）で、「体は、意識でコントロールできるものである」という考え方が紹介され、その直後に、それが「ああすればこうなる」という思考法であることが述べられている（16行目）。

つまり、この問五は、「体は、意識でコントロールできるものである」という考え方が間違いである理由を問うていることになる。その答えは、指定された範囲を見れば明確である。「近代人は、意識が体に先立つと考えます」（74行目）とあり、次の段落に、「でも真実は、意識は部分、体が全体なのです」とある。これを使えば、さほど苦労せず答えは書ける。型を持ち出すまでもない※。

問五　ふくしま式の解答例

「ああすればこうなる」式の思考法は、意識すれば体をコントロールできるという前提に立って

※**鉄則 20**（後件否定パターン）の型に従って骨組みを作れば、こうなる。
問）ハウツー思考（①）が／正しくない（②でない）と言えるのはなぜか。
答）正しい（②）ならば　／体をコントロールできる（③）はずだが、
　ハウツー思考（①）は／体をコントロールできない（③ではない）から。

いるが、実は体は意識に先立つ「全体」であり、意識という「部分」によってコントロールできるものではないから。

指定範囲の後半、「最近はアメリカでも」の段落、及びその次の段落はやや理解しにくいところがあるから、答えには使わないほうがよい。「間違う人がよくいるのですが」とあるが、たしかに間違いやすい書き方になっている。問三で示した対比の表を見れば理解できるはずだから、確認してほしい。

問六

「森に行くと何があるのですか」という質問を否定する筆者の主張を言いかえさせる問いだが、基本的には問五と同じことを考えさせようとしているだけである。何しろ、「森に行けば、何かがある」という考えは、「ああすれば、こうなる」という考え方の例にすぎないからだ。問五でしっかり頭を使っていれば、答えである**ア**の中に主張と異なる内容は何もないことがすぐ分かるだろう。その時点で、もう他の選択肢を読まなくてもよいくらいだが、一応チェックしておく。**イ**は、「身体に良い影響を与えるため」とあり、この「ため」がそもそも目的を意識していることになるので、間違い。**ウ**の「自然よりも面白いものが多くある環境」云々も、**エ**の「現代ではすでに通用しない」云々も、いずれも本文にない、あとづけの内容である。**オ**は、「間違った質問をするので、筆者は怒りをあらわにしている」が言いすぎ。

問七

おなじみ、比喩の言いかえ設問である（**鉄則15、16**）。傍線部を含む段落をひととおり読めばほとんど答えが書かれているので、難しくはない。ただし、「富士山」に要注意。灘中の解説でも述べたが（266ページ）、**言いかえる設問では、「出題者は特にこのひとことを言いかえさせたいんだろう」という言葉を絞り込むことが大切である。**今回は、富士山（富士山頂）である。富士山は大きい。富士山頂は最終ゴール。こういうイメージを、答案に表現しておく必要がある。

問七　ふくしま式の解答例

虫、森、川、海、空、あるいは自分の体など、どこから関心を持ち始めるにしても、最終的には自然という大きな存在に向き合うことになるということ。

「最終的には」「自然という大きな存在」などがポイントになるだろう。富士山頂のイメージである。

ところで、設問に「具体的に」と指示されていることを見逃してはいけない。「体」はもちろんだが、「虫、森、川、海、空」といった具体例も、入れなければならない。設問自体は抽象化させる問いだが、その中に具体例もそえていくということだ。

なお、「自然という、意識を超えた大きな存在」などとすると、文章中の対比の骨組みをより反映させた答えになるわけだが、この傍線部にそこまで「意識」を否定する意味合いが込められているかと言えば疑問も残るので、右記の解答例には「意識」の語をあえて含めないでおいた。

栄光

栄光学園中学校　2019年　文学的文章

『リマ・トゥジュ・リマ・トゥジュ・トゥジュ』※　こまつあやこ

22分／50

次の文章を読んで、あとの問に答えなさい。

中学二年の九月にマレーシアから日本の中学校に編入した「わたし」（花岡沙弥《はなおかさや》）は、通学を始めてから間もなく中学三年の図書委員である「佐藤先輩《さとうせんぱい》」（佐藤莉々子《りりこ》）から声をかけられ、吟行《ぎんこう》（短歌・俳句などを作るために、名所などに行くこと）に参加することになった。りりしい姿で本の返却《へんきゃく》をうながす佐藤先輩は、学校では「督促《とくそく》女王」というあだなで呼ばれている。問題文は、十月半ばに二人で吟行に出かけた先で出会った佐藤先輩の歌会仲間である望《のぞみ》さんの短歌について、佐藤先輩が「わたし」に説明しているところから始まる。なお、望さんはこの場面ではすでに去ってしまっている。

「歌会ではね、最初に詠《よ》んだ人の名前を伏《ふ》せて、みんなでその歌についての感想を言い合うの。それから、作者を明かす。でも望さんはいつもネコの歌を詠むからすぐ分かっちゃうんだ。」

思い出し笑いをする佐藤先輩を見て、わたしは何だかちょっと複雑な気持ちになった。

「いろんな世代の人と友達みたいに話すなんて、何だかすごいですね。」

ちょっと、うらやましかった。

「それが楽しくて参加してるっていうのもある。わたし、クラスに友達いないから。」

さらっと出た言葉に、耳がぴくっと反応する。きくなら今だ。そんな気がした。

「あの、さっき、佐藤先輩は音楽大学の付属から転校してきたって言ってましたよね？　理由とか、そのころのこと、きいてもいいですか？」

知りたかった。

転校生としての佐藤先輩の顔を知りたかった。

わたしみたいに周りの反応を気にしない。いつも堂々としている。

転校生という条件はわたしと同じなのに、どうしてなんだろう。

※2018年6月刊・講談社

「逃《に》げたかったから。」

一瞬《いっしゅん》、聞き間違《まちが》いかと思った。

①それくらい、逃げなんて、佐藤先輩らしくない言葉だ。

「わたし、親の希望で三歳《さい》の誕生日からピアノを始めたの。でも音楽大学の付属中学校に入ったら、自分には全然才能がないことがよく分かったんだ。入学する前はここで一番になってやるなんて思ってたけど、実際は毎日が敗北感でいっぱいだったよ。その場所にい続けるのがつらくて公立に転校したんだよね。それからもしばらくは、自分は逃げたんだっていう負い目でいっぱいだった。」

敗北感。逃げ。負い目。

立て続けにそんな言葉をこぼす佐藤先輩は、わたしが知っている佐藤先輩じゃないみたいだ。

「でも、短歌に出合えた。楽器がなくても、ちゃんと心に音を鳴らしてくれる歌があるんだって知った。音楽じゃない、でもわたしはわたしの歌をつくろうと思った。わたしのやりたいことはこれなんだって、初めてパズルがはまるような感覚がしたの。それが、短歌がわたしにかけてくれた最初の魔法《まほう》。」

「最初の魔法？　②その次があるってことですか。」

「うん、さっき歌会の話したでしょ？　あそこに参加するまでは、友達のいない自分が苦しかった。わたしは別に一人でもいいんだって、強がることで耐《た》えてたけど、一人でいると、周りの目が気になって仕方なかったよ。」

「それ、わたしも一緒《いっしょ》です！　わたしは別に一人でもいいとは思えなくて、なじもうと必死なんですけど……。」

そう、いつも必死だ。

(注1)朋香《ともか》ちゃんにくっついて、顔は笑っていても、こんなこと言ったら変じゃないかなっていつもおびえている。

教室にいるとき、素《す》の自分で話したことなんてあるのかな。

「歌会に行ったら、いろんな人に会えるの。教室だけがすべてじゃないって思える。わたしはそれに救われたの。」

そのときに詠んだ短歌があるんだけど、と佐藤先輩は前置きして、

「『それぞれの午後二時四十三分に左の指で歌を唱える』」

「何ですか、その中途半端《ちゅうとはんぱ》な時間。」

そう言いながら、わたしは短歌の意味を想像した。

佐藤先輩の短歌はどれもナゾナゾみたい。

「平日の二時半過ぎっていったら、わたしたちはどこで何してる？」

「……学校、ですよね。六時間目のまんなかくらい。」

「そういうこと！」

佐藤先輩はパチンと指を鳴らした。

「六時間目の授業中に、暇《ひま》だからタンカード(注2)開いてぼんやりしてたら、ふと思いうかんだの。たとえばさ、わたしがこうして教室の机にいるとき、望さんは仕事のお客さんのところに向かう電車に乗ってるかもしれないし、大学生はバイトしてるかもしれないし、イラストレーターの人はきっとまた新しいイラストを描いてる。義務教育中の中学生はどうあがいたって中学生でしかいられないんだけど、大人になると人によって全然ちがう。そういうふうに、時間の過ごし方っていろいろなんだなって。でも、生活が全然ちがうのに、みんなが短歌でつながってるって、なんかすごいなって思うんだよね。平日の昼下がりに、日常の仕事や勉強を利《き》き手でやってるけど、実はもう一つの手では短歌を指折って詠んでいる。これはそんなイメージでつくった短歌だよ。」

……何でだろう。その感覚、ちょっと分かる気がする。

日本に帰ってから、マレーシアが恋《こい》しいと思うとき、わたしはいつもマレーシアを想像していた。こうしている間にも、マレーシアでも日常がちゃんと回っていると思うと、何だか少し楽になった。

たとえば同じコンドミニアム(注3)に住んでいたマレーシア人の女の子。屋台でドリアンを切り分けて売っていたおじちゃん。

きっと、それぞれの毎日をちゃんと今日も送っている。

もしかしたら、佐藤先輩が言っているのは、それと似たことなのかもしれない。

「望さんたちに学校の人間関係を相談したわけじゃないんだけどね。たとえ今の教室でたまたま毎日一緒に過ごすことになった同い年の人とうまくいかなくても、それがわたしのすべてじゃない、落ち込《こ》むことないんだって思えたの。歌会がわたしの居場所になってくれてるんだ。そう思えてから強くなれた気がする。それが次の魔法かな。」

ああ、そっか。

佐藤先輩がいつでもどこでも堂々としていられる、その理由はそんなところにあったのか。

カラフルな絵の具が画用紙からはみ出るように、教室の外に広がっている佐藤先輩の交友関係を初めて知った。

「いろんな人と知り合いで、何か、佐藤先輩すごいです。わたしだったら、そんな短歌の集まりを見つけても、そこに一人で飛び込むような勇気ないから。」

「だって親を見返したいんだもん。」

(著者注) 大問１の最初の字数指定設問にのみ、「字数には句読点等もふくみます」との記載あり(この問題は大問２)。全ての設問に通じる注釈とみてよいだろう。

佐藤先輩は③きゅっと表情を引き締《し》めた。

「わたし、短歌で親を見返したい。音楽じゃなくても、わたしはわたしの歌でちゃんと一人前になれるんだって証明したいの。将来は歌人になりたい。」

「歌人になるって、どうすればなれるんですか？」

「短歌の雑誌が募集《ぼしゅう》してる新人賞を取る、とか。」

新人賞だなんて、わたしの日常にはない言葉だったから、今ひとつピンと来なかった。マレーシア語でもなんていうのか分からない。

それでも佐藤先輩なら取れる。理由なんてないけど、確かにそう思った。

「そうしたら周りからも認めてもらえるでしょ。」

早く一人前になりたい、佐藤先輩はつぶやいた。

（こまつあやこ『リマ・トゥジュ・リマ・トゥジュ・トゥジュ』）

（注1）朋香ちゃん＝誰《だれ》とでも仲良くできる沙弥の級友。

（注2）タンカード＝短歌を書き留めておく専用カードの作中での名称《めいしょう》。

（注3）コンドミニアム＝マンションの一種。

問一　傍線部《ぼうせんぶ》①「それくらい、逃げなんて、佐藤先輩らしくない言葉だ。」とありますが、「わたし」がそのように感じたのはなぜですか。四十字以内で答えなさい。

問二　傍線部②「その次」とありますが、佐藤先輩は「その次」の魔法によってどのように変わりましたか。

問三　傍線部③「きゅっと表情を引き締めた。」とありますが、このとき佐藤先輩はどのような気持ちでしたか。

問四　次の短歌は過去のタンカードに書かれた佐藤先輩の短歌です。どういうことが表現されていると考えられますか。問題文全体の内容をふまえて答えなさい。

白と黒しか押《お》したことない指が行き先ボタンをためらっている

問二〜問四解答欄：罫線あり（1行35字目安）。
問二：70字（2行）　問三：70字（2行）　問四：50字（1行半）

二〇一九年の中学入試国語において数多くの中学が採用した『リマ・トゥジュ・リマ・トゥジュ・トゥジュ』は、知る人ぞ知る作品だ。二〇一七年に第五八回講談社児童文学新人賞を獲得し、翌年六月に単行本として刊行された、作者・こまつあやこ氏のデビュー作である。それが、その約八ヶ月後の中学入試で採用ラッシュとくれば、作者もさすがに驚いたに違いない。なお、開成の解説でも述べたが（58ページ）、やはり前年の夏（特に初夏）に刊行された作品は要注意なのかもしれない。

それでは、設問を見ていこう。

問一

例によって前件肯定パターン（**鉄則20**）で考える。

前件肯定パターン

（問い）「①は②であると言えるのはなぜか」
（答え）「①は③であり、③ならば②だから」

（問い）「わたしが／逃げなんて佐藤先輩らしくないと感じた」のはなぜか。
（答え）わたしは（　③　）であり、
（　③　）ならば、逃げなんて佐藤先輩らしくないと感じるはずだから。

③には何が入るか。骨組みは、「佐藤先輩は逃げない人だと思っていた」ということだろう。
では、なぜそう思ったのか。それは、19・20行目にはっきり書かれている。「周りの反応を気にせず、「いつも堂々としている」からだ。これらを組み合わせれば答えになる。指定字数が少ないので、③の内容だけを答えにする。

問一　ふくしま式の解答例
周りの反応を気にせずいつも堂々としている佐藤先輩が逃げるとは思えなかったから。（三九字）

問二

「どのように変わりましたか」などと問われたら、「しめた」と思うべきである。他の受験生と差をつけるチャンスだからだ。**対比的変化（鉄則8）を、「七つの観点」や「図形的比喩」（鉄則10）を用いて整理すれば、採点者に「おっ」と思わせることができる◆**。

問二　ふくしま式の解答例
学校から与えられた狭い交友関係ではなく自分から広げる交友関係を歌会という場で得られたことで、いつも堂々としていられる強さを持てるようになった。

「それが次の魔法かな」（108行目）の直前を見るのは当然として、あとはどのように整理・表現

◆他の受験生と差をつける技術！

するかである。

この解答例には、**自他の観点**が隠されている。お気づきだろうか。「自分」はすぐ分かるだろうが、もう一つは「学校」という他者である。

佐藤先輩の語りには、「受動より能動」「強制より自発」といった対比的な主張が含まれているのは間違いない。「義務教育中の中学生はどうあがいたって中学生でしかいられない」（80行目）という部分には、他人から強制されることへの反発が感じられる。また、「たまたま毎日一緒に過ごすことになった同い年の人」（103行目）という部分からは、自分が選んだわけではない人間関係に対する違和感も伝わってくる。さらに、佐藤先輩は、「親の希望で」（27行目）ピアノを始めたという。この「親」もまた、他者である。そして、その親を見返したいと語っている（118行目）（問三とも関連）。やはり、受動より能動、強制より自発、という主張がある。

これを読み取り、**自他の観点**で統一（**鉄則7**参照）して表現できれば、答案の質は上がる。

また、交友関係については、「狭い⇔広い」といった**図形的比喩**を用いたい。「歌会に行ったら、いろんな人に会えるの」（59行目）という記述や、交友関係を「カラフルな絵の具」にたとえた部分（112行目）からすると、本来は「一様⇔多様」の対比を使いたいところだが、「交友関係を広げる」というのは必然的に多様な人間関係を持つことを意味するので、解答例ではあえて「一様⇔多様」の観点を入れなかった。

ともあれ、本文をコピペ（切り貼り）しただけの答案に飽き飽きしている採点者の目を覚ます答案を書くという心意気を、受験生のみなさんにはぜひ持ってほしい。

問三

このときの気持ちは？　と問われるケースでは、「ひとことで言うと？」と自問するのが基本である（鉄則9）。この場合は、「決意」がふさわしい。

その上で、どういったことに対する決意なのかを考える。ひとことで言えば「変えたい」という決意であり、**「変化」である以上は、対比的に表現していく**必要がある。

すぐに浮かぶ対比の観点は、**時間の観点**だろう。過去から未来への決意、ということだ。そして肝心なのは問二でも詳しく述べた、「他人に強制されるより自発的に」といった**自他の観点**である。

問三　ふくしま式の解答例
親によって敷かれた音楽というレールに乗せられてきた過去から、自分で見つけた短歌の道を着実に歩んでゆく未来へと、決意を固めている。

「親によって敷かれた音楽というレールに乗せられてきた」なんて書けないよ、と思うかもしれない。本当に書けないのであれば、その根本原因は、**いつでも文中の言葉をコピペすれば答えが書けるような読解ばかりをやってきたこと**にこそある。

そもそも読解とは、他者の言葉の「再構成」であるから（鉄則2）、筆者・作者の言葉とは**異なる表現を用いて組み立て直すのが当たり前**なのだ。くれぐれも、このことを忘れないでほしい。

なお、その意味でも、「見返す」という前後の表現をそのまま使うのは、ちょっと能がない※。

※四谷大塚データベースでは「親を見返してやるのだという決意」、銀本（2020年度受験用）では「必ずや見返してやると固く決意」という表現がそれぞれ使われているが、あまり感心しない。何しろ、傍線部の前にも後にも書かれているのだから。

問四

過去のタンカード。そこには、「変化・成長する前」の心情が表現されているはずだ。

では、どのような変化が本文には描写されていたか。それは、第一の魔法による変化（やりたいことを見つけた）と、第二の魔法による変化（交友関係が広がったことで自信を持てた）の二種類だ。

そして、設問では「問題文全体の内容をふまえて答えなさい」と言われている。

ならば、この二種類の変化は、どちらも入れるべきだ。

しかし結論から言って、二つ目は書けない。解答欄が狭いからだ（問二・問三の四分の三しかない）。

まずは、答えを示そう。

問四　ふくしま式の解答例

ピアノの道だけを歩んできた自分が、敗北感の中にあって次の一歩を踏み出せないでいること。

基本的には、傍線部①の直後の佐藤先輩のセリフをもとに考える。三歳からピアノを始めたと書かれているから、「白と黒しか押したことのない指」というのがピアノを連想させようとしているのは間違いないところだ。参考までに原典の本を見ると、この句に関して次のような記述がある。「白と黒は……ピアノの鍵盤だ。音楽専門の中学からこの公立に転入してきた佐藤先輩。これからどう進めばいいのか迷っていたときの歌なのかもしれない」。

しかし、この「白と黒」はピアノを意味するだけではない。112行目の「カラフル」との対比にもなっているはずである。モノトーンのつまらない人生を、何とかしてカラフルにしたい。そういった変化を望む気持ちも読み取れるわけだ。そうであるならばなおのこと、第二の魔法による変化（の前の心情）についても触れたいところであり、そこまで問えばこそ、設問の価値も高まるというものだ。

問二・問三の解答欄は二行丸ごとあるのに、最終設問の問四だけ一行半に削るなんて、どうかしている。配点の都合でもあったのかもしれないが、「問題文全体の内容をふまえて答えなさい」と大げさに指示するのであれば、記述の自由度も配点も、上げるべきだっただろう。

さて、この『リマ・トゥジュ・リマ・トゥジュ・トゥジュ』という作品。

今回の短い抜粋範囲の本文を読んだだけでも、学校の先生方が生徒に伝えたいようなメッセージがさまざまに含まれていることが分かる。受動から能動へ。強制から自発へ。狭い世界から広い世界へ。あるいは、画一性から多様性へ。こうした変化・成長を、生徒たちにも遂げてほしい。そういうメッセージである。なるほど、入試に頻出するわけである。

ぜひこの本を読んで、あるいは、この本を使った他の学校の入試問題にチャレンジして、そうした「メッセージ」を感じ取ってほしい。実はそれが、記述で成功するための最短距離かもしれないのだ。

おわりに

この本は、二〇二〇年、コロナ禍（新型コロナウイルス禍）のまっただ中で書いた。

コロナ禍によって塾の業務が多忙になりさえしなければ、あと二ヶ月は早く刊行できたのに。そして、二〇二一年に受験する子にもより多く役立ててもらえたのに……などとここに書いてもしかたない。でも、こんな記述が何年後かには懐かしく感じられるだろうと思い、記しておく。

「何年後」と書いてふと思ったが、過去問解説書はどうしても年月とともに古くなる。

この本には、二〇一八年～二〇二〇年の三年分からピックアップした最新の問題を掲載しているが、じきに最新ではなくなる。

しかし、である。

この本は、ただの過去問解説書ではない。

冒頭の「この本の読み方・使い方」でも述べたように、この本の主眼は、あくまでも「普遍的技術」を伝授することにある。

一〇年後であろうが二〇年後であろうが、この本に書かれた思考技術は、同じように輝き続ける。

そんな未来に古本屋でこの本を手にした人も、その輝きに「新しさ」を感じることだろう。

「真似できる技術」を徹底的に真似させる私のような指導者が、その時代にどれだけいるか分からないが、まあおそらく、さほど増えてはいないだろう。なかなか変わらないのが、教育の常である。変えるべきことと変えるべきでないことを見分ける目を、持ちたいものだ。

教育と言えば、中学入試における国語読解問題というのは、その中学校の教育姿勢が透けて見えるという特徴がある。

この本は、そういう「先生方の頭の中」も想像しながら書いた。

と同時に、出題者（作問者）、採点者、さらには出典の作者・筆者についても、あれこれと論評している。

辛辣な（偉そうな）批判もけっこうあったと思うが、組織・団体ではなく一個人が書いた本としての面白さがそこにあると感じてくださった方がいれば、本望である。

何しろ、それを意図して書いたのだから。

福嶋というやつは本当に偉そうだな、何様だ、そんなにすごい授業をしているのか——などと思う方は、ぜひ、ふくしま国語塾の門をたたいていただきたい。

災い転じて福となす。コロナ禍の「おかげ」でオンライン授業を展開できるようになり、今やわが塾も日本全国に生徒がいる（少ないが他国にもいる）。

この本には一七問の入試問題を掲載しており、かなりの数だとは思うが、それでも世の学校数に年度を掛け合わせれば、無数とも言える問題が存在しているわけだ。わずか一七問、とも言える。より多くの題材を学ばせたいという方には、オンライン授業という門戸が開かれている。

実は当初、御三家以外の難関校の問題を現状より一一問多く入れており、全二八問としていた。でも、ページ数が増えれば増えるほど価格が上がってしまうので、泣く泣く取りやめた。

「なぜ○○中学校があって○○中学校がないの?!」といった声も聞こえてきそうだが、やむなき事情であったこと、ご理解いただきたい。

それでも、さらに前の企画段階では「御三家のみ」だったのだ。その後、出版社と交渉の上、ページ数と価格のバランスを見ながら調整してもらい、難関校も加えた経緯がある。

そういう点も含め、さまざまな私のわがままを受け入れてくださった編集部の東寿浩氏に、感謝申し上げる。

そもそも当初は、とっつきやすい初心者向けの本を書いてくれないかという依頼だった。漫画を入れるなどして分かりやすく、という方向性だった。しかし私は、既刊自著と似たような内容の本になってしまうのは避けたいと拒んだ。そして、むしろ正反対の発想で、最難関中学入試の本を出せないかと提案した。ちなみに、私のこれまでの既刊は、文章読解を扱うにしても本文・設問を含む全てを私自身で書いてきたのだが、今回初めて、「他人の書いた文章」「他人の作った設問」を読解・分析するという仕事を達成することができた。

難しい本というだけで多くの出版社は嫌な顔をするものだが、東氏は特にそういう様子もなく、企画を検討したいと返事をして帰られた。

それが実は、二〇一九年の一二月二四日、クリスマスイブの日だった。

この本は、受験生とそのお母さんお父さん、そして先生方への、一冊のプレゼントである。

「合格」が、「国語力」が、届きますように。

二〇二〇年秋　ふくしま国語塾 主宰　福嶋隆史

付録① 必ず役立つ！ 反対語一覧

新しい←→古い
　未来←→過去（現在）
　現在←→過去
　未知←→既知
静←→動
　安定←→変動
　安全←→危険
独創←→模倣
　多様←→一様
　相対←→絶対
自己←→他者
　主観←→客観
　能動←→受動
　積極←→消極
　生産←→消費
　当事者←→第三者
　私的←→公的

自然←→人工
　天災←→人災
切る←→つなぐ
　断続←→連続
　デジタル←→アナログ
物質←→精神
　物←→心
　肉体←→精神
　体←→心
理性←→感情
　頭←→心
真←→偽
理想←→現実
　理論←→実践
単純←→複雑
権利←→義務
目的←→手段

対等関係←→上下関係
形式←→内容
　外的←→内的
　量←→質
異なる←→同じ
　相違点←→共通点
全体←→部分
　集団←→個人
　抽象←→具体
　まとめる←→分ける
　広げる←→狭める
　普通←→特別
　一般←→特殊
恥ずかしい←→誇らしい
親しい←→疎い
尊敬←→軽蔑
謙虚←→傲慢

１字下げについて……たとえば、冒頭の「現在←→過去」は「新しい←→古い」の関連語（意味に関連性のある言葉）であることを意味する。関連性の詳細は、『ふくしま式「本当の語彙力」が身につく問題集［小学生版］』（福嶋隆史著・大和出版）を参照。

付録② 必ず役立つ！ 心情語一覧

《プラスの心情》

安心　安堵　落ち着き　平常心　自制心　満足　希望　期待　待望
意気込み　強気　乗り気　意欲的　前向き　勇気
共感　同情　親近感　好感　感謝　許す　受け入れる
素直　優越感　誇る　自信　自負心　自尊心　プライド　使命感　責任感

《マイナスの心情》

不安　心配　気がかり　不満　後ろ向き　残念　失望　絶望　不愉快　不快感
後ろめたい　弱気　無気力　脱力感　無力感　臆病　孤独感　寂しさ　疎外感
嫌悪感　憎しみ　劣等感　恥ずかしい　気の緩み　油断　迷い　ためらい
罪悪感　プレッシャー　緊張　あせり　恐れ　もどかしい　反感　いら立ち
怒り　ねたみ　うらやましい　情けない　後悔　悔しい　疑い　不信感
違和感　あきれる　呆然　驚き　がまん

プラス・マイナスの区別は便宜上のものであり、文脈によっては逆になることもある。

著者紹介
福嶋隆史（ふくしま・たかし）

株式会社横浜国語研究所・代表取締役

1972年、横浜市生まれ。
日本リメディアル教育学会会員。日本言語技術教育学会会員。日本テスト学会会員。
早稲田大学第二文学部を経て、創価大学教育学部（通信教育部）児童教育学科卒業。
公立小学校教師を経て、2006年、ふくしま国語塾※を創設。
※ JR 横須賀線 東戸塚駅 徒歩 2 分
オンライン生・通塾生のお申込を随時受付中（オンライン生は居住地を問わず）
ホームページ https://www.yokohama-kokugo.jp

著書一覧
『ふくしま式「本当の国語力」が身につく問題集［小学生版］』
『ふくしま式「本当の国語力」が身につく問題集 2 ［小学生版］』
『ふくしま式「本当の国語力」が身につく問題集［小学生版ベーシック］』
『ふくしま式「本当の国語力」が身につく問題集［一文力編］』
『ふくしま式「本当の語彙力」が身につく問題集［小学生版］』
『ふくしま式「本当の聞く力」が身につく問題集［小学生版］』
『ふくしま式「国語の読解問題」に強くなる問題集［小学生版］』
『ふくしま式 200 字メソッド「書く力」が身につく問題集［小学生版］』
『ふくしま式 小学生が最初に身につけたい語彙 200』
『ふくしま式「小学生の必須常識」が身につく問題集』
『高校受験［必携］ハンドブック　国語読解［完全攻略］22 の鉄則』
『「本当の国語力」が驚くほど伸びる本』
『「本当の語彙力」がグングン伸びる本』
『わが子が驚くほど「勉強好き」になる本』
『「ビジネスマンの国語力」が身につく本』
『国語って、子どもにどう教えたらいいの？』
『“ふくしま式 200 字メソッド” で「書く力」は驚くほど伸びる！』
（以上、大和出版）
『論理的思考力を鍛える超シンプルトレーニング』
『国語授業力を鍛える！ 手ごたえのある指導ができる教師の技術』
『スペシャリスト直伝！ 国語科授業成功の極意』
（以上、明治図書）
『ふくしま式　難関校に合格する子の「国語読解力」』（大和書房）
『国語が子どもをダメにする』（中央公論新社）
『日本語の活かし方』（星海社）
『Twitter で磨く！ 20 代からの「国語力」』（青志社）

ふくしま式で最難関突破！
男女御三家・難関校　中学入試国語を読み解く

2020年11月30日　初版第1刷発行
2022年10月15日　　　第2刷発行

著　者——福嶋隆史　
発行者——張　士洛
発行所——日本能率協会マネジメントセンター
〒103-6009 東京都中央区日本橋2-7-1 東京日本橋タワー
TEL 03(6362)4339(編集)／03(6362)4558(販売)
FAX 03(3272)8128(編集)／03(3272)8127(販売)
https://www.jmam.co.jp/

装丁————小口翔平＋三沢稜（tobufune）
本文DTP——株式会社RUHIA
印刷所———シナノ書籍印刷株式会社
製本所———株式会社三森製本所

ISBN 978-4-8207-2848-1　C6037
落丁・乱丁はおとりかえします。
PRINTED IN JAPAN